Rainer Bösel

# Warum ich weiß,
# was du denkst

www.galila.at

Rainer Bösel

# Warum ich weiß, was du denkst

Galila Verlag

Für Brigitte

Druck und Bindung: Druckerei Theiss GmbH, 9431 St. Stefan
Umschlaggestaltung: semper smile, München, unter Verwendung eines Motivs von © plainpicture / Tine Butter
Lektorat: Renate Feikes
Satz: Thomas Auer
Printed in Austria
ISBN: 978-3-902533-4-25

# Inhalt

# Prolog

Daniel Tammet verfügt über die Fähigkeit, anspruchsvolle Rechenaufgaben in einem enormen Tempo im Kopf zu lösen, und er hat ein überragend gutes Gedächtnis. Elf Sprachen beherrscht er, darunter Finnisch, Spanisch, Litauisch, Rumänisch und Isländisch. Er ist weltgewandt und kommunikationsfreudig. Dennoch ist er sich nie sicher, ob er die Gefühle anderer Menschen richtig einschätzen kann. Er hat Probleme, Mimiken und Gesten zu entschlüsseln.

„Die menschliche Mimik ist extrem komplex. Mit jedem Ausdruck verändert sich das Gesicht eines Menschen", sagt Tammet[1]. Der britische Rechenkünstler hat auch erhebliche Schwierigkeiten, sich andere Gesichter zu merken. Er trägt Fotos von allen seinen Freunden mit sich, um sie zu erkennen, wenn er sie trifft. Tammet leidet am sogenannten Asperger-Syndrom, das ist eine besondere und vergleichsweise milde Form von Autismus. Als Kind konnte er nur schwer Freunde finden und wusste nicht, warum. Später stellte sich als Grund heraus, dass Tammet als Kind den Gesichtsausdruck anderer Menschen überhaupt nicht deuten konnte. Aber er hat später seine Probleme weitgehend überwunden. Er lernte allmählich, sich im Chaos der gesellschaftlichen Welt einigermaßen zurecht zu finden. „Ich habe die anderen Kinder damals einfach beobachtet und mir ihr soziales Verhalten eingeprägt. Zum Beispiel ist ein Gespräch eine enorm schwierige Sache. Man muss merken, wann der andere mit einem Satz fertig ist. Man sollte Augenkontakt halten und dann auch noch die Körpersprache beachten. Was für andere leicht ist, musste ich erst lernen." Komplexere soziale Situationen, wo er mehrere Dinge gleichzeitig beachten muss, sind jedoch nach wie vor schwierig geblieben.

Woran Autisten im Alltag immer wieder scheitern, scheint den meisten von uns im Alltag spielend zu gelingen: zu erraten, was andere Menschen denken und fühlen. So gelingt es uns, auf die vermuteten Gedanken und Gefühle anderer mit sozialen Handlungen weitgehend angemessen zu reagieren.

Wie entsteht diese Fähigkeit, sich in den Kopf eines anderen hineinzuversetzen und so gewissermaßen dessen Gedanken „lesen" zu können? Um hier kein Missverständnis aufkommen zu lassen: Niemand kann Gedanken lesen. Menschen sind keine offenen Bücher, von denen geübte „Gedankenleser" geheime Gedanken ablesen können. Man kann nur versuchen, einen anderen Menschen zu verstehen; sich in seine Lage zu versetzen; sich vorzustellen, wie man selbst in einer ähnlichen Situation reagieren würde. So kann man dem anderen unterstellen, dass er ungefähr das Gleiche denkt, was man unter den jeweiligen Umständen selbst denken würde.

Damit das problemlos gelingt, müssen wir insbesondere Mimiken und Gebärden anderer erkennen und richtig deuten können, ob beispielsweise eine Mimik Offenheit für Kontakt anzeigt oder eher eine bedrohliche Haltung darstellt. „Gedankenlesen" kann also nicht bedeuten, dass man Worte im Kopf anderer Menschen liest, sondern dass man ein soziales Gespür entwickelt hat, mit Hilfe dessen man das Verhalten anderer deutet.

Wir Menschen haben ein unglaublich gutes soziales Gespür!

# I. Eine kurze Naturgeschichte des Verstehens

## Warum hat uns die Natur mit einem Gespür für andere ausgestattet?

Wie können wir uns die Mechanismen vorstellen, die uns befähigen, zu erraten, was andere denken? Die Antwort auf diese Frage führt uns zunächst zurück zu den Anfängen des Lebens auf der Erde.

In der Evolution der Lebewesen hat es keinen „Urknall" gegeben, wie bei der Entstehung des Weltalls, wo sich alle wichtigen physikalischen Eigenschaften innerhalb von Sekundenbruchteilen entwickelt haben. Es hat wenigstens 400 Millionen Jahre gedauert, bis sich aus organischen Vorstufen zellähnliche Lebensformen entwickelt haben, die eine gewisse Resistenz gegenüber einer sich ändernden Umwelt aufwiesen. Wesentlich für diese Resistenz ist der Austausch von genetischem Material[2]. Um diesen Austausch zu ermöglichen, besitzen bereits Einzeller ein Gespür füreinander.

Haben Sie schon einmal etwas von der Konjugation bei Pantoffeltierchen gehört? Hierbei handelt es sich um ein verblüffendes Beispiel für eine Art Sozialverhalten bei bestimmten Einzellern – in diesem Fall bei den Pantoffeltierchen, die wie winzig kleine Pantoffeln oder Mokassins aussehen.

Zu einer Konjugation kann es kommen, wenn sich zwei Pantoffeltierchen treffen. Sie müssen dazu nicht nur am gleichen Ort, sondern auch in gleicher Stimmung sein. Wenn sie an Hand irgendwelcher Indizien erkannt haben, dass sie zum richtigen Paarungstyp gehören, schmiegen sie sich aneinander. Dann öffnen sie ihre Zellhaut. Daraufhin geschieht in ihrem Innern eine physiologische Veränderung. Schließlich sondert jeder der beiden Einzeller einen Teil seiner Erbinformation ab, den sogenannten Wanderkern, und schickt ihn hinüber zum anderen Einzeller. Nachdem die beiden mit diesem Austausch eine wichtige biologische Funktion erfüllt haben, trennen sie sich wieder. Ist es nicht wunderbar, dass ein solches Verhalten bei mikroskopisch kleinen Einzellern ohne Nervensystem beobachtet werden kann?

Hier wird deutlich, dass bereits elementarste Mechanismen des Lebens ein Gespür für den Zustand oder das Verhalten anderer Organismen erfordern, in diesem Fall im Zusammenhang mit dem Austausch von genetischem Material.

Doch Sex war nicht das einzige, mit dem sich Lebewesen in den nächsten vier Milliarden Jahren der Evolution beschäftigten. Mindestens ebenso wichtig war der Stoffwechsel oder die Eroberung neuer Lebensräume. Auch hierbei konnte es wichtig sein, Informationen über das Befinden anderer Lebewesen zu erhalten. Nach der Entstehung der Einzeller hat die Natur weiter experimentiert und zahlreiche Formen des Miteinanders entwickelt. Je komplexer die Lebensäußerungen wurden, desto bedeutsamer wurden soziale Signale.

## Verhaltenstendenzen

Wie merken Tiere, welche Absichten oder Bedürfnisse andere Artgenossen haben? Den eigentlichen Trick, wie Tiere anderen Tieren signalisieren, was sie gerade antreibt, hat Charles Darwin[3] erklärt. In moderner Sprache formuliert, handelt es sich in erster Linie um emotionale Signale. Emotionen sind nach Darwin funktionell vor allem als sogenannte Verhaltenstendenzen[4] zu verstehen, also als Beginn einer Verhaltenssequenz, die sich allmählich entfaltet. Eine Bewegung wird fast immer dadurch eingeleitet, dass Stoffwechsel und Muskelspannung erhöht werden[5]. Der Körper wird sozusagen „bereit gemacht" – so wie sich in Abbildung 1 die Henne aufplustert, um einen

Abb. 1. Darwin illustrierte seine Thesen 1872 unter anderem mit einer Henne, die mit aufgeplusterten Federn beginnt einen Hund zu vertreiben, um ihre Küken zu schützen.

Hund zu vertreiben. Insoweit sind Emotionen Teil des natürlichen Verhaltensrepertoires, das mitunter als „instinktiv" bezeichnet wird, und sie sind als Reaktionen zu beschreiben[6].

Humanbiologen weisen gerne auf ein Beispiel hin, das zeigt, wie stark auch Menschen von solchen Signalen abhängen, selbst wenn diese gar nicht bewusst wahrgenommen werden. Männer, deren Partnerinnen schwanger sind, weisen mitunter selbst eine hormonelle Veränderung auf: Sie nehmen an Gewicht zu und ändern gelegentlich ihre Ernährungsgewohnheiten, genau so, als ob sie selbst schwanger wären[7]. Für dieses sogenannte Couvade-Syndrom werden nicht merkbare Duftstoffe der schwangeren Frau verantwortlich gemacht.

Doch menschliche Emotionen sind mehr als lediglich Überbleibsel tierischer Instinkte. Die Auslöser und die Ausformung von Emotionen werden in großem Umfang nicht vererbt, sondern sind erlernt. Dennoch lassen sich bei Emotionen körperliche Begleiterscheinungen feststellen, denen man biologische Funktionen zuschreiben kann. Diese Funktionen unterscheidet man danach, ob sie dem *Schutz* und der Pflege des eigenen Körpers, dem *Neugierverhalten*, der Vorbereitung von *Kampf und Flucht*, dem *Essen und Trinken* oder der *Sexualität* dienen. Lernen ist beteiligt, soweit Hinweisreize oder eine individuelle Kombination von Verhaltensmustern im Vordergrund stehen. Die entsprechenden Verhaltensweisen und die sie begleitenden Empfindungen werden dann letztlich mit Attributen wie Angst und Furcht, Appetit und Ekel, Lust oder Leid beschrieben.

Es ist für das menschliche Zusammenleben besonders bedeutsam, dass häufig auftretende emotionale Befindlichkeiten bereits an der Mimik abgelesen werden können. Emotionen wie Angst, Überraschung, Wut, Ekel, Freude und Trauer werden kulturübergreifend in ähnlicher Weise ausgedrückt und auch so verstanden. Gestützt auf diese Erkenntnisse haben Psychologen wie Paul Ekman entschlüsselt, wie wir Emotionen an der Mimik erkennen. Ekmans Emotionserkennung beruht darauf, dass einzelne Bewegungskomponenten des Gesichts (action units) registriert werden, wie zum Beispiel das Herabziehen der Mundwinkel, das Heben des unteren Augenlids oder das Rümpfen der Nase. Die jeweiligen Kombinationen dieser Bewegungen zeigen schließlich bestimmte Emotionen an[8].

Selbstverständlich existieren messbare kulturelle Variationen für den Emotionsausdruck im Gesicht[9]. Verschiedene Kulturen achten bevorzugt auf einzelne Ausdruckskomponenten mehr als auf andere. Für Ostasiaten sind zum Beispiel Veränderungen im Augenbereich besonders bedeutsam. Dennoch sind ausgeprägte Mimiken im Allgemeinen gut verständlich und bilden so etwas wie eine Universalsprache, die weltweit verstanden wird. Freilich gibt es Umstände, wo man kaum auf Details der Mimik achten wird – beispielsweise wenn sich jemand anstrengt –, sondern mehr auf die begleitenden Bewegungen oder die momentanen Umstände.

Auch die von Schauspielern gezeigte Mimik ist nicht immer repräsentativ für einen Emotionsausdruck, wie er im Alltag gezeigt wird. Das hängt damit zusammen, dass im Film oder gar im Zeichentrick zum Ausdruck gebrachte Emotionen in einer anderen Umgebung wirken müssen als im Alltag. Allein auf Grund des durch die Passivität des Zuschauers und die vorgegebene Schnittfolge bedingten Kontextes sind besondere Ausdrucksmittel erforderlich.

Die außerordentlichen Bedingungen, unter denen Schauspieler arbeiten, kann man leicht beim Agieren auf der Bühne erkennen, wo die gezeigte Emotion auf eine große Entfernung hin erkennbar sein muss.

Wenn man hautnah mit Personen zu tun hat, nimmt man weitgehend unbewusst weitere Signale auf, die die Befindlichkeit deuten lassen. Ein klassisches Beispiel dafür ist die Pupillengröße des Gegenübers: Personen mit weiten Pupillen gelten als sympathischer als solche mit eng gestellten Pupillen. Der Grund dafür dürfte darin liegen, dass die Pupillenweite, abgesehen vom Lichteinfall, auch durch das vegetative Nervensystem reguliert wird und somit ein Indiz für die Befindlichkeit ist. Bei Personen, die gerade aktiv, aufmerksam und somit interessiert sind, wird die Pupille durch diesen Teil des Nervensystems besonders weit gestellt.

Andere, meist unbewusst registrierten Befindlichkeitssignale sind die Körpertemperatur und der Körpergeruch. Was eine Person selbst als aufsteigendes Wärmegefühl erlebt, zum Beispiel bei Engagement, Zuneigung oder auch bei Ärger, kann ein dicht in der Nähe stehendes Gegenüber durchaus ebenfalls als Wärme spüren. Unter Angst etwa steigt der Harnstoffgehalt des Achselschweißes[10].

## Rituale

Tiere können ihren Artgenossen viel mehr signalisieren als nur ihr momentanes Befinden. Beispielsweise werben männliche Vögel häufig mit einem auffälligen Balzverhalten um Weibchen. Das trifft auch beim Haubentaucher zu, der im Zuge seines Werbeverhaltens dem Weibchen nahrungsähnliche Mitbringsel vorlegt. Das ist für Verhaltensbiologen eine besonders reizvolle Beobachtung. Immerhin wurde das Küssen bei Menschen vom Verhaltensforscher Irenäus Eibl-Eibesfeldt als ritualisierte Fütterung gedeutet. Solche Verhaltensweisen sind auch bei anderen Tieren zu beobachten – man nennt das Balzfüttern.

Beim Balzfüttern handelt sich nicht immer um echtes Futter und die Mitbringsel werden auch nicht verzehrt. Man hat es hier mit Verhaltensweisen zu tun, die ursprünglich und in erster Linie der Jungenaufzucht dienen. Sie werden hier in veränderter Form als soziales Signal, man kann auch sagen „symbolisch", eingesetzt. Derartige Verhaltensweisen nennen Biologen Rituale[11]. Man hat den Eindruck, dass die Rituale einem weiterreichenden Zweck dienen. Im geschilderten Beispiel könnte das Ritual einen Hinweis liefern, dass sich der Partner für die Betreuung des Nachwuchses eignet. Es signalisiert eine Art von Fitness.

Den Ausdruck Fitness verwendet man im Alltag meistens für eine gute sportliche Verfassung und meint damit generell, dass Belastungen ausgehalten werden können. In der Evolutionsbiologie geht es um das Überleben. Hier bezeichnet Fitness vorrangig jede biologische Ausstattung, die verhindert, dass eine Tierart ausstirbt. Das Ausmaß der Fitness kann im Wesentlichen durch den Reproduktionserfolg bestimmt werden. Es ist eine interessante Frage, wie unter diesen Voraussetzungen das dafür erforderliche Gespür für den Reproduktionspartner im Laufe der Evolution immer vielfältiger ausgestaltet wurde. Die Biologie demonstriert je nach Lebensform in diesem Punkt jedenfalls einen großen Erfindungsreichtum.

Jede Tierart verfügt über ein Verhaltensrepertoire. Insbesondere wurden bestimmte Verhaltensweisen zum Schutz von Nachkommen entwickelt, etwa indem sich die Eltern oder die Gruppe um die Jungen kümmern. Positiv auf die Fitness wirkt sich auch aus, wenn schwachen Artgenossen geholfen wird oder Gleichstarke zusammenarbeiten[12].

Gerade unter starkem Selektionsdruck kann man im Tierreich außerdem beobachten, dass körperliche Gewalt oder die Tötung von Artgenossen vermieden wird. Bei vielen Tieren werden bei Auseinandersetzungen mitunter sogar Verletzungen vermieden, soweit diese eine zu starke Beeinträchtigung der Lebensumstände der Gruppe bedeuten. Unvermeidliche Auseinandersetzungen um Reviere oder Geschlechtspartner werden häufig durch Ritualkämpfe ausgetragen, also durch kampfartiges Verhalten, bei dem jedoch instinktive, also angeborene Regeln, eine Verletzung oder zumindest die Tötung verhindern.

Nun mag man einwenden, dass beim Menschen manchmal ziemlich archaisch anmutende Verhaltensmuster auftreten. Mehr noch: Sogar scheinbar rationales Verhalten kann zu Kriegen und zu Zerstörung führen. Der Gebrauch der Vernunft schützt offenbar nicht davor, dass Menschen sich unter Umständen unmenschlich verhalten. In Goethes Faust heißt es gleich im Prolog: *Er nennt's Vernunft und braucht's allein, nur tierischer als jedes Tier zu sein.* Verletzende Alltagshandlungen, etwa ein verletzendes Auslachen, weisen mitunter Muster auf, die auf ein stammesgeschichtliches Erbe mit wenig Mitgefühl hinweisen. Hier kann man ebenfalls ein klassisches Zitat anführen, sogar eines aus einer der ältesten Überlieferungen der Menschheit. Homer berichtet nämlich von einem wenig mitfühlenden Gelächter der Götter. In eigener, freier Übersetzung lautet die entsprechende Stelle[13], die ein wenig an Lauri Wylies „Dinner for One" erinnert, etwa so:

*Hephaistos goss den Göttern in großer Versammlung*
*Nektar in ihre Krüge, er eilte von einem zum andern.*
*Als sie den in Hast stark hinkenden Hephaistos sahen,*
*quoll aus dem Munde der Götter heraus ein schallend*
*Gelächter.*

Der Verhaltensforscher Irenäus Eibl-Eibesfeldt meint, dass die stammesgeschichtlichen Wurzeln des Lachens in einer Art von aggressivem Verhalten liegen, das gemeinsam von einer Gruppe ausgeführt wird[14]. Wenn es dabei überhaupt einen sozialen Aspekt gibt, dann würde der im gemeinsamen Ritual liegen.

Wir werden über dieses Phänomen und andere beunruhigende menschliche Verhaltensweisen noch ausführlicher sprechen. Dann werden wir sehen, dass es zwar fürchterliche Entgleisungen im menschlichen Verhalten geben kann. Dennoch lassen die zugrunde liegenden Mechanismen entgegen dem ersten Anschein einen enormen Vorteil für menschliches Zusammenleben erkennen.

Man könnte auch die Behauptung anzweifeln, dass uns ein biologisches Erbe veranlassen würde, generell zur Fürsorge zu neigen. Immerhin gibt es aus dem Tierreich eindeutige Belege dafür, dass es zu einer Bevorzugung von Hilfe bei genetisch Verwandten gibt. Tatsächlich müssen wir davon ausgehen, dass auch Menschen nahen Verwandten oft eher helfen als bloß Bekannten.

Allerdings sollte man sich vor Vereinfachungen hüten, denn das gilt nicht immer. Bereits bei Tieren wird die Regel der vermehrten Verwandtenhilfe durchbrochen, noch öfter beim Menschen. Hilfe wird auch gezeigt, wenn Nichtverwandte häufig in sozialem Kontakt stehen, zum Beispiel auf gemeinsamen Wanderungen. Das ist nicht weiter erstaunlich, zumal wenn gemeinsame Lernerfahrungen eine übereinstimmende Situationswahrnehmung ermöglichen. Das würde bedeuten, dass die Neigung zu Fürsorge von gemeinsamer Genetik ebenso wie von gemeinsamer Erfahrung abhängt.

Hierzu hat übrigens bereits Albert Schweitzer, der vor etwa 100 Jahren in Afrika ein Urwaldkrankenhaus gründete, bemerkenswerte Überlegungen angestellt. Schweitzer postulierte ein gestuftes „Mitgefühl" für alle Lebewesen nach Maßgabe ihrer Verwandtschaft und sozialen Nähe[15]. Er forderte von seinen Mitmenschen im Grundsatz zwar gleiches Mitgefühl für Frösche und Blumen wie für Menschen. Er räumte jedoch ein, dass es unweigerlich zu Konflikten käme, würde man allen Lebewesen die gleichen Lebensrechte zubilligen. In mehreren Schriften forderte er ein verantwortungsvolles Umgehen mit jeder Art von Nötigung, Verletzung und Tötung. Wie groß der Raum für Rücksicht sein kann oder sein muss, würde durch die biologische und soziale Nähe bestimmt[16].

Es gibt Beispiele, in denen bei sozialen Urteilen die soziale Distanz wichtiger wird als die biologische[17], etwa im Umgang mit Haustieren. So werden manche Hunde wie menschliche Babys gepflegt. Wenn demgegenüber Menschen über andere unfreundlich urteilen, so ist zu fragen, inwieweit mangelnde soziale Teilhabe nicht ein Merkmal des Urteilenden ist. Wir werden später diesen Gedanken im Zusammenhang mit moralischem Urteilen wieder aufgreifen.

Die Regeln, die eine abgestufte Fürsorge und Gewaltvermeidung bei Tieren ermöglichen, sind oft erstaunlich: Sei es, dass eine Gruppe gemeinsam alle Jungen schützt, oder dass einige Tiere Verletzungen in Kauf nehmen, um andere zu retten. Wird beispielsweise eine Gruppe von Pavianen von einem Hund angegriffen, stellen sich einzelne Tiere zwischen den Angreifer und den Rest der Gruppe. Wenn man Derartiges beobachtet, wirkt es mitunter erstaunlich „menschlich“. Fast hat man den Eindruck, als ob so manche Fürsorge oder manches Ritual Ausdruck eines entwickelten Gefühlslebens oder gar einer hochstehenden Ethik wäre, etwa wenn Schleichkatzen einem kranken Artgenossen den Vortritt zum Futter gewähren. Man muss sich jedoch immer wieder vor Augen halten, dass sich der Verlauf der Evolution anders vollzog: Die Vielfalt biologischer Erscheinungsformen hat es zugelassen, dass sich Denken und Fühlen entwickeln konnte.

Zahlreiche ethische Grundsätze sind daher nicht bloß Erfindungen von Philosophen, sondern sie sind uns durch die Gesetze der Evolution vorgegeben. Sogar die Tatsache, dass wir uns ethischer Grundsätze bewusst sind und sie explizit machen können, ist nicht allein unserer entwickelten Kultur zu danken. Erkenntnis und Kultur beruhen zwar auf dem, was das Gehirn gelernt hat, beides ist aber in das Funktionieren der biologischen Informationsverarbeitung eingebunden und von ihr letztlich abhängig[18].

## Wie man Gedanken lesen kann – mit Hilfe von Hirnstromableitungen

Unsere Arbeitsgruppe hat an der Freien Universität Berlin mehrmals bei einem Tag der offenen Tür das folgende Experiment vorgeführt. Wir baten einen der zahlreichen Besucher unseres Labors, sich für ein Experiment zum Gedankenlesen zur Verfügung zu stellen. Diese Person wurde in einen gesonderten Raum geführt, wo sie eine Kiste mit vier Gegenständen vorfand: eine Kaffeetasse, einen Hammer, ein Stofftier und ein Buch. Allein gelassen, sollte sich unsere Versuchsperson einen der Gegenstände aussuchen und ihn aufmerksam von allen Seiten betrachten. Außerdem sollte die Bezeichnung für den Gegenstand, z.B. „Tasse", auf ein Blatt Papier geschrieben werden. Dieses musste gleich in einen Briefumschlag gesteckt werden.

Nachdem die Versuchsperson für eine Hirnstromableitung vorbereitet war, zeigten wir ihr auf einem Bildschirm eine größere Anzahl von Fotos der zur Auswahl stehenden Gegenstände. Anschließend mittelten wir die Messungen der elektrischen Aktivität, und zwar gesondert nach Tasse, Hammer, Stofftier und Buch. So entstanden vier für die verschiedenen Fotos gemittelte Messkurven. Jede einzelne der Kurven war typisch für die Aktivität des Gehirns bei der Betrachtung eines der genannten Gegenstände[19].

Nun zeigten wir die vier Messkurven den anderen Laborbesuchern. Jeder im Publikum konnte sehen, dass drei der vier Kurven einander ähnlich waren. Eine Messkurve hingegen zeigte einen deutlichen Ausschlag. Es handelte sich um diejenige, die in dieser Form jedes Mal beim Betrachten von Fotos des zuvor ausgewählten Gegenstandes aufgetreten war. Daher konnte das Publikum leicht erraten, welcher Gegenstand im verschlossenen Briefumschlag notiert worden war. Verblüfft war meistens nur die Versuchsperson, die feststellen musste, dass ihre geheime Wahl auf Grund der Messungen offenbar geworden war.

Die Messung hatte gewissermaßen das Echo veranschaulicht, das ein Bild des zuvor gewählten Objekts, zum Beispiel der Tasse, im wahrnehmenden Gehirn erzeugt hatte. Dieses Echo entstand in den hinteren Gedächtnisorten der

Großhirnrinde. Die entsprechende Aktivierung fiel infolge der Instruktion, die Bilder des gewählten Gegenstandes besonders aufmerksam zu betrachten, entsprechend sehr hoch aus.

Man kann also mit dieser Methode nicht Gedanken lesen, sondern nur die durch die Beachtung entstandene Veränderung sichtbar machen.

Wir wissen, dass sich der in den hinteren Gedächtnisorten der Großhirnrinde entstandene Beachtungseffekt auch dem Stirnhirn mitteilt. In diesem Augenblick spricht man auch von fokaler oder fokussierter Aufmerksamkeit. Das Stirnhirn fokussiert also unsere Aufmerksamkeit auf etwas. Meist werden Reize unter diesen Umständen auch bewusst.

Die fokussierte Aufmerksamkeit setzt gewissermaßen ein Handlungsziel. Sie erlaubt die Planung wie auch die Ausführungsüberwachung zielorientierter Handlungen. Unabhängig davon, ob ein entsprechender Reiz überhaupt aufgetaucht ist, stellt das Stirnhirn die wichtigsten Funktionen zur Verfügung, die bei der Erkennung von Zielen benötigt werden.

Das bedeutet also: Wenn wir uns damit beschäftigen wollen, wie es möglich ist, zu erraten, was andere Menschen denken, müssen wir uns mit den Funktionen des Stirnhirns beschäftigen. Für diese Funktionen sind die restlichen Teile des Gehirns gewissermaßen nur die „Zulieferer", die das benötigte „Material" zur Verfügung stellen, damit das Stirnhirn die Entscheidungen treffen kann. Wir werden uns also in diesem Buch weitgehend auf die Arbeit des Stirnhirns beschränken. Und wir werden dabei spannende psychologische Untersuchungen berücksichtigen. Dabei wird deutlich werden, wie viel Wissenschaftler bereits über Perspektivenübernahme und das menschliche Sozialverhalten wissen. Dazu müssen wir uns zunächst etwas näher mit dem Stirnhirn und seinem Aufbau vertraut machen.

Mir ist bewusst, dass viele Leser vor einem Kapitel über Anatomie und Funktionen des Gehirns zurückschrecken werden. Aber ich verspreche Ihnen, es mit einfachen Worten und anschaulichen Beispielen zu tun. Wenn Sie diesem Versprechen misstrauen, können Sie auch die Lektüre mit dem nächsten Kapitel fortsetzen, ohne den Faden völlig zu verlieren.

# II. Was Sie über das Gehirn wissen sollten

Die folgenden Seiten werden in großen Zügen das Gehirn und vor allem die Logik der Architektur des Stirnhirns und seiner Funktionen beschreiben. Daran wird sich in der Folge die Besprechung der sozial bedeutsamen Verhaltensäußerungen orientieren.

Es ist nicht selbstverständlich, Funktionen des Sozialverhaltens, die aus Wechselwirkungen zwischen Menschen entstehen, unter Zuhilfenahme der Funktionen des Gehirns zu verstehen[20]. Doch mit dieser Herangehensweise werden wir sehen, dass Menschen gewissermaßen mit fast jeder Faser des Gehirns soziale Wesen sind.

Das Gehirn ist Motor des Verhaltens. Einzelne seiner Teile sind bevorzugt bei bestimmten Funktionen aktiv: Es gibt Hirnareale, die für das Sehen zuständig sind, und andere, die veranlassen, dass eine Hand bewegt wird. So gesehen, kann man einzelne Funktionen in bestimmten Hirnarealen „verorten".

In den einzelnen Etagen des Gehirns werden wir also einzelne wichtige Funktionen lokalisieren, wie das Selbsterleben, den Perspektivenwechsel, oder die moralische Bewertung, wohl wissend, dass jede Funktion weitere große Teile des übrigen Gehirns zur Realisierung braucht. Entsprechend ihrer hauptsächlichen Lokalisation werden wir die einzelnen Funktionen auf einem Weg von oben nach unten durch das Stirnhirn besprechen. Dabei wird uns helfen, dass die Anordnung der Funktionen einer naturgegebenen Logik folgt.

## Der Homunculus

„I want to sell neuroanatomy as a kind of psychology – as its most concrete and ultimate form." Ich möchte die Neuroanatomie als eine Form von Psychologie anbieten – als eine dabei höchst gegenständliche und besonders gültige Herangehensweise. Mit diesen Worten begann der Psychiater und Neurowissenschaftler Valentin Braitenberg vor dreißig Jahren ein Buch[21], in denen er Aufbau und Arbeitsweise von Nervennetzwerken erklärte. Die Architektur des Gehirns bestimmt nicht nur die Funktionen der Informationsverarbeitung, sondern legt auch die Grundstrukturen von Verhalten und Erleben fest: die Anatomie als Grundlegung der Psychologie.

Wir wollen nun einen Blick ins „lebende" Gehirn werfen, um zu sehen, welche Beiträge die einzelnen Hirnteile beim Zustandekommen komplexer, sozialer Informationsverarbeitung der Reihe nach leisten.

Von außen betrachtet, besitzt das Gehirn eine runde Form, deren Oberfläche zahlreiche Furchen und Windungen besitzt. Diese äußeren Strukturen gehören zum sogenannten Großhirn und bilden die Großhirnrinde. Dort, in dieser gefurchten Rindenstruktur, sitzen dicht gepackt in jedem Kubikmillimeter mehrere Zehntausend Nervenzellen. Diese stellen die eigentlichen Elemente der Informationsverarbeitung dar. Wenige Millimeter tiefer beginnt ein enges Geflecht von Nervenfasern, die dafür sorgen, dass die verschiedenen Hirnteile miteinander funktionell verbunden sind.

Das Großhirn überwölbt die inneren und unteren Teile des Gehirns. Bei näherer Betrachtung sieht man außerdem, dass das Großhirn aus zwei Teilen besteht, sogenannten Hemisphären, die wie die Kerne einer Walnuss nur in einem schmalen Mittelstück zusammenhängen (siehe Abbildung 2).

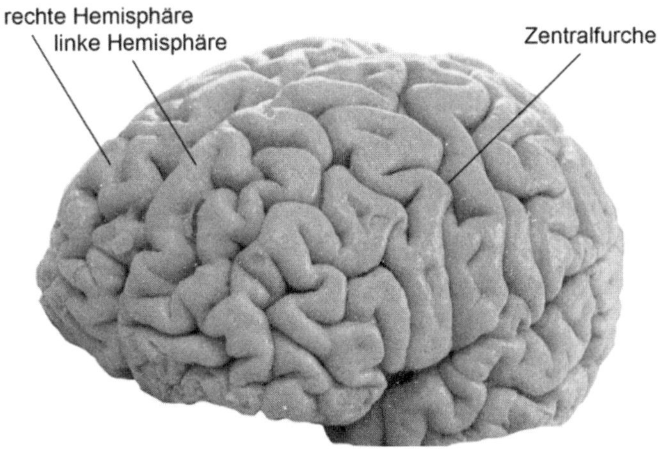


Abb. 2. Ansicht von links vorne auf die Großhirnrinde.

Mit Hilfe des Musters aus Windungen und Furchen auf der Oberfläche der Großhirnrinde kann man sich orientieren, und wir werden dieses Muster verwenden, um einzelne Funktionen zu lokalisieren. Wie erwähnt, werden wir hauptsächlich nur die stirnseitig gelegenen Teile der Großhirnrinde betrachten, das Stirnhirn. Dieses wird durch eine deutliche Furche auf den Seitenflächen der Hemisphären, die sogenannte Zentralfurche, etwa in der Mitte zwischen Stirn und Hinterhaupt, von der restlichen Großhirnrinde getrennt.

Am besten stellen wir uns die Großhirnhemisphären wie zwei weiche Bälle vor, die so dicht nebeneinander liegen, dass die sich berührenden Seiten plattgedrückt sind. So gesehen, besteht das Stirnhirn im Grunde aus zwei nach vorne weisenden, aneinander gedrückten Halbkugeln, einer linken und einer rechten, die sich etwa über den Augen befinden (siehe Abbildung 3). Die Pole der beiden Halbkugeln weisen zur Stirn.

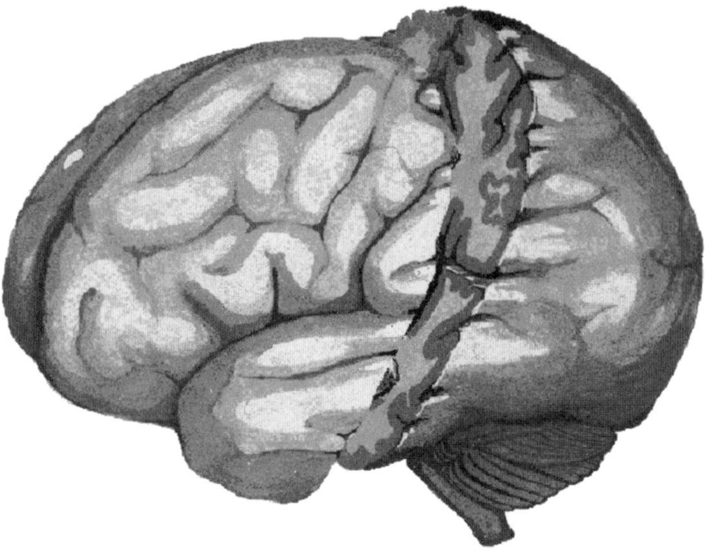

Abb. 3. Ansicht eines Gehirns, das etwa in der Höhe der Zentralfurche auseinander geschnitten wurde. Links befindet sich das Stirnhirn mit dem stirnseitigen Pol des Gehirns. Darunter ein Teil des Schläfenhirns. Im Innern des vorderen Schläfenhirns befinden sich die für manche Affektreaktionen verantwortlichen Mandelkerne.

Von hinten her treten Fasern in die Basis der beiden Halbkugeln ein, die das Stirnhirn bilden. Diese bilden den Input für die Informationsverarbeitung im Stirnhirn. Diese Fasern stammen aus Gedächtnis-Netzwerken in den hinteren Teilen der Großhirnrinde.

Die von hinten in die Stirnhirnrinde eintretenden Fasern weisen eine funktionelle Spezialisierung auf, die man von oben nach unten gliedern kann. Diese Spezialisierung bildet zum Teil die motorischen Funktionen des Körpers ab. Die dicht an der Zentralfurche liegenden Bezirke der Großhirnrinde repräsentieren tatsächlich gewissermaßen ein Abbild des Körpers. Vereinfacht gesprochen, erfolgt in diesen zentralen Arealen eine Abbildung des Körpers so, dass zur Mitte hin die Beine repräsentiert werden, nach oben hin Rumpf und Arme, seitlich oben die Hand, seitlich unten das Gesicht und vor allem der Mund, sowie schließlich unten Zunge und Schlund, rudimentär auch die Eingeweide. Diese Repräsentation ist seit der Mitte des vorigen Jahrhunderts durch ein Standardwerk[22] des einflussreichen kanadischen Neurochirurgen Wilder Penfield[23] allgemein bekannt und wird als „Homunculus", also gewissermaßen als künstlicher Mensch, bezeichnet (siehe Abbildung 4).

Der eben beschriebenen Gliederung der zentralen Areale entspricht nun im Wesentlichen die funktionelle Gliederung der gesamten Großhirnrinde. Dazu ein paar Beispiele: Seitlich oben gelegene Areale werden beim Manipulieren

Abb. 4. Querschnitt durch eine Großhirnhemisphäre, die zweite ist jeweils links in den Skizzen weggelassen. Die Zeichnungen deuten symbolisch die Repräsentation der Körperteile in den Arealen neben der Zentralfurche an. Links: Sensorische Repräsentationen hinter der Zentralfurche, rechts motorische Repräsentationen vor der Zentralfurche[24].

von Dingen beansprucht. Seitlich unten gelegene Areale bestimmen beim Menschen in vielerlei Hinsicht die Aufeinanderfolge von sozialen Bewegungen, vor allem bei Gestik und Sprechen. Körpergefühle sind, soweit Schmerz oder körperinnere Prozesse beteiligt sind, ganz unten repräsentiert.

Bereiche des Stirnhirns, die zur Mitte hin liegen, dienen nicht, wie man vielleicht erwarten könnte, der Fortbewegung. Unsere äffischen Vorfahren verfügten ja noch nicht über den aufrechten Gang, sondern waren Baumkletterer, ähnlich den jetzt lebenden Gibbons. Insofern üben die zur Mitte hin gelegenen Teile Funktionen aus, die komplexe Bewegungsabläufe im Raum überwachen. Sie übernehmen auch die Aufgabe zu kontrollieren, ob Ziele in lediglich vorgestellten, sozusagen virtuellen Räumen erreicht werden. Beispiele aus dem menschlichen Verhalten, die dieses Areal beanspruchen, wären das Tippen auf einer Tastatur oder die Umsetzung von Noten in Fingerbewegungen beim Klavierspielen.

## Das Stirnhirn

Die vorderen Teile des Stirnhirns heißen auch Präfrontalcortex. Sie sind gar nicht so klein, obwohl sie nur etwa ein Achtel der Großhirnrinde ausmachen. Würde man hier die Falten der Gehirnoberfläche glätten, so käme man auf einen Flächeninhalt von etwa 190 bis 200 Quadratzentimeter auf jeder Hemisphäre. Dort drängen sich über eine Milliarde Nervenzellen.

Stellen wir uns für einen Moment die Bevölkerung Indiens vor, die untereinander und auch mit dem Rest der

Welt regen Internetkontakt pflegte. Jeder Landesteil wäre für eine spezielle Art von Informationsaustausch verantwortlich. Der interne Austausch erfolgte größtenteils nur in einem einfachen „gefällt mir – gefällt mir nicht"-Code, allerdings für jeden Einwohner im Durchschnitt 100 Mal pro Sekunde! Dann haben wir eine ungefähre Ahnung, welche im Grunde unvorstellbaren Schaltvorgänge hinter unserer Stirn geschehen.

Von den zahlreichen Funktionen der Netzwerke im Stirnhirn wollen wir nur diejenigen besprechen, die im Sozialbereich eine wichtige Rolle spielen.

Der Präfrontalcortex greift nicht unmittelbar in den motorischen Ablauf ein. Diese weit stirnseitig gelegenen Teile steuern vielmehr die motorische Ausführung gewissermaßen nur im Hintergrund und kontrollieren dazu auch eine Vielzahl interner Gehirnprozesse.

Man kann die durch das vordere Stirnhirn gesteuerten, internen Kontrollprozesse jedoch nur verstehen, wenn man sich die grundsätzliche Bedeutung der motorischen Funktionen vergegenwärtigt. Eines der wichtigsten Kennzeichen eines Lebewesens ist die Tatsache, dass es etwas tut. So banal es klingt: Aktivität ist ein wesentliches Merkmal von Leben. Zunächst einmal hält es sein Gleichgewicht stabil, sowohl physikalisch wie physiologisch. Wenn Umwelteinflüsse stören, stabilisiert es seine zentralen Eigenschaften durch eigene Aktivität. Ein Tier muss mit Kälte und Hitze zurechtkommen, vor Feinden flüchten und es sollte für Nachkommenschaft sorgen.

Wir müssen immer im Blick haben, dass auch das Gehirn genau diesen Zwecken dient: dem Schutz des Körpers, der Aufrechterhaltung des Stoffwechsels, der Suche nach

Lebensraum und der Fortpflanzung. Das alles ist biologisch *bedeutsam,* und es ist mit Tätigsein und Bewegung verbunden. Insofern lässt sich sogar generell sagen: *Bedeutung* ist nichts anderes als Handlungsplanung, auch wenn das vielleicht nicht immer explizit erkennbar ist[25].

Bewegung zieht stets eine Veränderung nach sich, die in der Regel eine räumliche Komponente besitzt, etwa wenn sich ein Lebewesen von einem Ort zu einem anderen bewegt. Genau darauf sind einige Hirnareale erkennbar spezialisiert. Allerdings erfordert Bewegung, wenn sie der Umwelt anpasst oder zielgerichtet ist, stets auch eine permanente Überwachung, die unter Umständen eine Korrektur ermöglicht.

Genau diesen Funktionen von Planung, Ausführungsüberwachung, Ausführungsanpassung und, falls erforderlich, Planungsanpassung dient das Assoziationsnetzwerk des vorderen Stirnhirns.

Bereits einer der ersten großen Hirnforscher der Moderne, Korbinian Brodmann, hat vor 100 Jahren darauf hingewiesen[26], dass das vordere Stirnhirn des Menschen, also der Präfrontalcortex, wesentlich größer ist als das von Schimpansen. Obwohl bei Mensch und Schimpanse fast 98 Prozent der Gene identisch sind, ist die vordere Stirnhirnrinde bei Menschen etwa doppelt so groß wie bei Schimpansen[27].

Tatsächlich sind an die vordere Stirnhirnrinde zahlreiche „höhere" Funktionen menschlichen Verhaltens gebunden. Vergleicht man das relative Volumen dieses Hirnteils bei Rhesusaffen, Schimpansen und Menschen, so zeigt sich, dass es im Verlauf der Evolution deutlich zugenommen hat. Zahlreiche Areale[28] dort sind in ihrer Ausdehnung und Funktion stammesgeschichtlich jung und typisch für das menschliche Gehirn. Insofern kann man den Präfrontalcortex als einen stammesgeschichtlich jungen Zusatz zu gedächtnistragenden Rindenteilen betrachten, die weiter hinten liegen. Tatsächlich ist die menschliche Kultur nicht denkbar ohne diese enorme Fähigkeit zur Planung und Kontrolle komplizierter motorischer Abläufe, etwa beim Manipulieren oder beim Sprechen.

Menschliche Leistungen beruhen jedoch nicht immer auf höher entwickelten Funktionen, auch wenn sie vernünftig erscheinen. So wissen wir, dass scheinbar komplizierte Dinge wie das Gestaltsehen, das Erkennen von Gefahr oder das Abschätzen von Wahrscheinlichkeiten auf sehr einfachen Gedächtnisfunktionen beruhen. Komplizierte Handgriffe können ausgeführt werden, indem einfache in einzelnen Lernschritten miteinander verbunden werden. Die präfrontalen Funktionen bauen auf derartigen Leistungen noch weiter auf.

Das Stirnhirn ist von den hinteren Bereichen der Großhirnrinde durch die bereits erwähnte Zentralfurche getrennt. Die unmittelbar davor liegenden Areale sind durch Nervenfasern eng mit den dahinter liegenden Arealen des Körpergefühls verknüpft. Über diese Verbindung erfährt das Stirnhirn zum Beispiel, in welcher Lage sich augenblicklich der Arm oder eine Hand im Raum befindet, und es kann eine Bewegung kontrollieren. Darüber hinaus kommen lange Faserzüge von den hinteren Hirnrindenteilen, die Informationen über die Umwelt besitzen, in die ganz vorne liegenden Teile des Stirnhirns (siehe Abbildung 5).

Die Bahnverbindungen zwischen den vor und hinter der Zentralfurche liegenden Assoziationsarealen bewirken gelegentlich eine Rückkopplung. Eine Aktivität vorne regt

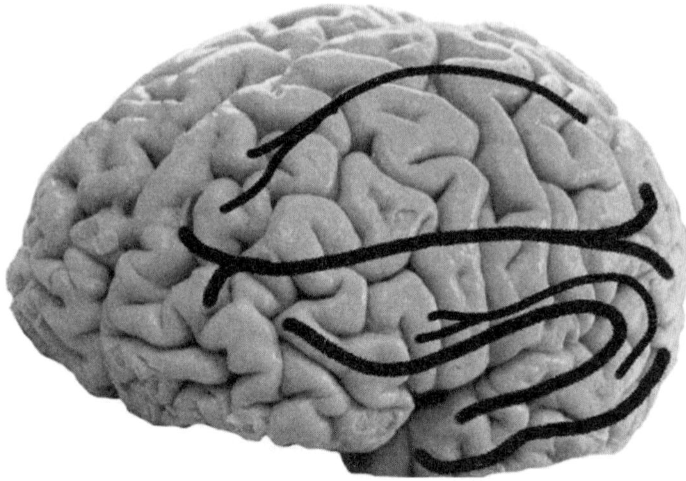

Abb. 5. Zahlreiche Faserstränge verbinden gewissermaßen etagenweise die hinteren, gedächtnistragenden Teile in der Tiefe des Gehirns mit dem Stirnhirn.

eine entsprechende hinten an und umgekehrt. Dadurch wird Aktivität kurzzeitig aufrechterhalten; es wird möglich, eine länger dauernde Informationsverarbeitung zu überwachen. Wir wollen hier vorweg nehmen, dass viele Wissenschaftler eine solche übergreifende Aktivität als Voraussetzung für ein deutliches Erleben ansehen und sogar dafür, dass eine Reaktion wohlüberlegt erfolgt. Insbesondere kontrolliert das Stirnhirn auf die beschriebene Weise motorische Prozesse, und es kontrolliert durch Anregung oder Hemmung die Speicherorte in den hinteren Teilen der Großhirnrinde.

Aus diesem Grund bezeichnet man die durch die Kontrollfunktionen des Stirnhirns angesprochenen Gedächtnisteile auch als „Arbeitsspeicher".

## Der funktionelle Aufbau des vorderen Stirnhirns

Die *beiden Hirnhälften* (Hemisphären) des Menschen weisen funktionelle Unterschiede auf. So wird Sprache überwiegend in der linken Hirnhälfte verarbeitet und die Orientierung im Raum ist eine Domäne der rechten Hemisphäre, jedenfalls ist das beim Großteil der Menschen so. Entsprechend gibt es auch im vorderen Stirnhirn, dem präfrontalen Cortex, eine funktionelle Arbeitsteilung.

Um die Hemisphärenunterschiede zu verstehen, muss man unterscheiden zwischen: einerseits sogenannten analogen, eigenschaftsreichen Informationen und andererseits kategorialen, eigenschaftsarmen Informationen. Beispielsweise sind räumliche Informationen analog: Wohin wir auch blicken, überall gibt es unzählig viele Details zu sehen. Hingegen beruhen symbolische oder semantische Informationen auf Kategorie-Wissen. Ein Baum ist ein Baum, unabhängig davon, ob er Blätter oder Nadeln trägt.

Bei den meisten Menschen werden in der linken Hemisphäre Einzelinformationen bedeutungshaltigen Kategorien zugeordnet. Eine Kiste aus Blech auf Rädern ist ein Auto, egal, welche Größe oder Farbe sie besitzt. Mit Hilfe der linken Hemisphäre kann auch die Bedeutung von Einzelinformationen entschlüsselt werden, die durch eine bekannte „Syntax" verbunden sind. Eine Syntax ist ein Regelwerk, das kleinere bedeutungstragende Einheiten miteinander verkettet. Das bedeutet, dass auch der Satz „Ein Auto ist eine Blechkiste auf Rädern" in der linken Hemisphäre analysiert wird.

Die Aufgabe der rechten Hemisphäre besteht in der Beiordnung einzelner Reizbestandteile, etwa dadurch, dass die Einheiten eines Gesichts in Bezug auf Kopfform und Frisur einem Typus zugeordnet werden: ein bärtiges Männergesicht, eine langhaarige Blondine. Einzelne Merkmale werden dabei aus Erfahrung sogar hinzugefügt, etwa weil ein Teil nicht zu sehen ist. Das geschieht unter Berücksichtigung der situativen Umgebung und auch auf Grund von möglicher Bedeutungsähnlichkeit. Vielfach wird dabei auf Erinnerungen an verschiedene selbsterlebte Episoden zurückgegriffen. Sieht man an der Nordsee ein Gesicht mit struppigem Haar, buschigen Augenbrauen und einem Vollbart ohne Schnauzer, so denkt man an einen Seemann vom alten Schlag. Begegnet man einem ähnlichen Gesicht in den USA, fühlt man sich vielleicht an Abraham Lincoln erinnert.

Innerhalb des vorderen Stirnhirns (präfrontal) lassen sich, auch unabhängig von den Hemisphären, Gebiete mit unterschiedlichem funktionellem Schwerpunkt unterscheiden. Wir können uns einen guten Überblick über die große Zahl dieser „geistigen Funktionen" verschaffen, wenn wir das vordere Stirnhirn *von oben nach unten* gliedern.

Oben gelegene Teile überwachen komplexe Bewegungsabläufe und helfen, Annahmen über den möglichen Verlauf von Ereignissen im Raum zu treffen. Seitlich auf halber Höhe findet man eine mit willkürlichen Augenbewegungen verbundene Region. Seitlich unten gelegene Areale des vorderen Stirnhirns sind beim Menschen auf die zwischenmenschliche und vor allem sprachliche Kommunikation spezialisiert. Ganz unten, also basal gelegene Bereiche, bilden bereits den unmittelbar über den Augen befindlichen Teil der Hirnbasis. Hier wird das körperliche Wohlbefinden bewertet und es werden Ziele gesetzt, um dieses aufrechtzuerhalten.

Schließlich muss man bei den Funktionen des vorderen Stirnhirns auch ein V*orne und Hinten* unterschieden. Der vordere Teil wird als Polregion bezeichnet. Hier liegen sehr abstrakte Informationen vor. Die meisten Wissenschaftler gehen davon aus, dass hier strategische Entscheidungen getroffen werden, die unter Umständen eine Neubewertung oder ein Umdenken ermöglichen. Eine Art „integrierte Rückmeldung“ verändert dann weiter hinten entsprechend die Verteilung der Aktivität.

## Die funktionelle Orientierung an Hand von Hirnschnitten

Wir haben das Stirnhirn als zwei nach vorne weisende, aneinander gedrückte Halbkugeln beschrieben, die sich etwa über den Augen befinden. Man kann mit biomedizinischen Techniken den Kopf virtuell in einer Ebene parallel zur Stirn durchschneiden. Dann sieht man die Hirnrinde als zwei etwas deformierte Kreisscheiben mit stark gefaltetem Umriss. Die Abbildung 6 zeigt einen solchen Hirnschnitt, der im Abstand von etwa 36 Millimetern hinter dem vorderen Hirnpol erfolgte.

Auf jeder Hemisphäre befinden sich außen drei tiefe Einkerbungen, die in der Abbildung 6 mit kleinen Strichen markiert sind. Dementsprechend kann man auf jeder Seite drei große Windungen unterscheiden: eine obere, eine mittlere und eine untere Stirnhirnwindung. Ganz unten schließt sich die Stirnhirnbasis an.

Die Innenfläche der Hemisphären wird oben von der oberen Stirnhirnwindung und unten von der Hirnbasis gebildet. Dazwischen gibt es verschiedene Portionen der zur Mitte hin gelegenen Stirnhirnoberfläche. Diese Region überwacht komplexe Bewegungsabläufe, damit übergeordnete Ziele erreicht werden.

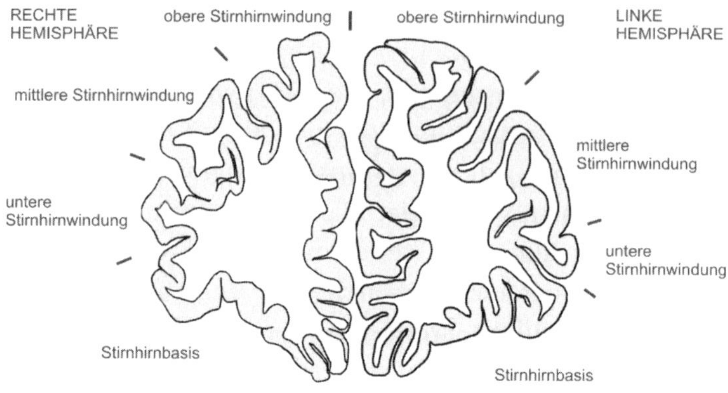


Abb. 6. Schnitt durch das Gehirn parallel zur Stirn. Die Orientierung ist so gewählt, als stünde man einem anderen Menschen gegenüber. Dementsprechend befindet sich die linke Gehirnhälfte auf der rechten Seite der Abbildung. Man kann deutlich die Anschnitte der beiden Hemisphären erkennen. – Die Hirnrinde, hauptsächlich aus Nervenzellkörper bestehend, ist grau gezeichnet. Das Innere der Hemisphären besteht hauptsächlich aus einem dichten Fasergeflecht. Dir Hirnrinde weist Windungen auf, die mit teilweise tiefen Furchen voneinander getrennt sind. – Die dargestellte Schnittebene liegt etwa 36 Millimeter hinter dem vorderen Hirnpol.

Die obere Stirnhirnwindung dient vor allem der Überwachung komplexer Bewegungsabläufe im Raum, insbesondere wenn eine Richtung verfolgt werden soll, deren Ziel noch nicht konkretisiert ist. *Es ist gut zu wissen, wo's langgeht.*

Die mittlere Stirnhirnwindung beurteilt Umgebungsinformation, indem sie *Analogien* zu gespeicherten Informationen bildet. Dazu sucht sie nach Regeln, die gelegentlich spontan hergestellt und gewissermaßen „erfunden" werden. Subjektiv handelt es sich in solchen Fällen um „Willensentscheidungen". Anderen Menschen erscheinen individuelle Regeln oft als „willkürlich". Als Motto für eine derartige

Funktion kann gelten: *Es ist gut zu wissen, woran man sich halten muss.*

Die Areale der unteren Stirnhirnwindung besitzen hauptsächlich Sprachfunktionen. *Es ist gut zu wissen, wie man üblicherweise Laute und auch Gesten verwendet.*

Die Stirnhirnbasis findet man im Zusammenhang mit Werturteilen aktiv. Im Grunde muss man hier zwei Portionen unterscheiden. Die weiter vorne und außen liegende Portion beurteilt die *Verwertbarkeit* von Situationen im Hinblick auf Bedürfnisse. Dieser Vorgang könnte sich im Bewusstsein beispielsweise so abbilden, dass *man meint zu wissen, ob etwas hilft.* Die mehr hinten und innen liegende Portion kontrolliert den für die Erreichung von Zielen erforderlichen persönlichen Einsatz. *Man meint zu wissen, dass man etwas tun sollte.*

Wir werden nun eine ausführlichere Reise durch das Stirnhirn antreten. Diese Reise wird oben beginnen und nach dem Erreichen der Stirnhirnbasis beendet sein.

# III. Ich glaube zu wissen, was du gleich tun wirst

Der emotionale Zustand einer Person lässt sich oft leicht aus der Mimik, dem situativen Kontext und dem gezeigten Verhalten erschließen. In der Regel sprechen wir von Mitgefühl, das uns solche Wahrnehmungen ermöglicht. Dennoch ist es gar nicht einfach zu erklären, warum sogar eine Textstelle in einem Roman lebhafte Gefühle in uns auszulösen vermag. Ja sogar ein Cartoon, der bloß aus einzelnen Bildern besteht, kann uns in Lachen oder Trauer versetzen.

Nehmen wir als Beispiel die obere Bildfolge aus Abbildung 7. Die Aufgabe ist, die äußere und auch innere Situation der dargestellten Personen zu erfassen. Da ist ein Kind vor einem Grab. Es legt eine Blume auf das Grab und weint. Was wird die Begleitperson machen? Wird diese jetzt einfach weggehen? Wahrscheinlich wird sie vielmehr versuchen, dem Kind beizustehen. Das zu erkennen, dürfte nicht allzu schwer sein. Doch was geht dabei im Gehirn vor sich?

In einem dazu durchgeführten Experiment wurden Personen mehrere Bildgeschichten dieser Art unter einem Hirnscanner gezeigt[29]. Dabei fand man besonders aktive Areale in der oberen Stirnhirnwindung (siehe Abbildung 8).

Die obere Stirnhirnwindung dient vor allem der Überwachung komplexer Bewegungsabläufe im Raum bei der Erreichung von Zielen, die im Einzelnen noch nicht genau festgelegt sein müssen. Was bedeutet das? Stellen wir uns einen Fahrradfahrer vor, der sich in einer Fußgängerzone bewegt. Mit Hilfe seiner oberen Stirnhirnwindung kann der

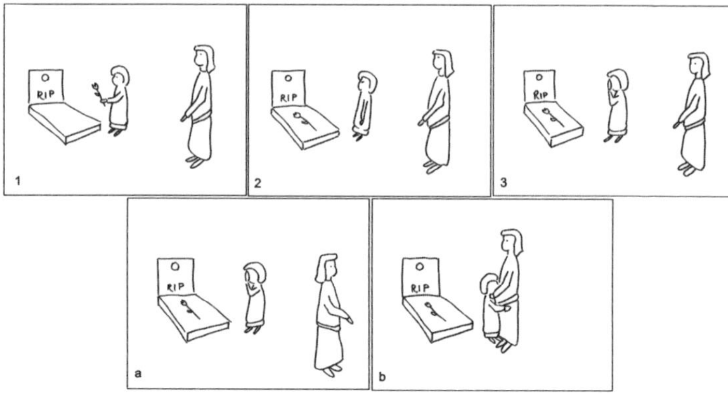


Abb. 7. Die oberen drei Bilder (1,2,3) erzählen eine emotional gefärbte Geschichte. Um zu prüfen, ob man beim Betrachten der Bilder die Befindlichkeit der Personen richtig deutet, wurde in einem Experiment (s. Text) danach gefragt, was die Personen der Bildgeschichte wohl als nächstes tun werden. Eines von zwei weiteren Bildern (a oder b) sollte als sinnvolle Fortsetzung der Bildgeschichte ausgewählt werden (Bilder umgezeichnet).

Fahrer versuchen hochzurechnen, in welche Richtung sich entgegenkommende Fußgänger oder andere Fahrradfahrer bewegen werden. Das gleiche Hirnteil[30] befähigt aber offenbar auch, die von Charles Darwin als so bedeutsam eingeschätzten Intentionsbewegungen zu deuten. Auf Grund solcher Hochrechnungen entstehen also Erwartungen in Bezug auf zukünftige, mögliche Handlungsabfolgen anderer Personen. Beim Fahrradfahrer heißt das: Er rechnet hoch, wie andere Menschen gehen werden, um nicht mit ihnen zusammenzustoßen.

So können auch emotionale Zustände oder zukünftige Bewegungsabfolgen auf Grund von Intentionsbewegungen gedeutet werden, ohne dass in nennenswertem Umfang ein entsprechendes Gefühl im Beobachter entsteht. Zum Ver-

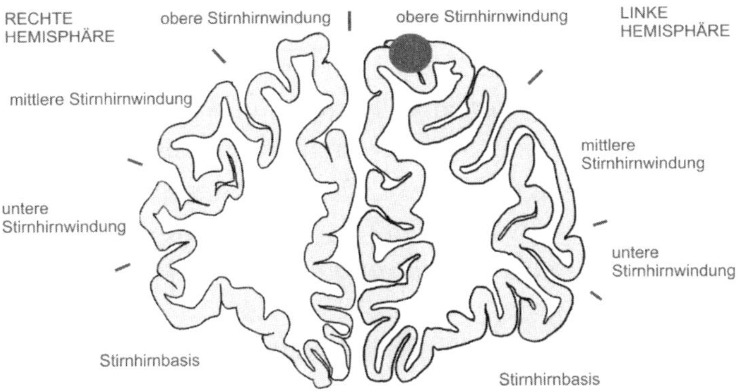


Abb. 8. Vor allem wenn man Bewegungen beobachtet, ist es leicht möglich, deren weiteren Verlauf ungefähr vorherzusagen. Die Hirnregionen des Stirnhirns, die das leisten, unterstützen auch das Verständnis von Abläufen, die in Bildfolgen dargestellt werden.

ständnis muss nicht einmal eine Bewegung innerlich nachvollzogen oder gar gespiegelt werden, um ihre Richtung oder ihr Ziel zu verstehen. Ein wenig Erfahrung reicht aus. Der Fachausdruck für die Verknüpfung von Beobachtung und Erfahrung heißt: Repräsentation oder inneres Modell.

Ein Mensch erzeugt also unter den geschilderten Umständen ein inneres Modell einer beobachteten Bewegung. Damit werden Erwartungen aufgebaut und die Aufmerksamkeit wird entsprechend gelenkt. Solche Modelle helfen uns im Alltag, mögliche Bewegungsabläufe so zu ordnen, dass sie einer Zielorientierung dienen. Sie sind auch bei der Interpretation von detailreichen sozialen Situationen hilfreich.

Denken wir uns dazu in die folgende Geschichte hinein: Ein Dieb hat einer Frau auf dem Markt die Geldbörse aus der Handtasche gestohlen. Da die Frau einen dicken Wintermantel trug, war ihr der Diebstahl nicht aufgefallen. Der

Dieb versucht, sich möglichst rasch, aber unauffällig durch die Menschenmenge zu drängen und den Markt zu verlassen. Dabei verliert er einen Handschuh. Plötzlich spürt er eine Hand auf seiner Schulter, dreht sich um und sieht, dass ein Polizist hinter ihm steht. Der Polizist sagt: „Sie haben Ihren Handschuh verloren!" Der Dieb greift jedoch nach der gestohlenen Geldbörse und drückt sie dem Polizisten in die Hand.

Warum rückt der Dieb seine Beute heraus? Stellt man diese Frage mehreren Personen, wird man sehr verschiedene Antworten bekommen. Manche Personen mutmaßen: *Der Polizist hatte den Dieb ja verfolgt.* Andere überlegen, ob die bestohlene Frau mit dem Polizisten vielleicht verheiratet war. In der Regel wird man zur Antwort bekommen: Der Dieb hat die Hand auf der Schulter falsch verstanden und wollte keinen weiteren Ärger.

Für die meisten dieser Antworten ist ausschlaggebend, dass der Handlung des Polizisten ein bestimmtes Ziel zugeschrieben wird: Handschuh zurückgeben oder Dieb festnehmen oder beides. Den Antworten geht hierbei, wie Experimente zeigen, vor allem eine Aktivität der oberen Stirnwindung voraus[31].

Bemerkenswerter Weise ist diese obere Stirnhirnwindung auch bei scheinbar „emotionalen" Fragen aktiv[32]: Was fühlt eine Frau, die eben eine Notbremsung machen musste, um nicht eine Katze zu überfahren? War sie erleichtert, die Katze nicht überfahren zu haben? War sie ärgerlich, weil sie erschreckt wurde? War sie traurig, weil sie an den möglichen, tragischen Ausgang denken musste? Wie auch immer: die obere Stirnhirnwindung war in Aktion.

Das heißt, die geschilderten Überlegungen haben nicht direkt mit dem Entstehen von Mitgefühl zu tun, sondern nur mit Wissen, das zu einem inneren Situationsmodell hochgerechnet wird.

Bei derart abstrakten Überlegungen von Testpersonen werden oft die am weitesten vorne gelegenen Regionen des Stirnhirns bereits mit einbezogen, also die Polregion[33] des Stirnhirns. Diese besitzt Querwindungen, die unmittelbar hinter der Stirn liegen.

Sogar Schuld- und Schamempfindungen scheinen im Wesentlichen durch Erwartungen zu entstehen, die von der oberen Stirnhirnwindung und den vorderen Querwindungen aus konstruiert werden[34]. Während andere Gefühle teilweise eng mit den biologischen Motivationssystemen zu Schutz, Nahrungsaufnahme, Sex oder Neugierde zusammenhängen, gelten Schuld und Scham als Gefühle der höheren Informationsverarbeitung.

Nehmen wir an, Sie kommen bei einem Restaurantbesuch von der Toilette und haben Ihre Kleidung nicht korrekt geordnet. Plötzlich merken Sie, dass ein Hemdzipfel weghängt oder der Hosenladen offen steht. Manche Gäste würden tuscheln, ein Kellner käme grinsend auf Sie zu, und vermutlich gäbe es einige Leute, die über Sie dächten: *Der kann ja nicht einmal seine Hose anziehen, wer weiß wie nachlässig der sonst noch ist!* Peinlich!

An dieser Stelle sollten wir zunächst das sogenannte Fremdschämen ausklammern. Damit bezeichnet man die Scham, die man empfindet, wenn sich andere Personen daneben benehmen. Wir betrachten also im Augenblick das Entstehen von Schuld- oder Schamgefühlen bei der Person, die merkt, dass sie sich selbst daneben benommen hat.

Wenn man merkt, dass etwas aus dem Ruder läuft, hängt das Entstehen von Schuld- oder Schamgefühlen also sehr mit gedanklichen Konstruktionen zusammen, die an die oberen und vorderen Stirnhirnteile gebunden sind. Diese Hirnteile sind bei Tieren übrigens nicht sehr stark ausgebildet und müssen bei kleinen Kindern erst noch einen nachgeburtlichen Reifungsprozess mitmachen. Daher haben Tiere oder kleine Kinder meist kein sehr nachhaltiges Schuldgefühl und kennen keine Scham. Wofür sie später Scham empfinden, hängt dann von ihren Erfahrungen ab.

Im Kleinkindalter reifen allmählich die vorderen Teile des Stirnhirns. Dieser Reifungsprozess ist in der Regel bis zur Einschulung weitgehend abgeschlossen. Bis dahin hat das Kind bereits Vieles gelernt, für das die Nervennetzwerke des Stirnhirns den Speicherort darstellen. Nun ist es so, dass sich

Abb. 9. Eine Frau versucht, sich soziale Beziehungen, die in einem Roman beschrieben werden, anschaulich vorzustellen. Die gedankliche Herstellung der Beziehungen geschieht zunächst mit Hilfe von rationalen Schlussfolgerungen. Die Reizmuster unserer Umwelt werden als Sachverhalte repräsentiert. Auf Grund von Merkmalsüberschneidungen werden sie zu Begriffs- oder Handlungsfamilien zusammengefasst[36]. (Zeichnung. Stefanie Dedek. Hogrefe Verlag)

die Strukturen für Gelerntes und Angeborenes überhaupt nicht unterscheiden. „Consuetudo quasi altera natura", schrieb schon der römische Anwalt und Denker Cicero[35]. *Die Gewohnheit ist gewissermaßen eine zweite Natur.*

Vertraute soziale Signale und Bewegungen müssen nicht mehr hochgerechnet, nachvollzogen oder gedeutet werden. Vertraute Bewegungen anderer Personen werden unmittelbar verstanden, gewissermaßen kategorial. Nehmen wir als Beispiel eine Zeigebewegung, oder es wendet sich jemand mir zu, weil er etwas will. Das Ziel herauszufinden, gehört zu den Aufgaben der zur Mitte hin gelegenen Teile des vorderen Stirnhirns. In komplexen Szenarien, wie im folgenden Beispiel, ist das oft gar nicht einfach. Da muss man schon auf eine Reihe von Merkmalen achen.

In einem anderen Beispiel wurden in einer Studie Probanden kurze Videosequenzen vorgeführt, die jedoch den weiteren Verlauf der Geschichte offen ließen[37]. Da wurde etwa gezeigt, wie ein Mann einen Tisch für zwei Personen deckt. Er stellt eine kleine Blumenvase zwischen die Teller, zündet eine Kerze an und löscht das Zimmerlicht. Will er Strom sparen? Hat er für seinen Bruder gekocht? Erwartet er den Besuch einer netten Bekanntschaft? Die meisten Personen neigen zur letztgenannten Interpretation.

Interpretationen der genannten Art benötigen kein Mitgefühl und keine Fürsorge. Es gibt tatsächlich ein sehr breites Spektrum an sozialen Verhaltensweisen, für deren Verständnis lediglich ein Mitdenken, aber kein Mitgefühl erforderlich ist (siehe Abbildung 9).

Im eben erwähnten Beispiel geht es bloß um den Abruf von Alltagswissen. Man mag dieses Wissen als Kenntnis von Stereotypen abtun, es kann jedoch für eine Urteilsbildung in bestimmten sozialen Situationen hilfreich sein. Das Gehirnareal, das diese Art des Weiterdenkens von Wahrnehmungen oder passende Vorstellungen ermöglicht, denen man im Augenblick die Aufmerksamkeit zuwendet, ist hauptsächlich auf der oberen Stirnhirnwindung lokalisiert[38] (siehe Abbildung 10).

Selbstverständlich orientieren sich stereotype Zuschreibungen und der sogenannte Augenschein mitunter an sehr oberflächlichen Merkmalen, daher sind sie möglicherweise nicht sehr treffsicher. Ein Beispiel für eine offenkundige Täuschung führt der Bauchredner vor (siehe Abbildung 11). Ein Bauchredner hat eine Puppe, die die Aufmerksamkeit auf sich zieht, Gesten macht und den Mund bewegt. Gleichzeitig hört man den Bauchredner sprechen. Ähnlich wie beim Synchronisieren eines fremdsprachigen Films wird

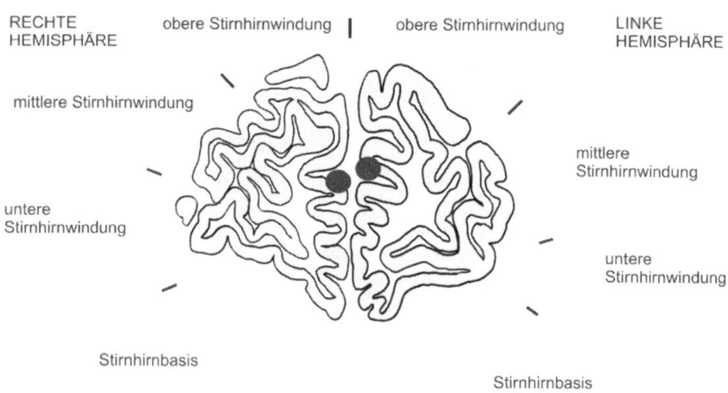


Abb. 10. Eine Person errät zum Beispiel, dass eine nette Bekanntschaft erwartet wird, wenn jemand einen Tisch für zwei Personen deckt und mit Kerzen dekoriert. Unter diesen Umständen ist in der Regel eine Region etwa 16 mm hinter dem Stirnhirn-Pol an der Innenseite des Stirnhirns aktiv.

Abb. 11. Der Bauchredner: Die Aufmerksamkeit richtet sich auf den Mund der Puppe und die Stimme des Sprechers. Beides hat synchrone On- und Offset-Zeiten[39], das bedeutet, dass beide Ereignisse im gleichen Augenblick beginnen und gleichzeitig aufhören. (Zeichnung: Stefanie Dedek. Hogrefe Verlag)

darauf geachtet, dass die Bewegungen des Akteurs mit den zu hörenden Worten zusammen passen.
Es sind solche oberflächlichen Merkmale, die dem vorderen Teil der oberen Stirnhirnwindung zur Verfügung stehen. Dort kam es in der folgenden Anordnung[40] zu einer erhöhten Aktivität (siehe Abbildung 12).

Die Teilnehmer bekamen kurze Berichte zu lesen, die vorgeblich von verschiedenen Studenten stammten. Eine lautete zum Beispiel: „Er ist Raucher und eine Mitbewohnerin wird aus der gemeinsamen Wohnung ausziehen, wenn er nicht aufhört zu rauchen. Er hat jedoch versprochen, mit dem Rauchen in der Wohnung aufzuhören." Beschreibungen dieser Art sollten bestimmten Personen zugeordnet werden, von denen Porträtfotos gezeigt wurden.

Eine passende Zuordnung ist unter den geschilderten Bedingungen nicht möglich, wird aber im Experiment auf Verlangen dennoch vorgenommen. Bemerkenswert ist,

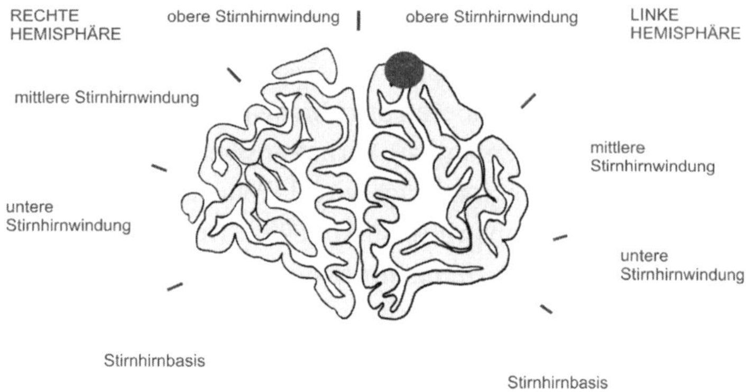


Abb. 12. Die obere Stirnhirnwindung ist am Entstehen von Erwartungen auf Grund oberflächlicher Merkmale beteiligt. Beim Betrachten eines Gesichtes können zum Beispiel bereits einfache Merkmale wie die Haarfarbe oder die Nasenform erste Assoziationen erzeugen, die zu bestimmten Erwartungen Anlass geben.

dass die Probanden die Geschichten den Fotos auf Grund zufälliger Assoziationen zuordnen, die auf jeden Beobachter willkürlich wirken müssen und die sie selbst nur unzureichend begründen können: „Der sieht so aus, als wäre er anpassungsfähig." Offenbar ist es im Leben oft besser, sich an irgendetwas zu orientieren als hilflos zu bleiben.

Grundsätzlich muss festgehalten werden, dass ein Realitätsverlust oder eine Verzerrung der Realität droht, wenn eine der Kontrollfunktionen des Stirnhirns versagt. Ursachen für ein Versagen können unglückliche genetische Voraussetzungen sein, aber auch ein Fehler in der Blutversorgung, ein Tumor oder eine augenblickliche Überbeanspruchung. Die Handlungen erfolgen dann auf Grund zufälliger Assoziationen. Das Gehirn ist in diesem Punkt nicht zimperlich.

Insbesondere werden oberflächliche Zuschreibungen der geschilderten Art auch angewendet, wenn Situationen viel Information bieten, aber andere Bewertungsfunktionen versagen. Das gilt sogar für Aussagen über sich selbst. Der hintere Teil der oberen Stirnhirnwindung ist zum Beispiel aktiv, wenn jemand zu Verhaltensweisen in nicht alltäglichen Situationen befragt wird[41]. „Würdest du Essen in Gesellschaft demonstrativ ausspucken, wenn es dir nicht schmeckt?“ *Würde ich das unter Umständen wirklich tun? Vielleicht wenn man mich provoziert hat?* Jede Antwort wäre wahrscheinlich zufällig.

Freilich gibt es noch andere Funktionen, die den Aufbau eines Handlungsplanes unterstützen. Diese werden wir in den folgenden Kapiteln noch besprechen. An dieser Stelle wird jedoch deutlich, dass die Orientierung an oberflächlichen Merkmalen keineswegs nachteilig sein muss, insbesondere wenn andere Funktionen der Planerstellung fehlen.

In ganz ähnlicher Weise funktioniert auch etwa eine Orientierung in einer fremden Stadt, wenn man keinen Stadtplan mit sich führt. Man kann sich nämlich in einer fremden Stadt an Hand von zufälligen Landmarken orientieren, zum Beispiel an großen Straßen oder Türmen, auch wenn man die Himmelsrichtungen nicht kennt. Wichtig ist nur, dass eine Kenntnis darüber vorhanden ist, nach welchen Regeln man mit den Landmarken umgehen muss.

Analog kann man sich im sozialen Bereich an oberflächlichen Merkmalen orientieren, solange man Regeln kennt, die angeben, welche Verhaltensweisen bei Vorliegen bestimmter Merkmale üblicherweise gezeigt werden sollten. Mit anderen Worten: Regeln, die angeben, was sozial erwünscht ist. Wissen über sozial erwünschtes Verhalten und die Orientierung an oberflächlichen Merkmalen erlauben in vielen Fällen prosoziales Verhalten.

## Situationen interpretieren und überinterpretieren

Wenn Gedanken oder Einstellungen anderen Personen auf eine bloß oberflächliche oder gar zufällige Weise zugeschrieben werden, so ist das in der Regel wenig hilfreich. Mehr noch, es ist häufig ein Zeichen dafür, dass effektivere Mechanismen der Perspektivenübernahme nicht hinreichend entwickelt sind.

In einer Studie unserer Arbeitsgruppe[42] wurden Schüler und Schülerinnen der zehnten Schulstufe mit 14 kurzen Geschichten zu einer alltäglichen sozialen Situation konfrontiert. Eine der Personen in der Geschichte sagt oder tut schließlich etwas. Für die jeweilige Handlung soll der Grund gesucht werden. Hier ein Beispiel:

Angie trifft ihre Oma auf der Straße. Oma trägt einen neuen Hut.
Angie findet Omas neuen Hut gar nicht toll.
Oma: „Wie gefällt Dir mein neuer Hut?"
Angie: „Oh ja, den kannst du gut tragen."

Warum sagt Angie das?
... weil sie den Hut an Oma gut findet
... weil sie Oma nicht kränken will
... weil sie selbst gerne solche Hüte trägt
... weil sie sich mit Hüten auskennt

Die meisten Schüler und Schülerinnen meinten, dass Angie ihre Oma nicht kränken wollte, und daher das Lob gegen ihre Überzeugung ausgesprochen hat. Am seltensten wurde gewählt: „... weil sie selbst gerne solche Hüte trägt". Gegen diese Alternative spricht, dass nicht bekannt ist, welche

Hüte von Angie getragen werden. Warum wird diese Antwortalternative dann doch gelegentlich gewählt?

Wenn Kontrollfunktionen versagen, entfernt man sich von der Realität. An die Stelle von Urteilen auf der Basis der vorliegenden Informationen treten eben zufällige Assoziationen.

Die Aufgaben in dieser Untersuchung erforderten von den Schülern und Schülerinnen viel Aufmerksamkeit und Nachdenken. Während der Antwort-Auswahl erfolgte eine Hirnstromaufzeichnung. Aus dieser war ersichtlich, dass die Aufgaben auch eine Region der mittleren Stirnhirnwindung beanspruchten, die schlussfolgerndes Denken unterstützt. Diese Region ist auch für das Verständnis von Metaphern wichtig. An Hand unserer Daten konnte ausgeschlossen werden, dass die Untersuchten vielleicht insgesamt allzu leichtfertig mit den Aufgaben umgingen. Darüber hinaus konnten wir feststellen, dass es einige Jugendliche gab, die solche „ganz daneben liegenden" Antworten beinahe regelmäßig gaben. Genau diese Personen waren selbst die sozial auffälligsten in ihrer Klasse. Offenbar geht es hier um den Mangel bei einer sozial bedeutsamen Funktion.

In der Regel meint man, sich in eine andere Person hineinversetzen zu können, wenn man ihre Mimik oder ihre Körperhaltung beachtet. Tatsächlich hat es für das soziale Verhalten gravierende Nachteile, wenn man das nicht kann.

Die amerikanische Wissenschaftlerin Temple Grandin[43] beschäftigte sich den größten Teil ihres Lebens damit, wie man am besten Tiere töten sollte. Sie kümmerte sich um den Transport von Nutztieren und anschließend darum, dass vor dem Töten nicht übermäßig viel Angst entsteht. Angst führt dazu, dass man sich wehrt. Dabei, so ihre Beobachtung, können andere verletzt werden. Das wollte sie verhindern. Von sich selbst sagte sie, dass ihr Sozialverhalten unterentwickelt sei. Aber sie versteht durchaus manche Tiere. Rinder und Schweine zum Beispiel, mit Hühnern klappt es nicht so gut[44].

Grandin hat Verhaltensbiologie studiert. Danach hat sie ihre Arbeit der Frage gewidmet, wie unnötige Schmerzen und Angstreaktionen bei Nutztieren vermieden werden können, die in Zuchtanlagen gehalten, transportiert oder geschlachtet werden sollen. Sie selbst ist Autistin mit dem sogenannten Asperger-Syndrom[45]. Das bedeutet, dass sie über lange Zeit hinweg Schwierigkeiten damit hatte, Absichten und Gefühle anderer Personen zu erfassen. Es war ihr nicht möglich, eine Anzahl von Merkmalen in ihrer Umwelt gleichzeitig zu beachten. Dadurch konnte sie eine große Anzahl von Lebenssituationen schlecht kontrollieren und Vieles war ihr unheimlich. Grandin verhielt sich in ihrer Jugend hochängstlich und konnte wohl deshalb auch ein Gefühl für Angstreaktionen von Tieren entwickeln. Mittlerweise hat sie gelernt, sich mit anderen Menschen nahezu zwanglos auszutauschen und deren Mimik zu lesen. Grandin verfügt außerdem über ein überdurchschnittlich gutes visuelles Gedächtnis.

Sich auf verschiedene Dinge gleichzeitig konzentrieren zu können, scheint eine Fähigkeit zu sein, die eng mit der Funktion von Netzwerken zusammenhängen dürfte, die sich am unteren Rand der mittleren Stirnhirnwindung befinden und auch bei der Beurteilung sozialer Situationen eine große Rolle spielen. Schon jetzt sei darauf hingewiesen, dass diese Netzwerke eine Fortsetzung bis weit in die untere Windung besitzen, wo sie offenbar speziell die Erkennung von Mimik und Gestik unterstützen. Später werden wir sehen, dass die Netzwerke der unteren Stirnhirnwindung vor allem auch bei der Sprachverarbeitung verwendet werden.

Grandin hätte bei der oben zitierten Untersuchung an unserer Universität sicherlich erhebliche Schwierigkeiten gehabt. Leider war die Datengrundlage unserer Untersuchung damals nicht ausreichend für eine Veröffentlichung der Ergebnisse. Nur wenig später wurde in New York jedoch eine Arbeit[46] mit ähnlichen Befunden abgeschlossen. In der Untersuchung war Versuchspersonen ein mit Schauspielern gedrehter Videofilm mit alltäglichen, sozialen Szenen gezeigt worden. Der Film wurde an mehreren Stellen unterbrochen, um die Frage zu stellen: „Warum tut XY das?". Unter den vorgegebenen Antworten befand sich stets auch diejenige, die im weiteren Verlauf des Videos bestätigt wurde. Außerdem gab es eine Antwortvorgabe, die sich auf Sachverhalte bezog, die grundsätzlich möglich wären, aber im Video überhaupt nicht vorkamen. Hier ein leicht umformuliertes Beispiel:

Cliff erzählt von seiner Reise nach Schweden. Sandra sitzt daneben und sieht ihm in die Augen.

a. Sandra hört nicht zu, weil sie an eine bevorstehende Party denkt.
b. Sandra ist in Cliff verliebt und hört deshalb nicht richtig zu.
c. Sandra hört begeistert zu.
d. Sandra hat ein wenig Angst vor Cliff.

Welche Alternative ist die richtige?

Im Video hatte es keinen Hinweis auf eine bevorstehende Party gegeben. Warum sollte Sandra ausgerechnet daran denken? Die Antwortalternative a ist also überinterpretiert.

Um zwischen den anderen Alternativen unterscheiden zu können, hätte man auf die Mimik achten müssen.

Die Hauptautorin dieser Studie, Isabel Dziobek, ist eine Expertin für das erwähnte Asperger-Syndrom. Sie arbeitete auch damals in einer Arbeitsgruppe, die sich um Autisten mit diesem Syndrom kümmerte. Gerade solche Personen, die in der Regel Mimiken schlecht deuten können, haben in der erwähnten Untersuchung sehr häufig die überinterpretierenden Antworten gewählt. Tatsächlich führt eine Deutung sozialer Situationen mit Hilfe von Annahmen, die sich nicht aus der Kenntnis der Situation und der Personen erschließen, oft genug auf einen Holzweg. Dennoch erfolgt eine solche Überinterpretation im Alltag erstaunlich oft, meistens auf Grund einer unzureichenden sozialen Aufmerksamkeit oder wegen einer mangelnden Fähigkeit, zu Perspektivenübernahme und Empathie.

## Humor

Es gibt immer wieder unerwartete Wendungen im sozialen Geschehen. Zahlreiche Psychologen beschäftigen sich mit der Frage, wie das Gehirn mit solchen erwartungswidrigen Ereignissen umgeht. In einigen Untersuchungen zu dieser Frage werden sogenannte „Holzwegsätze" verwendet. Das sind Sätze, in denen der Hörer gewissermaßen in eine falsche Richtung gelenkt wird.

Mitunter reichen schon ein oder zwei Worte aus, um ein hinzugedachtes, also implizites Situationsmodell aufzubauen: „Die Pizza war …" Da wird also von einer Pizza gesprochen, die zum Beispiel appetitlich oder knusprig gewesen sein könnte. Verfolgen wir den Satz weiter: „Die

Pizza war zu heiß, um …" Nun wird das innere Bild, das in der Psychologie auch mentales Modell genannt wird, immer deutlicher. „Die Pizza war zu heiß, um sofort getrunken zu werden." Das bereits entstandene Bild ist mittlerweile so dominant geworden[47], dass wir davon ausgehen können, hier hätte sich jemand versprochen. Im Grunde glauben wir zu wissen, was gemeint war: „Die Pizza war zu heiß, um sofort gegessen zu werden."

Wir müssen nicht besonders nachdenken, um Sätze wie diese zu verstehen: „Anna saß noch im Büro. Die Philosophin hatte heute nämlich noch viel zu tun." Es erscheint klar, dass Anna viel zu tun hatte und deshalb länger im Büro blieb. Obwohl nicht explizit angegeben, nimmt man auf Grund des bereits entstandenen Modells an, dass Anna die Philosophin ist, die viel zu tun hatte[48].

Angenommen, jemand hört oder liest den folgenden Satzanfang: „Der schlecht vorbereitete Student hat die Prüfung, wie allgemein erwartet, …" wohl nicht bestanden, würde man automatisch ergänzen. Es kann aber sein, dass der Satz so lautet: „Der schlecht vorbereitete Student hat die Prüfung, wie allgemein erwartet, doch bestanden." Ein solcher Satz macht Sinn, wenn von einer nicht sehr schweren Prüfung die Rede ist. Wird der Satz aus dem Zusammenhang gerissen präsentiert, so enthält er eine Überraschung, deren Effekt man an der Hirnstromaktivität beobachten kann.

Ein ähnlicher Effekt, nur stärker, geschieht beim Anhören von Witzen. Das Wort „Witz" ist mit dem Wort „wissen" verwandt und bezeichnet so etwas wie ein „Ziel gesehen zu haben". Wenn jemand gewitzt ist, findet er sein Ziel. Wenn etwas witzlos ist, führt es zu keinem erstrebenswerten Ziel.

Ob ein Witz tatsächlich witzig ist, hängt offenbar vom Inhalt, von Art und Ort der Präsentation und vom Vorwissen der beteiligten Personen ab. Es scheint auch Personen zu geben, die generell ein nur geringes Humorverständnis besitzen. Umso spannender ist die Frage, welche Hirnprozesse mit der „Witzigkeit" eines Witzes beziehungsweise mit der Belustigung des Zuhörers einhergehen.

Humorverständnis prüft man in der Regel so, dass eine Geschichte präsentiert wird, deren Ende offen bleibt. In der entsprechenden Testsituation werden hierauf mehrere verschiedene Ausgänge angeboten:

Ein erwartbarer Ausgang, eine humorvolle Pointe und ein überraschendes Ende, das jedoch mit der Vorgeschichte nicht allzu viel zu tun hat. Hier ein Beispiel[49]:

Der Meister behauptete, er hätte einen lebensverlängernden Trank. Er selbst wäre schon über 300 Jahre alt. Ein Skeptiker fragt den Assistenten, ob sein Meister wirklich schon so alt wäre. Der zuckte die Achseln und sagte: …

1. „Ich weiß nicht wie alt er ist" (nicht unerwartet)
2. „Kann es nicht sagen, weil ich selbst erst seit 100 Jahren mit ihm arbeite" (humorvoll)
3. „Es gibt ja über 300 Tage im Jahr" (überraschend, aber nicht besonders sinnvoll).

Bei Untersuchungen mit Textmaterial dieser Art konnte festgestellt werden, dass Patienten mit Verletzungen im rechten Stirnhirn vergleichsweise selten die zweite Ergänzung des Textes bevorzugten, wenn sie die Geschichte humorvoll zu Ende bringen sollten. Außerdem wurde die dritte Ergänzung besonders häufig gewählt. Vielleicht wollten diese Patienten eine originelle Wendung wählen, überblickten aber nicht den Gesamtzusammenhang.

Einerseits wird das Stirnhirn gebraucht, um eine Erwartung aufzubauen und deren Eintreffen zu kontrollieren. Andererseits gilt es, zahlreiche Details des Kontextes zu beachten, die Hinweise auf eine Korrektur der Erwartung geben. Das ist eine Aufgabe der rechten Hemisphäre. Insofern ist das rechtshemisphärische Stirnhirn erforderlich, um bei überraschenden Details die bereits aufgebaute Erwartung zu korrigieren.

Gut, wenn man das kann. Es gibt Umstände, die eine solche Korrektur nicht oder erst verzögert zulassen. Solche Umstände können Hirnverletzungen sein, aber auch ein kleines Volumen des rechten Stirnhirns. Personen mit einer Schädigung im rechten unteren Stirnhirn bemerken zwar, dass eine Anekdote eine überraschende Wendung nimmt. Sie sind jedoch nicht imstande, die Pointe eines Witzes zu verstehen[50].

Außerdem kann es sein, dass das rechte Stirnhirn anderweitig stark beansprucht ist. Hochängstliche Personen, die gewohnheitsmäßig ihre Umwelt nach bedrohlichen Details absuchen, gelten oft als humorlos. Manchmal hat man aus anderen Gründen, zum Beispiel aus Alltagstress oder wegen Trauer, viele Details im Kopf. Das bedeutet eine Auslastung des Arbeitsspeichers und hat zur Folge, dass man unter diesen Umständen wenig Sinn für Humor hat.

Mitunter folgen Witze einer so abartigen Logik, dass man schon nicht mehr lachen kann. Offenbar wird eine geringfügige Abweichung mit großen Folgen am ehesten als komisch empfunden.

Bleibt die Frage, warum man nach dem Entdecken der Pointe lachen muss. In den 60er Jahren des vorigen Jahrhunderts wurde die Vermutung geäußert, dass das Lachen ein Ausdruck der Ambivalenz zwischen Zuwendung und

Abwendung sein könnte[51]. Wir hatten diese Vermutung bereits im Zusammenhang mit dem biologischen Erbe erwähnt. Demnach handelt es sich um einen stammesgeschichtlich alten Ausdruck des Befindens. Dieser zeigt neben dem Verstehen auch eine Distanzierung. So gesehen ist es auch möglich, dass man nach einem Denkfehler über sich selbst lachen kann.

Vielleicht können Sie nach der folgenden Frage ebenfalls über sich selbst lachen. Ein Fremder bietet einem Münzhändler eine sehr beanspruchte Bronzemünze an. Man kann jedoch noch gut die Angabe 340 v. Chr. erkennen und einen bärtigen Kopf, der mit einem Lorbeerkranz gekrönt ist. Allem Anschein nach ist die Münze wirklich alt. Der Münzhändler lehnt jedoch den Kauf ab. Warum? Man kann noch folgende Informationen ergänzen: Um 340 v. Chr. wurden tatsächlich bereits Bronzemünzen verwendet und es gab auch Herrscher, die mit Lorbeerkränzen abgebildet wurden. Allerdings hätte zu dieser Zeit niemand gewusst, dass man später eine solche Jahreszahl verwenden würde[52].

Aber woher soll man denn auch wissen, was die alten Griechen damals wussten? Doch Spaß beiseite: Es können noch viel einfachere Fehler passieren.

In einer Rentenbehörde soll tatsächlich einmal folgender Fall diskutiert worden sein: Ein Nachtwächter stirbt am helllichten Tag. Hat er Anspruch auf Rente? Ja oder Nein? In der Diskussion darüber wurde argumentiert, dass der Zeitpunkt des Todes selbstverständlich nicht mit der Beschäftigung als Nachtwächter in Verbindung gebracht werden darf. Außerdem hatte der Nachtwächter eine Anstellung bei der Kommune. Dennoch bekommt er keine Rente.

Diese fiktive Anekdote wird von Ihnen möglicherweise gar nicht als witzig empfunden. Vielleicht können Sie schmunzeln, wenn Sie die zugehörige Anmerkung* gelesen haben.

Lachen kann also eine Spezialform des Aha-Effektes sein: *Ich habe verstanden, dass Du versucht hast, mich in die Irre zu führen,* oder *welche merkwürdige Gedanken Du manchmal hast.* Äußerungen dieser Art haben selbstverständlich wieder soziale Auswirkungen. Sie deuten zumindest darauf hin, dass man Anteil nimmt. Insofern ist, wie der Verhaltensforscher Irenäus Eibl-Eibesfeldt meint[53], gemeinsames Lachen ein Ausdruck sozialer Verbundenheit: *Jetzt denken wir doch beide das Gleiche.* Humor ist, wenn man trotzdem lacht. Manchmal lachen Personen, ohne die Pointe verstanden zu haben, etwa weil sie eine überraschende Wendung erkennen. Dennoch zeigt das Lachen, gewissermaßen in Umkehrung der Kausalität, auch oder gerade unter diesen Umständen die soziale Verbundenheit an.

## Dilemmata

Wenden wir uns nun Situationen zu, deren möglicher Ausgang nicht routinemäßig vorherzusehen ist. Wie wird sich die Frau in der folgenden Geschichte verhalten:

Es ist Krieg und marodierende Kämpfer nähern sich einem einsam stehenden Haus. Die Bewohner des Hauses verstecken sich im Keller, der durch eine unauffällige Falltür verschlossen werden kann. Die Kämpfer, die erfahrungsgemäß keine Überlebenden dulden, sind schon im Haus. Im Keller hört man ihre Tritte. Da fängt im Keller ein

* Manche Leser versuchen, der angeführten Argumentation zu folgen. Warum jedoch sollte der Nachtwächter überhaupt eine Rente bekommen? Er war ja gestorben.

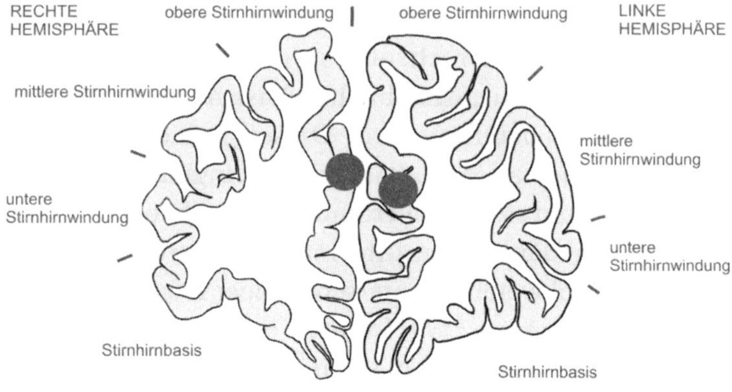


Abb. 13. Wenn Kontrollfunktionen des Stirnhirns in einen Konflikt geraten und Planungsprozesse konkurrieren, wird der ACC aktiviert[55]. Er sorgt für mentale Anstrengung.

Baby zu weinen an. Die Frau, die das Kind in ihrem Arm hält, presst ein Kissen gegen den Kopf des Babys, damit kein Laut nach oben dringt. In diesem Augenblick wird der Frau bewusst, dass sie gerade dabei ist, das Leben eines ihrer Kinder aufs Spiel zu setzen, um acht Erwachsene vor dem Tod zu bewahren.

Die Frau in unserer Geschichte befindet sich in einem Dilemma. Derartige moralische Dilemmata sind häufig Gegenstand psychologischer Untersuchungen. Das eben geschilderte ist unter dem Namen „Dilemma des schreienden Kindes“ bekannt. Personen, die versuchen, sich in die entsprechende Situation zu versetzen, befinden sich ebenfalls rasch in einem Konflikt. Es ist eindeutig unmoralisch, ein unerwünschtes Baby einfach zu töten. Wenn man jedoch dadurch Menschleben retten kann …?

Bildgebende Untersuchungen an Personen, die in einer experimentellen Anordnung diesem Konflikt ausgesetzt werden, zeigen sehr deutlich die Verarbeitungsschwierigkeiten[54]. Es ist ein Hirnteil in den Innenflächen der Hemisphären aktiv, das üblicherweise bei gedanklicher Anstrengung beteiligt wird. Dieses Teil des Gehirns wird meist nur als ACC (Anteriorer cingulärer Cortex) bezeichnet und stellt die Verbindung zwischen der gerade laufenden gedanklichen Informationsverarbeitung und einer Vielzahl weiterer, unterschwelliger Reaktionen her. Es geht um die Frage: *Was kann ich nur in dieser Situation tun?* Im Extremfall kann in solchen Situationen durchaus der gesamte Körper in eine Art Alarmzustand versetzt werden: Die Muskelspannung und der Blutdruck steigt. Wenn der Konflikt andauert, fangen Personen zu schwitzen an.

Nach Integration aller Informationen hat der ACC die Aufgabe, nach der Einbindung körperlicher Reaktionen eine Rückmeldung an die verarbeitenden Areale des Stirnhirns zu geben. Diese Rückmeldung wird von der momentanen Befindlichkeit der sich im Konflikt befindenden Person abhängen. Dadurch kommt es nun in der Regel zu einer eindeutigen Bevorzugung von einer der alternativen Möglichkeiten[56].

Wenn man sich selbst für eine von mehreren Alternativen entscheiden soll, kann Anstrengung helfen. Es ist vielleicht nicht immer hilfreich, sich selbst einfach nur anzustrengen, wenn man die Gedanken anderer erraten will. Aber es mag zweckmäßig sein, sich anzustrengen, um das Richtige zu tun, wenn die Gedanken eines anderen Menschen einigermaßen klar geworden sind. Außerdem sind wir für derartige Anstrengungen offenbar biologisch vorbereitet, wie das folgende Beispiel vermuten lässt.

Was geschieht im Gehirn eines Menschen, wenn er merkt, dass ein Anderer Schmerzen hat? Manche Personen sagen, sie würden den Schmerz beinahe selbst spüren. Die Alltagserfahrung zeigt, dass man unwillkürlich helfen will, wenn man merkt, dass einem anderen etwas wehtut. Doch nicht jede Form der Hilfe ist wirklich nützlich. Krankenschwestern werden zum Beispiel dafür ausgebildet, bei bestimmten Schmerzen die richtigen Maßnahmen in die Wege zu leiten.

Tania Singer, mittlerweile Direktorin des Max-Planck-Instituts für Soziale Neurowissenschaft in Leipzig, hat vor ein paar Jahren in London ein raffiniertes Experiment zu den Reaktionen im Gehirn beim Beobachten einer Person mit Schmerzen durchgeführt[57]. Für die Untersuchung wurden insgesamt 16 Paare angeworben. Im Experiment wurde von jedem Paar jeweils die Frau in den Hirnscanner gelegt. Der zugehörige Mann wurde neben den Scanner gesetzt und beide legten eine ihrer Hände nebeneinander auf ein Pult. Wenn über einer der beiden Hände ein Lämpchen aufleuchtete, so wurde kurz darauf diese eine Hand elektrisch gereizt. Sowohl ihre Hand wie auch seine wurden nach dem Zufallsprinzip abwechselnd stimuliert.

Die Frau im Scanner konnte die Lämpchen über Spiegel gut beobachten. Daher wusste sie im Voraus, wann ihr Partner den kleinen Schmerzreiz zu spüren bekommen würde. In diesem Augenblick wurde ihre Gehirnreaktion registriert. Das Ergebnis war verblüffend: Die Hirnareale, die üblicherweise aktiv werden, wenn man selbst Schmerzen hat, reagierten bei der Beobachtung des Partners gar nicht. Hingegen erfolgte die stärkste Reaktion unter diesen Bedingungen im ACC. Wieder geht es um die Frage: *Was kann ich nur in dieser Situation tun?*

Diese Art der Reaktion auf beobachtete Schmerzen lässt erkennen, dass das Gehirn offenbar biologisch auf Situationen vorbereitet ist, in denen man selbst oder andere dringend Hilfe benötigen.

## Täuschung und Lügen

Wir haben gesehen, dass man mit Hilfe von Hirnstrommessungen feststellen kann, ob kooperative Personen dargebotene Bilder mit Interesse betrachten oder nicht. Mittlerweise wird außerdem versucht, den „Blick ins Gehirn" noch weiter zu verfeinern. Eine spezielle Forschungsrichtung beschäftigt sich damit, Entscheidungen einer Person vorherzusagen, von der die Person selbst noch nicht weiß, wie die Entscheidungen ausfallen werden. Kann ein Beobachter tatsächlich Gedanken vorhersehen, die die betreffende Person erst später denken wird?

Angenommen, ein Magier lässt sich, auf einer Bühne stehend, verschiedene Vornamen aus dem Publikum zurufen. Dann öffnet er ein Kuvert, in dem er zuvor diese Namen bereits notiert hat. Wer würde da nicht einen raffinieren Trick vermuten? Waren vielleicht einige Zuschauer Komplizen des Magiers und nannten die vorbereiteten Namen? Oder wurde der Notizzettel erst nach den Zurufen rasch in das Kuvert geschoben?

Aus der Hirnforschung wissen wir, dass Hand- oder Fingerbewegungen im Gehirn völlig unbewusst vorbereitet werden. Diese „vorbewusste" Vorbereitung setzt etwa eine Drittelsekunde vor der bewussten Entschlussfassung ein.

Eine Drittelsekunde ist keine sehr lange Zeitspanne. Dennoch reichte dieser Befund aus, dass viele Wissenschaftler die Willensfreiheit in Frage stellten. Unter besonderen Umständen kann man sogar bereits einige Sekunden vor einer Handlung eine vorbereitende Aktivität im Gehirn beobachten. Das wirft die Frage auf, ob die Hirnforschung tatsächlich über Methoden verfügt, derart frühe Gehirnprozesse sichtbar zu machen und damit vorhersagen zu können, was erst später gedacht wird.

Der Berliner Forscher John-Dylan Haynes und seine Mitarbeiter haben 2008[58] ein sehr einfaches Experiment durchgeführt, in dem ihre Versuchspersonen mehrfach eine Alternativentscheidung treffen mussten. Zu einem freigewählten Zeitpunkt sollten die Personen einfach eine von zwei Tasten drücken, entweder die eine mit der linken Hand oder die andere mit der rechten Hand. Damit der Zeitpunkt der Entschlussfassung ungefähr ermittelt werden konnte, erschienen auf einem Bildschirm im Halbsekundentakt wechselnde Buchstaben. Der bei der Entschlussfassung aktuell auf dem Bildschirm gesehene Buchstabe musste gemerkt werden. Dieser Zeitpunkt lag fast immer in der Sekunde vor der Bewegung. In diesem Moment mussten die Versuchspersonen also schon wissen, ob sie später mit links oder rechts reagieren wollten. Ist die Entscheidung dafür erst jetzt oder vielleicht unbewusst doch schon früher getroffen worden?

Die von Haynes untersuchten Personen führten das beschriebene Experiment durch, während sie im Hirnscanner lagen. Mit dieser Methode wurden Hirnprozesse erfasst, die der Entschlussfassung vorangingen. Haynes konnte eine Aktivität seitlich vom Stirnhirnpol der linken Hemisphäre bereits etwa zwei Sekunden vor der bewussten Entschlussfassung feststellen. Es ist festzuhalten, dass dieses Gebiet nichts mit der Handlungsvorbereitung oder gar mit der

Handlungsausführung zu tun hat. Die Aktivität war auch nicht je nach späterer Reaktionswahl links- oder rechtshemisphärisch ausgeprägt, sondern stets am gleichen Ort.

Allerdings besaß jede Aktivität ein spezifisches Muster. Der Autor der Studie sortierte hierauf alle Aktivitätsmuster danach, ob die spätere Entscheidung einen Tastendruck links oder rechts bewirkt hat. Tatsächlich wurden Ähnlichkeiten für alle Aktivierungsmuster gefunden, die später zu einer Rechtsbewegung beziehungsweise zu einer Linksbewegung geführt haben. Darüber hinaus unterschieden sich die beiden Gruppen von Mustern deutlich voneinander.

Könnten wir im Alltag auf ähnliche Weise in das Gehirn anderer Personen hineinsehen, so wären wir imstande, deren Gedanken zu lesen, noch bevor sie gedacht worden sind.

Nun ist festzuhalten, dass streng genommen nicht einmal im Experiment von Haynes eine Vorhersage der jeweiligen Entscheidung möglich war. Die Klassifikation, die sie vorgenommen haben, hat ja erst im Nachgang stattgefunden. Ihre Ergebnisse lassen es daher kaum zu, eine zutreffende Vorhersage für andere Personen in einem neuen Experiment zu machen. Es ist aber nicht unwahrscheinlich, dass so etwas in naher Zukunft möglich sein wird.

## Ich glaube zu wissen, was er meint, was ich denke …

Die Vorhersage von Gedanken auf wissenschaftlicher Basis ist ein kompliziertes Unterfangen. Noch komplizierter wird es, wenn man beschreiben will, was im Gehirn von Menschen geschieht, die sich mit ihrem Gegenüber beschäftigen und vorhersehen wollen, was dieses Gegenüber denkt.

*Und manchmal glaube ich zu wissen, was er meint, was ich denke ...*

Angenommen, jemand macht sich Gedanken darüber, was man selbst denkt. Was geht im Gehirn eines solchen Menschen vor sich? Lässt sich ein solcher Sachverhalt überhaupt noch angemessen beschreiben? Nun, wir werden sehen, dass das im Grunde möglich ist, weil unser Gehirn ja in Bezug auf soziale Interaktionen sehr gut ausgestattet ist. Doch ganz einfach ist das nicht.

Die berühmte Affenforscherin Jane Goodall wusste eine nette Geschichte von einem Schimpansenjungen namens Figan zu berichten[59]. Figan hatte einmal eine Banane entdeckt, die nach einer Fütterung der Schimpansengruppe von den anderen offenbar übersehen worden war. Das Problem für Figan war nur, dass unmittelbar vor der Banane der Schimpanse Goliath saß, ein ziemlich dominanter Schimpansenmann.

„Figan ließ seine Augen kurz von der Banane zu Goliath wandern, zog sich dann zurück und ließ sich dann auf der anderen Seite ... nieder, sodass er die Banane nicht mehr sehen konnte“, schreibt Goodall. „Fünfzehn Minuten später, als Goliath sich erhob und davonzog, lief Figan, ohne eine Sekunde zu zögern, zu dem Baum und holte sich die Banane.“

Dieser Sachverhalt wird von Goodall nun wie folgt gedeutet: „Wäre er in der Nähe der Banane geblieben, hätte er vermutlich dann und wann zu ihr hinaufgespäht. Schimpansen aber bemerken und deuten sehr rasch die Augenbewegungen ihrer Artgenossen, sodass Goliath unter diesen Umständen wahrscheinlich selber die Frucht entdeckt hätte. Deshalb hatte Figan nicht nur darauf verzichtet, seinen Wunsch unverzüglich zu befriedigen, sondern hatte sich außerdem noch zurückgezogen, um sein Geheimnis nicht durch Blicke verraten zu können. Hugo und ich waren entschieden beeindruckt."

Nach Goodalls Meinung ist also Figan durchaus imstande, seine eigenen Augenbewegungen vorauszusehen. Mehr noch: Angeblich stellte Figan auf Grund dieser Voraussicht die Vermutung an, ein anderer Schimpanse könnte bemerken, dass er seine Blicke schweifen lässt. Goodall glaubt nun zu wissen, dass Figan meint, dieser andere Schimpanse könnte glauben, dass in diesen Augenbewegungen sein Wunsch zum Ausdruck kommen würde. Und daraus, so würde Figan befürchtet haben, könnte die Gefahr entstehen, dass ihm die heißbegehrte Banane weggeschnappt würde. Figan hatte demnach ein Geheimnis und er wollte unbedingt verhindern, dass er es durch seine eigene Ungeschicklichkeit verrät.

Die Interpretation von Jane Goodall ist zu schön, als dass wir sie als falsch bezeichnen würden. Dennoch sind „Geheimnis" und „Verrat" gesellschaftlich entwickelte Begriffe, die aus der Fähigkeit zur Perspektivenübernahme folgen. Man sollte sie bei Tieren nicht verwenden oder sie gar als fertige Erklärung präsentieren, wobei man sie eigentlich erst erklären möchte.

Gibt es eine alternative Erklärung? Sicherlich hatte Figan ein starkes Verlangen, sofort an die Banane heranzukommen. Wahrscheinlich plante er bereits dafür einen größeren Umweg. Bei allen diesen Überlegungen spielte es eine Rolle, den viel kräftigeren Goliath nicht zu verärgern. Vielleicht war Figan im Konflikt mit sich selbst. Vielleicht gab es eine Übersprunghandlung: Statt einen mühsamen Umweg zu wählen oder gleich die Banane zu holen, ging Figan dem Goliath einfach aus dem Weg. Als unerledigte

Handlung blieb der Griff nach der Banane im Arbeitsspeicher aktiv. Das wäre eine andere Erklärung, die vielleicht nicht besser zutrifft. Sie hätte aber den Vorteil, dass es kein „Geheimnis" gäbe. Wir bräuchten auch nicht die Mutmaßung eines Schimpansen, der darüber reflektiert, ob ein zweiter Schimpanse die Gedanken eines anderen zutreffend erraten könnte.

Die Gefahr ist groß, bei Gedanken, was einer meint, was man selbst denkt, die Bodenhaftung zu verlieren. Allerdings werden wir später sehen, dass Goodall mit ihrer Interpretation wahrscheinlich doch richtig lag.

Damit sind wir beim Problem der Täuschung.

## Lügen haben kurze Beine

Es scheint völlig eindeutig zu sein, was man unter Lüge oder Täuschung versteht: Jemand möchte, dass ein anderer etwas denkt, was man selbst nicht als Wahrheit empfindet. Doch Lügen ist gar nicht so einfach und man kann sich hierbei schnell selbst täuschen. „Lügen haben kurze Beine", heißt es. Warum ist Lügen so schwer, dass kleine Kinder einfach deshalb so wahrhaftig sind, weil sie es offenbar noch nicht „besser" können?

Wenn wir, wie bereits gewohnt, zunächst den Blick in die Tierwelt richten, so entdecken wir dort bereits viele Formen der Täuschung. Das Stichwort heißt Mimikry und man meint damit die Fähigkeit von Tieren, sich entweder unsichtbar zu machen oder sogar eine andere Tierart vorzutäuschen. Es gibt Heuschrecken, die aussehen wie Blätter, oder harmlose Fliegen, die aussehen wie Wespen mit einem Giftstachel. Hier steckt freilich keine Intention dahinter.

Was immer sich da ausgebildet hat, es ist entstanden, weil Tiere ausgestorben sind, die nicht „getäuscht“ haben.

Nun könnte man meinen, dass die Fähigkeit zum Lügen sowohl einen Selektionsvorteil bringt, als auch Ausdruck einer fortgeschrittenen Entwicklung ist. *Ich weiß nicht nur, was du denkst, sondern kann deine Gedanken mit ganz einfachen Mitteln in beliebige Richtungen lenken.*

Seit vielen Jahrhunderten ist es Wunsch von Machthabern, verborgene „Wahrheiten“ von Untergebenen oder Feinden zu erfahren. Auch heute gibt es noch Menschen, die versuchen, ein Geständnis durch angedrohte oder zugefügte Schmerzen zu erzwingen. Man hat mit Drogen experimentiert, die Menschen gegen ihren Willen veranlassen sollten, Informationen preiszugeben.

Bei den als „Wahrheitsserum“ verwendeten Drogen handelte es sich vor allem um das aus dem Tollkraut stammende Skopolamin und um bestimmte Schlafmittel auf der Basis von Barbituraten. All diese Mittel beruhigen, machen zum Teil sogar angstfrei und unterstützen die Redelust. Doch entgegen den ursprünglichen Erwartungen hat sich eine derartige Enthemmung keineswegs als hilfreich erwiesen. Es ist nahezu unmöglich, den Wahrheitsgehalt dessen, was unter der Drogenwirkung zusammengereimt wird, zu überprüfen. Außerdem sind die Äußerungen von Personen unter der Wirkung derartiger Drogen in jegliche Richtung leicht beeinflussbar.

Es ist jedoch richtig, dass das Lügen ganz schön anstrengend sein kann. Denn man muss ja in der Regel den wirklichen Sachverhalt und gleichzeitig die konstruierte Geschichte im Gedächtnis haben. Wie heißt es doch so schön: Wer nicht lügt, braucht sich nicht zu merken, wem er was am Vortag erzählt hat.

Im Grunde beansprucht Lügen also den Arbeitsspeicher in hohem Maße. Bemerkenswerter Weise sagen gerade solche Personen gerne die Unwahrheit, die den wahren Sachverhalt gar nicht richtig im Gedächtnis haben, also Kinder und Zeugen, die nicht so genau hingesehen haben, sowie Personen mit schwachem Gedächtnis oder geringer intellektueller Kapazität. Unter diesen Umständen fällt das Fabulieren überhaupt nicht schwer.

Weil aber sonst beim Lügen Kapazitätsgrenzen sichtbar werden, merken manche Menschen, wenn gelogen wird. Kinder merken, wenn Erwachsene lügen, wenn diese angespannt wirken. Daher ist es in der Regel wenig zweckmäßig, im Grunde sogar sinnlos, Kinder anzulügen. Überhaupt begreifen Kinder oft mehr, als es Erwachsene erwarten.

Zeichen der Anspannung in der Stimme oder geringfügiges Schwitzen werden beim Einsatz sogenannter Lügendetektoren verwendet, weil man damit die Hoffnung verbindet, unrichtige Aussagen aufdecken zu können (siehe Abbildung 14). Allerdings kann man mit solchen Geräten in der Regel nicht mit der gebotenen Sicherheit zwischen Aufgeregtheit und hoher Beanspruchung auf der einen Seite und Lüge auf der anderen Seite unterscheiden.

Man hat versucht, bei der Befragung nicht weiter interessierende Kontrollfragen zwischenzuschieben: „Haben Sie schon einmal gelogen, um unangenehme Konsequenzen zu vermeiden?“ Nun kann man die Reaktionen auf die Kontrollfragen und die auf die eigentlich kritischen Fragen miteinander vergleichen, um zwischen Aufgeregtheit und Lüge zu unterscheiden. In der Praxis klappt das aber nicht einmal in zwei Dritteln der Fälle. Etwas besser funktioniert der sogenannte Tatwissenstest. Hier bittet man die Befrag-

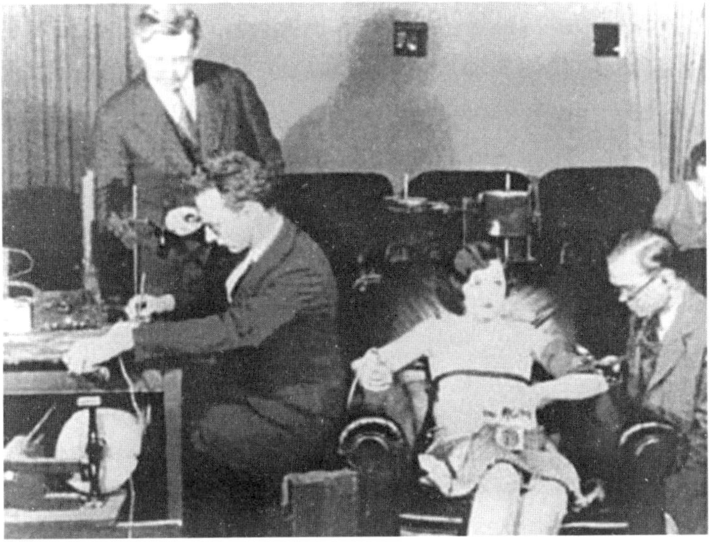

Abb. 14. An der Columbia University wurde in den 30er Jahren Im Labor von Bill Marston (links stehend) ein „Lügendetektor" getestet. Dabei wurden Schwankungen des Blutdrucks (beobachtet durch den Studenten rechts), der Handschweißreaktion und der Atmung registriert und bewertet[60].

ten, stets mit „Nein" zu antworten, das bedeutet, auch bei neutralen Fragen die Unwahrheit zu sagen. Vergleicht man nun die Reaktionen zwischen neutralen und kritischen Fragen, so kann man eine beachtliche Trefferquote um etwa 80 Prozent erzielen. Doch selbst wenn die Trefferquote noch geringfügig höher liegen würde, wäre sie viel zu gering, um im Ernstfall damit zuverlässig über Schuld und Strafe entscheiden zu können.

Man kann fabulierte Geschichten mitunter daran erkennen, dass sie eben konstruiert sind. Es gibt einen eigenen Bereich der Psychologie, die sogenannte Aussagepsychologie, die sich mit Kennzeichen konstruierter Geschichten beschäftigt. Das ist bedeutsam, wenn etwa vor Gericht die Glaubhaftigkeit von Zeugen geprüft werden soll[61]. Da geht es unter anderem darum, ob eine Darstellung logisch oder sprunghaft erfolgt, ob Erinnerungslücken vorliegen und welche Details und welche Unregelmäßigkeiten im Ablauf berichtet werden.

Die beste Voraussetzung, um Täuschungen zu entlarven, ist jedoch die Kenntnis des wahren Sachverhalts oder die Verfügbarkeit von Methoden, diesen zu erschließen. Letztlich verwendet man vor Gericht zum Beispiel Fingerabdrücke oder DNA-Tests. Für Psychologen sind zuvor noch die Methoden des schlussfolgernden Denkens wichtig, die diesen Techniken ihr Gewicht geben.

Die Evolutionspsychologin Leda Cosmides vertritt daher die Meinung, dass gerade die Fähigkeit zur Entdeckung von Lügen einen Evolutionsvorteil gehabt habe und dass sie deswegen der Wegbereiter zur Entwicklung höherer Funktionen wie beispielsweise dem schlussfolgernden Denken gewesen sein könnte[62].

Wahrscheinlich hatte das Täuschen jedoch nicht einmal diese Bedeutung in der Evolution. Denn man kann zeigen, dass Menschen dazu neigen, Informationen nicht so sehr auf ihren Wahrheitsgehalt zu prüfen, sondern stets nur danach, ob sie dem eigenen Interesse dienen oder nicht.

Nein, es ist gar nicht so einfach, die Gedanken anderer in beliebige Richtungen zu lenken. Dass so etwas einfach ist, glauben nur Menschen mit wenig Lebenserfahrung. Das Problem ist Folgendes: Jeder Betrug bedient sich des unvollständigen Wissenstandes, oft auch der Naivität des Gegenübers. Nun ist es wohl so, dass ein häufig lügendes Kind von enttäuschten Gleichaltrigen bald gemieden wird. Bei Erwachsenen ist es nicht anders, doch diese besitzen darüber hinaus einen größeren Wissensvorrat und durchschauen Täuschungsstrategien in der Regel leichter. Sie können sich schneller als Kinder bestätigende oder widerlegende Informationen beschaffen. Genau dies ist einer der großen Vorteile von Wissen und Klugheit[63].

## Metaphern und Analogien verstehen

Niemand lässt sich gerne ein X für U vormachen. Allerdings ist es dazu erforderlich, Analogien herstellen zu können und zum Beispiel Metaphern zu verstehen. Der erste Satz dieses Absatzes war übrigens eine Metapher: Die Buchstaben X und U stehen für ein Lügengebilde und den wahren Sachverhalt. Zum Glück können die meisten Menschen mit derartigen Analogien umgehen. Man kann das gut, wenn man eins und eins zusammenzählen kann. Das war schon wieder eine Metapher, und zwar für schlussfolgerndes Denken.

Wissen und schlussfolgerndes Denken ist hilfreich, wenn man nicht Täuschungen zum Opfer fallen will. Aber auch dann, wenn die Gedanken anderer Personen nicht leicht zu deuten sind, kann man durch Schlussfolgern versuchen, dahinter zu kommen. Beschäftigen wir uns daher kurz mit dem Schlussfolgern.

Beginnen wir damit, dass das Verständnis von Metaphern in der Regel nur auf Grund von Schlussfolgerungen möglich ist und dass Metaphern nicht immer einfach zu verstehen sind.

Eine klassische Metapher bezieht sich auf das merkwürdige Wesen, das am Anfang des Lebens vier Beine hat, in der Mitte zwei und am Ende drei. Es soll in der griechischen

Antike nur wenige Menschen gegeben haben, die sich in diesem sich wandelnden Wesen selbst erkannten. Der Mensch, der als Säugling auf vier Beinen geht, später auf zwei und im Alter mit einem Stock als drittem Bein, verändert sich im Laufe des Lebens tiefgreifend und bleibt doch derselbe. Es soll die Sphinx, eine dämonische Frau aus dem griechischen Theben gewesen sein, die Vorbeikommende daraufhin prüfte, ob sie diese Metapher verstanden[64].

Ich möchte noch erwähnen, dass in der Sage diejenigen elend zugrunde gegangen sind, die sich in der Befragung nicht hinreichend kritisch mit der eigenen sozialen Existenz auseinander gesetzt hatten. Nun ja, wir sind jedenfalls gerade dabei, es zu tun.

Die Literatur des Altertums war, vor allem im Mittelmeerraum, voll von Metaphern[65]. Vermutlich können wir die meisten alten Metaphern, in denen oft verschiedene Götter oder auch Sachverhalte des damaligen Alltags vorkommen, heute gar nicht mehr zuverlässig deuten.

Viele Metaphern kommen im Laufe der Zeit wieder aus der Mode. Wer weiß heute noch, was ein „Pfeifendeckel" oder ein „Flaschenkopf" ist! Von etwa der Mitte des 19. Jahrhunderts bis zur Mitte des 20. Jahrhunderts wusste man das noch. Es handelte sich um Anhängsel, die an nützlichen Gegenständen befestigt waren, jedoch nur selten gebraucht wurden. Diese Bezeichnungen verwendete man auch für Menschen, denen man nur beschränkte Fähigkeiten zuschrieb.

Manche Metaphern sterben, sobald sich für den beschriebenen Sachverhalt ein Konzept entwickelt hat[66]. „Tote Metaphern" werden dann einfach zu Bezeichnungen der neu entstandenen Konzepte, wie zum Beispiel das „Stuhlbein", das nicht mehr der Fortbewegung dient, oder

der „Shitstorm“ (vergleiche auch Abbildung 15). Letzteres meint übrigens eine Welle öffentlicher Empörung, die sich in der Folge mancher Ereignisse in den Medien oder im Internet ausbreitet.

Was ist überhaupt die Funktion von Metaphern? Selbstverständlich erleichtern sie den Zugang zu schwer verständlichen Sachverhalten. Einige klassische und bis heute verwendete Metaphern werden ich später noch erwähnen, etwa die für den richtigen Augenblick, den man „am Schopfe packen“ sollte, oder die vom „guten Samariter“.

Über lange Zeit haben Psychologen das „Licht“ der Aufmerksamkeit mit dem Licht eines Scheinwerfers verglichen. Man kann Dinge klar und deutlich erkennen, wenn sie sich im Zentrum der Aufmerksamkeit befinden. Freilich hat

Abb. 15. Im Altsemitischen waren die Zahlensymbole Modelle, die jeweils eine konkrete Menge von Strichen darstellten. Analog zur Darstellung konnten Mengen anderer Gegenstände zugeordnet werden. Schließlich dienten die jeweiligen Zeichen nur mehr als Bezeichnungen für abstrakte Mengenkonzepte. Während man bei den arabischen Zahlen den Ursprung der Symbole noch erkennen kann, ist das in den europäischen Normschriften kaum noch möglich. (Hogrefe Verlag[67])

auch diese Metapher ihre Grenzen und ihre Verwendung führte in der Vergangenheit oft aufs wissenschaftliche Glatteis. Die Gefährlichkeit von Metaphern gegenüber guten Modellen besteht darin, dass sich Metaphern fast immer der Überprüfbarkeit entziehen.

Erst allmählich im Verlauf der geschichtlichen Entwicklung, hauptsächlich im europäischen und vorderasiatischen Mittelalter, hat sich eine erklärende Art der Verständigung über kompliziertere Sachverhalte eingebürgert. Metaphern werden mit Hilfe von überprüfbaren Erklärungen zu Analogien.

Auf Grund dieser Entwicklung, die sehr viel mit der Aufklärung zu tun hat, haben große Teile der Bevölkerung gelernt, wissenschaftlich zu denken. Wir gehen ja heute davon aus, dass verantwortungsvolles Handeln nicht etwa auf einem Deuten *par ordre du mufti** beruhen kann. Vielmehr gilt das sorgfältige Erklären als eine unabdingbare Voraussetzung dafür, zuverlässige Vorhersagen zu machen.

Wenn wir davon sprechen, dass jemand „logisch denken" kann, meinen wir, dass er Regeln des Schlussfolgerns anwendet, die allgemein üblich sind. Also verwenden logische Erklärungen die Analogiebildung zu den Regeln des logischen Schließens, zum Beispiel der Satz vom ausgeschlossenen Dritten: Man kann sich eine Ware kaufen, wenn man dafür Geld zur Verfügung hat, sonst nicht. Es gibt auch andere Erklärungen, die auf andere Regeln oder Modelle zurückgreifen. Eines der auch im Alltag am häufigsten verwendeten Modelle ist das Kausalmodell: Ein

---

* Ein „Mufti" ist ein islamischer Rechtsgelehrter. Soweit ein Mufti offensiv die Auffassung vertritt, nicht rechenschaftspflichtig zu sein, was gelegentlich vorkommt, gelten seine Urteile als Beispiele für undurchsichtige Willkür.

Auffahrunfall war die Ursache dafür, dass der Kotflügel eines Autos eingedrückt wurde. Eine Bedingung in diesem Modell ist, dass ein Sachverhalt nicht als Ursache eines anderen Sachverhaltes gelten kann, wenn er zeitlich später als der zu erklärende auftritt. In unserem Beispiel: Der Kotflügel eines Autos war schon vor dem Auffahrunfall eingedrückt gewesen; der Unfallgegner kann für den Schaden am Kotflügel nicht mehr voll haftbar gemacht werden.

Stets greifen Erklärungen auf ein Modell zurück, das als bekannt vorausgesetzt wird und zu dem eine Analogie gebildet wird. Einer der ersten, der dieser Erkenntnis explizit Ausdruck verliehen hat, war der frühmittelalterliche, persische Universalgelehrte Al-Biruni. Er nennt das in einer Argumentation verwendete Modell ein „Richtmaß":

„Weil der Mensch mit vernünftiger Rede begabt und geneigt ist, mit seinen Widersachern über die Angelegenheiten des Diesseits und des Jenseits streitbar zu debattieren, bedurfte es eines Richtmaßes für seine Rede … [diese ist gegenstandslos] bis er die Rede mit diesem Richtmaß überprüft und sie im Zweifelsfall mit dessen Methoden korrigiert"[68].

Viele Wissenschaftler gehen heute davon aus, dass die Fähigkeit des Analogieverständnisses den Kernbereich der menschlichen, intellektuellen Fähigkeiten kennzeichnet. Tatsächlich hat man bei Intelligenzuntersuchungen entdeckt, dass ein hoch entwickeltes Analogieverständnis bei zahlreichen Aufgaben zu guten Leistungen beiträgt. Man nennt diesen zentralen Fähigkeitsbereich den Generalfaktor der Intelligenz oder die sogenannte flüssige Intelligenz. Und wie kann man flüssige Intelligenz am besten prüfen? Selbstverständlich mit Analogieaufgaben[69].

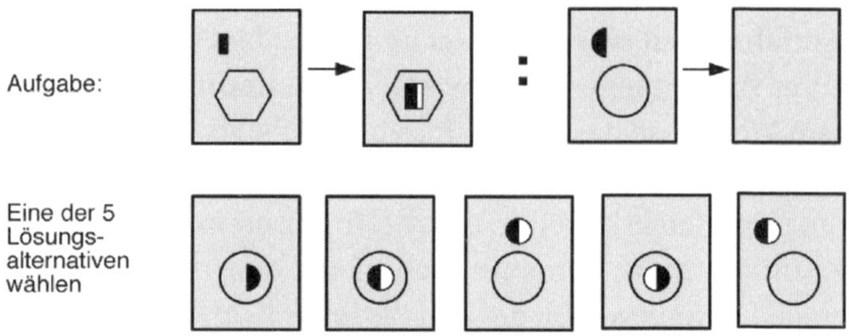


Abb. 16. Geometrische Analogie. In der ersten Zeile wird eine Aufgabe gestellt. Um die Aufgabe zu verstehen, muss man erkennen, dass das erste Bild zum zweiten in einer bestimmten Beziehung steht. Diese Beziehung kann durch eine sogenannte Transformationsregel ausgedrückt werden: Das schwarze Rechteck wandert gewissermaßen in das Sechseck und wird rechts um ein weißes Gegenstück ergänzt. Im dritten Bild gibt es statt des schwarzen Rechtecks eine schwarze Halbscheibe und statt des Sechsecks einen Kreis. Wie könnte das letzte Bild aussehen, wenn man die Transformationsregel entsprechend den neuen Vorgaben umformuliert? In der unteren Reihe werden mehrere Lösungen zur Auswahl angeboten. (Hogrefe Verlag[70])

Es gibt viele Untersuchungen dazu, wie Menschen mit Analogieproblemen umgehen[71]. Mittlerweile wissen wir auch, welches Hirnteil bei Ähnlichkeitsprüfungen am stärksten beansprucht wird[72]. Es ist ein Bereich auf der mittleren Stirnhirnwindung[73]. Dieses Areal wird manchmal sogar als Kernbereich des Arbeitsspeichers angesehen.

Immer dann, wenn das Stirnhirn seine Kontrollfunktion nicht richtig ausüben kann, kommt es zu einer verzerrten Realitätswahrnehmung. Das ist so, wenn der Arbeitsspeicher eines Menschen nicht ausreichend Kapazität aufweist oder auch, wenn die Fähigkeiten zum schlussfolgernden Denken mangelhaft ausgebildet sind. Wir wollen nicht gleich von einem Realitätsverlust sprechen. Man denkt eben oft „zu kurz“. So wird zum Beispiel unter Zeitdruck bei der Aufgabe von Abbildung 16 oft die Alternative 1 oder 4 gewählt, die beide nur beinahe richtig sind.

Wir haben auf unserer Reise durch das Gehirn bereits den vorderen, polaren Abschnitt der Stirnhirnrinde kennen gelernt, der strategische Entscheidungen auf Grund sehr abstrakter Informationen trifft. Und wir haben einen auf der mittleren Stirnhirnwindung weiter hinten gelegenen Bereich erwähnt, der im Zusammenhang mit Interpretation und Überinterpretation von Situationen wichtig ist. Nun sehen wir, dass ein großer Teil der mittleren Stirnhirnwindung gleichzeitig das Hauptareal beim Schlussfolgern darstellt. Auch die Informationen, die auf Ziele und Absichten anderer Personen schließen lassen, werden hier miteinander verrechnet.

Jetzt wollen wir uns aber mit einem weiteren Mechanismus beschäftigen, den unser Gehirn besitzt, um sozial handlungsfähig zu bleiben – auch wenn die Gedanken anderer mit den bisherigen Mitteln nicht wirklich zu erraten sind.

# IV. Kann ich mir sicher sein, was ich denke?

## Aushandeln und Feilschen

Es klingt banal: Menschen greifen beim Denken auf das Wissen zurück, über das sie verfügen. Was tun, wenn Wissen dort fehlt, wo man es braucht? Dann bestimmt meist der Zufall das Geschehen.

Wissenschaftler haben zum Beispiel eine Menge Wissen zur Verfügung, um Lösungen in komplizierten Situationen zu finden. Doch im Alltag helfen manche Modelle, so wertvoll sie in Forschung und Entwicklung sein mögen, überhaupt nicht. So kann es sein, dass ein Wissenschaftler ein Modell anpreist, im Alltag aber selbst anders handelt und sogar Ausreden dafür findet. Es ist nicht immer unmoralisch, Wasser zu predigen und Wein zu trinken. Auch wenn Psychologen die Meinung vertreten, dass Verhalten und Erleben im Grundsatz nach bekannten Gesetzen ablaufen, so hat dieses theoretische Postulat im Alltag seine Grenzen. Nicht immer sind alle Faktoren, die Verhalten determinieren, im Hier und Jetzt hinreichend transparent. Nur Scharlatane meinen stets zu erkennen, wodurch und wie andere Personen im Einzelfall zu bestimmten Handlungen veranlasst werden. Vielmehr müssen wir im Alltag annehmen, dass Menschen einfach aus eigener Veranlassung heraus bestimmte Entschlüsse gefasst und Handlungen ausgeführt haben.

Wie leicht wird man im Alltag durch ein Merkmal getäuscht, das einem ins Auge springt! Auch kommt es oft vor, dass Menschen ihre Gedanken nicht gleich zeigen oder sogar verheimlichen wollen. Ein einfaches Mittel, um die Gedanken anderer in Erfahrung zu bringen, ist – Sie werden es erraten – Fragen zu stellen oder generell: in Interaktion zu treten. Wenn man nicht weiß, was in einer Situation zutrifft, muss man mit anderen Personen aushandeln, was zutreffen könnte. Genau das machen zum Beispiel Psychologen seit Sigmund Freud. Die damalige Psychoanalyse unterschied sich von moderner Psychologie dadurch, dass sie noch keine Modelle aus entwickelter Forschung zur Verfügung hatte. Was sollte sie unter diesen Umständen tun? „Unser Weg, das geschwächte Ich zu stärken, geht von der Erweiterung seiner Selbsterkenntnis aus", sagte Freud[74]. Auf diesem Weg war die Psychoanalyse darauf angewiesen, mit dem jeweiligen Klienten fortwährend Modelle „auszuhandeln", die für diesen akzeptabel waren und ihn befähigten, mit seinen Problemen selbst angemessen umzugehen. Dass diese Methode eine generelle kulturelle Bedeutung besitzt, wird niemand bestreiten.

Waren Sie schon mal auf einem orientalischen Markt, wo Ware zu erkennbar überhöhten Preisen angeboten wird? Welches könnte der „wahre" Preis sein? Es lohnt sich, Preise zu vergleichen, andere beim Bezahlen zu beobachten oder eine erfahrene Person um Rat zu bitten. Man kann jedoch auch in Interaktion treten, also handeln, und versuchen herauszufinden, welcher Preis für den Verkäufer gerade noch akzeptabel ist.

Wissenschaftler haben versucht herauszufinden, welche Funktionen und Ressourcen dabei ins Spiel kommen. Das Ergebnis dieser Studien ist mehr als erstaunlich. Schauen wir uns zunächst an, wie derartige Untersuchungen angelegt sind.

Vor allem in den Wirtschaftswissenschaften hat man zahlreiche Gedankenexperimente und Modellrechnungen zum Phänomen des Aushandelns (bargaining) durchgeführt. Beim sogenannten „Ultimatum-Spiel" geht es darum, wie Menschen ultimative Entscheidungen treffen. In seiner einfachsten Form besteht es darin, dass einem Spieler ein Geldbetrag gegeben wird, über den er unter einer vorgegebenen Bedingung verfügen darf. Die Bedingung ist, dass ein Teil des Geldes einer zweiten Person angeboten werden muss, den diese als „angemessen" akzeptieren muss oder als „unangemessen" zurückweisen kann. Konkret heißt das: Der Spieler darf über die 10 € nur dann verfügen, wenn er zum Beispiel 3 € weitergibt und die zweite Person mit diesem Angebot auch zufrieden ist.

Interessant an diesem Spiel ist nicht nur, in welcher Höhe üblicherweise Angebote gemacht werden. Sondern man erfährt vor allem auch die Einschätzung der zweiten Person. Akzeptiert sie einen geringen Betrag? Oder lehnt der Empfänger einen zu geringen Betrag ab, was zur Folge hat, dass auch der Spender leer ausgeht?

Man kennt mittlerweile eine große Zahl von Randbedingungen, die dazu führen, dass Empfänger bescheiden oder Spender großzügig reagieren. In der Regel werden in diesem Spiel jedoch Angebote unter 20 Prozent der Gesamtsumme abgelehnt und Angebote über 40 Prozent der Gesamtsumme angenommen. Ohne weitere Randbedingungen pendelt sich der Anteil bei 37 Prozent ein. Wie mathematische Berechnungen zeigen, handelt es sich dabei um ein Ergebnis, das auf Zufallsprozessen beruht[75]. Das erscheint im Moment überraschend. Der Wert, der Harmonie erzeugt, wird ausgehandelt, indem zwischen Extremen ein zufälliger Ausgleich erfolgt, dessen mittleres Maximum mit Hilfe der Mathematik vorhergesagt werden kann. Bei festen Randwerten liegt das Maximum stets bei 37 Prozent der Distanz zwischen diesen Randwerten, beziehungsweise beim Komplementärwert von 63 Prozent[76].

Wir werden später sehen, dass man „das Schöne" genauso als Produkt eines Prozesses ansehen kann, der auf einem Aushandeln beruht. Auch hier trifft man mitunter auf die merkwürdige Maßzahl von 37 Prozent, die auf einer mathematischen Konstante beruht[77]. Beide angeführten Vorgänge, der wirtschaftliche Handel ebenso wie der Versuch, Menschen zu erfreuen, beruhen auf einer Ansammlung von teilweise höchst widersprüchlichen Informationen. Die Entwicklung, die sich daraus ergibt, erfolgt auf Grund von Versuch und Irrtum oder nach Abwägung zwischen These und Antithese. Das Ergebnis ist ein Zufallsprozess höherer Ordnung. Wenn man diesen mit Hilfe von modellhaften Berechnungen beschreibt, kommt tatsächlich eine bereits vom Mathematiker Leonhard Euler[78] im 18. Jahrhundert beschriebene Naturkonstante ins Spiel. Schönheit und Harmonie folgen somit natürlichen Gesetzen.

So gesehen ist es nicht falsch, auch das Deuten der Meinung anderer Personen als einen Zufallsprozess anzusehen. Im Verlauf eines Austauschs wird diese Deutung durch Versuch und Irrtum immer zuverlässiger. Wenn es keine logischen Ungereimtheiten oder situativen Zwänge gibt, landet die Deutung per Zufall irgendwo zwischen den Extremen, meist etwas näher an der Deutung, die am meisten erwünscht ist und auch ohne Interaktion zu erwarten gewesen wäre.

Die Prüfung von Erwartungen an der Realität ist eigentlich ein Vorgang, den auch schon Tiere ständig machen müssen – letztlich um zu überleben. Grundsätzlich gilt auch für den menschlichen Alltag: Allzu Gewohntes bedarf keiner besonderen Beachtung. Allzu Fremdes wird man vielleicht lieber meiden. Eine mittlere Abweichung von einer Erwartung erregt Aufmerksamkeit und Neugierde. Welche Gehirnstrukturen bewerten im Verlauf einer Interaktion die Schätzungen und Hochrechnungen so, dass man schließlich meint, das Ergebnis wäre kaum noch zu verbessern?

Beim Aushandeln spielt, wie erwähnt, eine wahrscheinlichkeitstheoretische Abwägung eine große Rolle. Insofern beruht das Ergebnis eigentlich immer auf einem „gefühlsmäßigen" Urteil, einer Art „Bauchentscheidung". Bei Angeboten, die als unfair empfunden werden, reagieren im Ultimatum-Spiel die potentiellen Empfänger enttäuscht und verärgert. Das wird in einem stammesgeschichtlich alten Hirnrindenteil verrechnet, der sich als „Insel" tief im Innern der Großhirnrinde befindet. Von hier aus werden unter anderem auch Magenbeschwerden, Schmerzreaktionen und Übelkeit reguliert. Je schlechter das Angebot, desto stärker reagiert die Inselrinde[79].

Höhere Gehirnteile gelangen auf Grund von stichprobenartigen Interaktionen zu ihren Annahmen. Es ist aber letztlich ein stammesgeschichtlich altes Hirnteil, die Insel, das ein Werturteil darüber fällt, ob die Annahmen akzeptabel sind oder doch „Bauchschmerzen" verursachen würden. Bei Tieren bestimmt die Insel – mangels „höherer" Urteilsfähigkeiten – in hohem Maße das Verhalten. Lässt man den evolutionären Aspekt außer Acht, wirken somit umgekehrt manche tierische Verhaltensweisen geradezu menschlich. Das gilt vor allem dann, wenn man beobachten kann, wie Tiere ihre soziale Umgebung bewerten. Willkommene Dienstleistungen wie Körperpflege, Sex und Beistand, sowie zugereichte „Waren“ wie Nahrung oder Werkzeug, gelten auch bei Affen als Belohnung, zumal wenn sie selten sind.

Tatsächlich reagieren Tiere eher unkontrolliert. Tiere werden nämlich schnell ärgerlich, wenn sie sich ungerecht behandelt fühlen. Menschen wissen, dass ein Handel stets das Risiko birgt, dass man eventuell auch Lehrgeld zahlen muss. Insofern wäre zu wünschen: *Mensch, ärgere Dich nicht*[80]! Nutze hingegen das, was du jetzt weißt, für den Einsatz dessen, über das du noch verfügst!

So kontrolliert und distanziert reagiert man jedoch im Alltag keineswegs immer. Vor allem der Ärger ist eine Reaktion, die häufig entsteht, ohne dass die Ursache wirklich mit einem selbst zu tun hat.

Der Ärger ist ein Thema, das wir später noch ausführlicher behandeln werden. Grundsätzlich kann es jedoch vorkommen, dass man Handlungen anderer beobachtet und diese auf sich selbst bezieht.

## Wann kommt das „Selbst“ ins Spiel?

Klären wir zunächst, was es überhaupt bedeutet, wenn wir vom „Selbst“ sprechen. Im eigenen Erleben scheint eine Ich-Beteiligung dann gegeben zu sein, wenn eine Wahrnehmung oder eine Tätigkeit auf einer sehr umfangreichen Informationsverarbeitung beruht. Eine Ich-Beteiligung würden wir erwarten, wenn eine Wahrnehmung ein deutliches Echo auslöst, oder wenn eine Handlung auf Grund einer intensiven Vorbereitung erfolgt, die letztlich zu einem Entschluss führt. Wir werden nicht umhin kommen, zu untersuchen, was unter dem „Selbst“ zu verstehen ist, das nicht nur im täglichen Sozialverhalten, sondern, wie wir aus eigenem Erleben wissen, bei der Orientierung, beim Lernen und beim Handeln eine so überragende Bedeutung besitzt.

Wir wissen, dass das Wissen über sich selbst aus einer Fülle unterschiedlicher Quellen stammt. Solche Quellen sind insbesondere Informationen und Sinnesmeldungen aus dem eigenen Körper oder bei der Selbstbeobachtung eigener Handlungen. Weitere Quellen dieses Wissens sind die im Gedächtnis befindlichen, selbsterlebten Episoden, sowie die Urteile über uns von Mitmenschen. Anders gesagt: Erinnerungen an frühere Erlebnisse und Erinnerungen an das, was andere über einen gesagt haben. Doch unter welchen Bedingungen werden diese Erinnerungen abgerufen?

Wer ist dieses Selbst, das manchmal Beobachter sein kann und manchmal Akteur?

Berichte der folgenden Art kann man immer wieder in der Zeitung lesen: Ein junger Mann wird von mehreren anderen Männern verprügelt und getreten. Zahlreiche Menschen gehen vorbei und sehen weg. Oder ein anderer Fall: Zwei Menschen werden bei einem Verkehrsunfall verletzt. Sie versuchen sich gegenseitig zu helfen. Eine Gruppe von Zuschauern bleibt stehen und sieht zu, ohne zu helfen.

Sozialpsychologen kennen dieses Phänomen und führen es auf den sogenannten Bystander-Effekt zurück: Jeder denkt, andere hätte sich schon gekümmert und wären ohnehin kompetenter als man selbst. Man selbst ist nicht richtig beteiligt, sondern eben bestenfalls Zuschauer. In einer Reihe von Untersuchungen konnte die Wirkung einer merkwürdigen Regel glaubhaft gemacht werden: Je mehr

Zuschauer, desto geringer die Wahrscheinlichkeit einer Hilfeleistung. Es gibt offenbar eine Grenze zwischen teilnehmender Aufmerksamkeit und aufmerksamer Teilnahme.

Was muss nun geschehen, dass man sich selbst beteiligt fühlt? Bei welchen Tätigkeiten sehen wir uns selbst als Akteur?

Zunächst kann man davon ausgehen, dass sich auch Tiere mitunter bei ihren Tätigkeiten selbst beobachten oder auf Grund früher erlebter Episoden tätig werden. Beispielsweise kursieren über das episodische Gedächtnis von Elefanten viele Erzählungen. Elefanten könnten sich über viele Jahre merken, wie sie von bestimmten Menschen behandelt worden waren. Bei späteren Begegnungen reagieren sie entsprechend zutraulich oder aggressiv. Allerdings beziehen sich gut dokumentierte Beobachtungen an Elefanten hauptsächlich auf ein Gedächtnis für Merkmale, beispielsweise beim Wiedererkennen von Wasserstellen und Artgenossen[81]. Das sprichwörtliche Elefantengedächtnis liefert keine Gewähr dafür, sich selbst als Handelnden wahrnehmen zu können.

Im subjektiven Erleben von Menschen sind erfahrungsgemäß solche Handlungen bedeutsam, wenn man sich selbst als Akteur fühlt: ich habe dieses und jenes getan. Das sind Handlungen, die man willentlich ausgeführt hat. Gerade dann liegt auch eine wichtige Voraussetzung für eine soziale Handlung vor: Willentliches Handeln kann erklärt, begründet und vorhergesagt werden. Unter diesen Voraussetzungen ist willentliches Handeln auch einer sozialen Beeinflussung zugänglich: Durch Lehren und Lernen entwickelt sich Kultur.

Wir wollen uns nun ansehen, wo im Gehirn Informationen über das „Selbst“ zusammengeführt werden. Gibt es ein Netzwerk in der Großhirnrinde, dessen Aktivität uns „uns selbst“ wahrnehmen lässt?

Betrachten wir dazu ein Experiment, das unter Verwendung eines sehr einfachen Computerspiels durchgeführt wurde[82]. Auf dem verwendeten Display konnte man Figuren sehen, die einander einen Ball zuwarfen. Das Zuspiel konnte durch den Betrachter gesteuert werden. Es konnte bestimmt werden, zu welchem Zeitpunkt und zu welchem Mitspieler der Ball geworfen werden sollte.

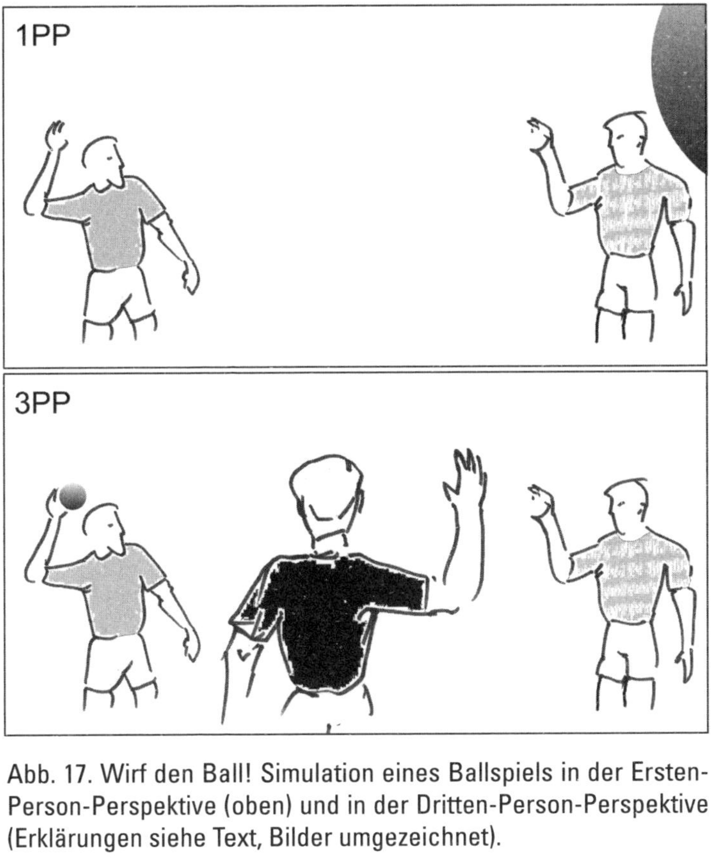


Abb. 17. Wirf den Ball! Simulation eines Ballspiels in der Ersten-Person-Perspektive (oben) und in der Dritten-Person-Perspektive (Erklärungen siehe Text, Bilder umgezeichnet).

In einer der untersuchten Varianten des computeranimierten Ballspiels wurde die Perspektive der Simulation so verändert, dass der Betrachter den Eindruck haben konnte, selbst mitzuspielen. Dies wurde so realisiert, dass der Ball allmählich von rechts oben ins Blickfeld geriet, sobald der Ballwurf über Tastendruck veranlasst wurde (siehe Abbildung 17). Man nennt eine solche Darstellung einen „First-Person Shooter" oder, im deutschsprachigen Raum einen „Ego-Shooter".

Auf diese Weise konnten die untersuchten Personen einen Ballwurf in der Ersten-Person-Perspektive auslösen. Sie hatten den Eindruck, selbst geworfen und nicht nur die Bewegung anderer Figuren gesteuert zu haben.

Es muss erwähnt werden, dass Kampfspiele mit Ego-Shooter-Perspektive die Gewöhnung an verschiedene Formen des Kämpfens in hohem Maße trainieren*.

Es geht also jetzt um den Fall, wo im erwähnten Spiel die Probanden den Eindruck hatten, gewissermaßen selbst zu werfen. In diesem Fall wurde ein Gebiet des Stirnhirns aktiv, das sich ziemlich genau 2,5 cm hinter dem Stirnhirnpol und tief im Stirnhirn an der Innenseite der Hemisphären befindet (siehe Abbildung 18). Dieser Teil des Gehirns wird auch als MFC[83] (medialer Frontalcortex) bezeichnet. Wir befinden uns damit auf der Innenseite der Stirnhirn-Halbkugeln, etwa auf der Höhe der mittleren Stirnhirnwindung.

---

* Es ist sicherlich nicht sinnvoll, solche Spiele generell zu verbieten, weil das nicht auf Akzeptanz stoßen und daher kaum durchzusetzen sein wird. Allerdings ist eine Gesellschaft keineswegs gut beraten, deren Verbreitung zu fördern, auch nicht bei Erwachsenen. Dennoch wurde dem Ego-Shooter-Spiel „Crysis 2", in dem Aliens völlig vernichtet werden müssen, mit Unterstützung des Kulturstaatsministers der Deutsche Computerspielpreis 2012 verliehen. Die Befürworter argumentierten, das Spiel wäre technisch gut, würde erwachsenen Spielern viel Spaß machen und könne die Kampf-Games aus der Schmuddel-Ecke holen.

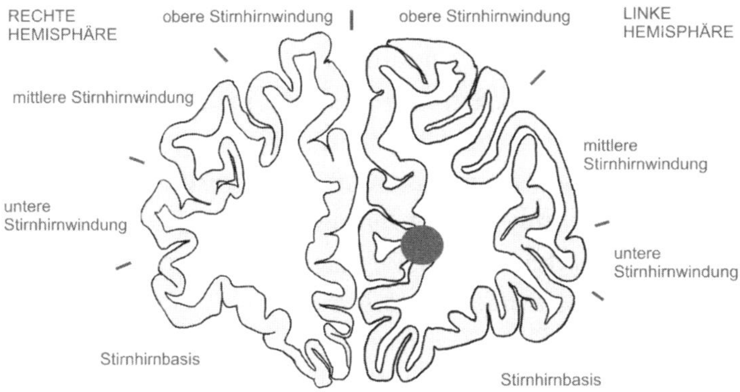


Abb. 18. Wenn eine Person den Eindruck gewinnt, auf Grund eines Entschlusses selbst zu handeln, sind Gehirnregionen im sogenannten MFC aktiv. Diese sind offenbar an der Repräsentation des eigenen Selbst beteiligt.

Wir haben bereits zwei stammesgeschichtlich ältere Hirnteile erwähnt, die mit dem Stirnhirn in Verbindung stehen: Zum einen der ACC, der bei mentalen Konflikten aktiv ist, beispielsweise beim „Dilemma des schreienden Kindes". Zum anderen die Insel, welche bei Konflikten hohe Aktivität zeigt, wo es um unfaire Handlungen geht, wie beim „Ultimatum-Spiel". Auch der MFC hat enge Verbindungen zum ACC und zur Insel. Aus mikroskopischen Untersuchungen wissen wir, dass sich im angrenzenden ACC spindelförmige Nervenzellen befinden, die mit Hilfe langer Fortsätze entfernte Netzwerkaktivitäten registrieren und koordinieren[84]. Die vordere Insel ist beispielsweise aktiv, wenn man etwas Unangenehmes riecht, aber auch, wenn man beobachtet, wie jemand anderer etwas Unangenehmes riecht und man das selbst nachfühlt[85].

Daher müssen wir den MFC als das Netzwerk ansehen, das für das Ich-Bewusstsein verantwortlich ist. Viele Forscher sprechen in diesem Zusammenhang von einer „Theory of Self“, also von Annahmen über das Selbst, von der wir annehmen können, dass sie stets von einer Aktivität im MFC begleitet ist. Das *Ich* ist also weder Gegenstand komplizierter gedanklicher Konstruktionen noch eine Voraussetzung des Denkens. Für Psychologen ist es das Resultat einer bestimmten Form von Informationsverarbeitung. In unserer Betrachtung ist das Ich-Erleben ein Ergebnis der Aktivität eines flexiblen, neuronalen Netzwerks. Es tritt als Begleiterscheinung von anderen Verarbeitungsprozessen auf. Wie funktioniert das?

Der MFC bringt Beobachtetes mit der eigenen Befindlichkeit in Verbindung. Seit langer Zeit weiß man, dass der MFC auch bei der Perspektivenübernahme beteiligt ist, also wenn jemand glaubt zu wissen, was andere Menschen denken. Einige Autoren haben den MFC sogar als zentralen Sitz der „Theory of Mind“ angesehen. Das wäre der Ort, wo im Gehirn die Gedanken anderer nachempfunden werden können[86]. Zahlreiche Befunde dazu haben zum Beispiel Chris und Uta Frith vom University College London gesammelt. Tatsächlich greift das Gehirn bei der Konstruktion von Gedanken und Befindlichkeiten anderer Personen oft einfach nur auf das Wissen zurück, das für die eigene Person vorhanden ist. Letztlich ist es ja so, dass man über sich selbst mehr Wissen besitzt als über irgendeine andere Person. Deshalb müssen wir mit Nachdruck festhalten, dass jede „Theory of Mind“ selbstverständlich noch auf viele andere Informationsquellen zurückgreift. Einige davon haben wir schon genannt. Dazu gehört zum Beispiel die Fähigkeit, begonnene Handlungen anderer Personen zu Ende zu denken und sogar Handlungsziele aus Intentionsbewegungen zu erschließen.

Manche Wissenschaftler vermuten, dass die letzten einschneidenden Selektionsbedingungen, die für die Entwicklung moderner Gehirne entscheidend waren, unmittelbar nach dem Ende der letzten Eiszeiten wirkten. Eine der wahrscheinlichen Herausforderungen der Nacheiszeit war es, dass man bei den nun möglichen, weiten Wanderungen in ungewohnter Weise auf Tiere und vor allem auch auf andere Menschengruppen gestoßen sein mag. Die Nahrungsmittelkonkurrenz mag angesichts der geringen Populationsdichten nicht sehr groß gewesen sein, die Neugierde auf die Lebensweise anderer hingegen sicherlich enorm. Menschliches Überleben war damals offenbar in hohem Maße davon abhängig, wie weit man es verstand, die Kommunikationsbarrieren, die es zwischen isolierten Populationen zwangsläufig gab, zu überbrücken. Vielleicht waren es gerade diese Selektionsbedingungen[87], dass sich die heute fast selbstverständlichen Fähigkeiten zum Aufbau einer „Theory of Mind“ entwickeln konnten, sodass Vermutungen über Gedanken und Gefühle anderer möglich wurden.

Das folgende Experiment zeigt, wie leicht bei Gedanken, die man sich zu anderen Personen macht, durchaus auch Selbstwissen ins Spiel kommt. Das trifft vor allem dann zu, wenn einem eine Person vertraut ist. Denkt man über fremde Personen nach, so ist der Beitrag des Selbstwissens zur Theorie über deren Denken und Handeln wesentlich geringer.

In einer von unserer Arbeitsgruppe durchgeführten Untersuchung haben wir Personen gebeten, sich anschauliche Bilder zu bestimmten Tätigkeiten vorzustellen[88]. Während dieser Gedanken beobachteten wir die Hirnstromaktivität. Die entsprechenden Messungen erfolgten

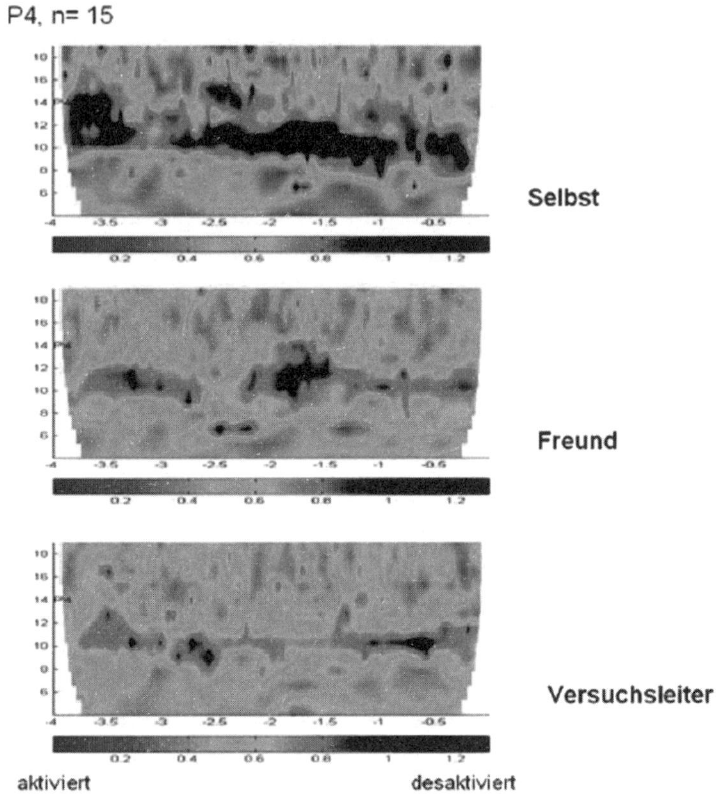


Abb. 19. Zeitverlauf beim Vorstellen von Handlungen: Stelle Dir vor, wie jemand (Du selbst, Dein bester Freund, ein Versuchsleiter) einen Rucksack packt. Dargestellt ist der Verlauf der Hirnstromaktivität gemittelt über 15 Personen, und zwar für eine Zeitspanne von 4 Sekunden. Ein abschließender Tastendruck markierte den Zustand eines anschaulichen Vorstellungsbildes. Etwa auf halber Höhe der Bilder ist ein wichtiges Frequenzband der Hirnstromaktivität zu erkennen, das sogenannte Alpha-Band. Die maximalen Alphawerte als Zeichen geringer Beanspruchung erscheinen im oberen Bild als dunkler Streifen. Im untersten Bild gibt es eine fast durchgehend hohe Aktivität, die dunklen Flecken in der Mitte fehlen fast zur Gänze. Maximale Unterschiede zwischen den drei Bedingungen kann man 2–1.5 s vor dem Tastendruck erkennen.

jedoch nicht über dem MFC, denn das lässt sich ohne einen Eingriff nicht hinreichend präzise durchführen. Stattdessen wurde die Aktivität von einem hinteren Gedächtnisort aufgezeichnet, mit dem der MFC in Verbindung steht. In der Abbildung 19 ist dieser Gedächtnisort mit P4 bezeichnet.

Wenn die Aufgabe zum Beispiel lautete, man solle sich anschaulich vorstellen, wie man selbst einen Rucksack packt, so war das für die hinteren Gedächtnisorte offenbar eine einfache Aufgabe: Die Hirnstromaktivität zeigte keine nennenswerte Beanspruchung. Sollte man sich vorstellen, wie der beste Freund einen Rucksack packt, so war bereits erhöhte Aktivität messbar. War die Person, die man sich beim Rucksackpacken vorstellen sollte, nur flüchtig bekannt, zeigte die Hirnstromaktivität eine starke Gedächtnistätigkeit an. Wir befragten anschließend die untersuchten Personen, wie sie es geschafft hätten, ein anschauliches Vorstellungsbild der flüchtig bekannten Person beim Rucksackpacken herzustellen. Eine oft gegebene Antwort lautete, dass man sich eine entsprechend handelnde Person vorstellte, die man mit dem Gesicht der verlangten ausstattete.

Man nennt das, was die Probanden hier machten, eine *innere Simulation*. Eine innere Simulation ist offenbar ein hochkomplexer Vorgang, gleichzeitig ein außerordentlich wichtiger Prozess beim Denken über andere und über sich selbst.

## Ich glaube zu wissen, was ich denke

Vielleicht kennen Sie folgendes berühmte Experiment, in dem Personen nichts anderes machen sollen, als zu einem von ihnen selbst bestimmten Zeitpunkt den Zeigefinger der rechten Hand zu krümmen, während dessen ihre Hirnstromaktivität aufgezeichnet wird. Der Zeitpunkt der Entschlussfassung kann mit einer ausgeklügelten Methode auf Zehntelsekunden genau bestimmt werden. Das Besondere an diesem Experiment ist das Verhalten der Hirnstromtätigkeit. Das verblüffende Ergebnis dabei ist, dass das Krümmen des Zeigefingers unterschwellig bereits etwa 3 Zehntelsekunden vor der Entschlussfassung vorbereitet worden war[89].

Das heißt: Unsere Denkprozesse werden unbewusst vorbereitet. Mehr noch: Wir müssen annehmen, dass der überwiegende Teil der Informationsverarbeitung im Gehirn unbewusst erfolgt und nur sehr wenig davon ins Bewusstsein dringt. Dieses Erleben kann als eine Art Selbstbeobachtung gedeutet werden. Nun ist aber jede Form von Selbstbeobachtung ein Spezialfall von Fremdbeobachtung[90]: Man beobachtet sich selbst und dieser Jemand ist man selbst. Daher erfolgen die Zuschreibungen bei der Selbstbeobachtung wohl in ähnlicher Weise wie bei der Fremdbeobachtung.

An dieser Stelle sei ein kleiner Abstecher erlaubt. Personen mit schizophrenen Symptomen haben mitunter den Eindruck, als würden sie Stimmen hören, obwohl niemand zu sehen ist. Psychologen wissen, dass derartige Halluzinationen aus intensiven Vorstellungsbildern entstehen.

Mitunter kann es vorteilhaft sein, Selbstgespräche zu führen oder sich Selbstinstruktionen zu geben, um klare Vorstellungen und Pläne zu entwickeln. Manche Menschen sprechen mit ihrem verstorbenen Partner. Solche Vorstellungsbilder, die einen deutlichen Selbstbezug aufweisen, werden üblicherweise als eigene Gedanken angesehen. Wenn die Vorstellungsbilder bei Selbstgesprächen so stark sind, dass die Erregungsprozesse auch die Hörregion des Gehirns aktivieren, dann meinen die betreffenden Personen meistens, dass sie das Gedachte tatsächlich auch gehört haben. Doch das geschieht nur in Ausnahmefällen – bei einem hohen Erregungszustand.

Das Fingerkrümmen ist ein einfacher motorischer Prozess. Warum sollte ich den Entschluss zum Krümmen des Fingers bewusst erleben? Zu dieser Frage wurden am Max-Planck-Institut für Psychologische Forschung in Leipzig zahlreiche Experimente durchgeführt. Man kann die Ergebnisse vereinfacht etwa so zusammenfassen: Mitunter kann die Hirnaktivität, die eine Aktion vorbereitet, sehr stark sein. Unter solchen Umständen kann die entsprechende Erregung auch auf benachbarte Hirnregionen übergreifen. Wenn sich diese Erregung dabei auf die das Selbst repräsentierenden Areale ausdehnt, dann ist bei der angestoßenen Aktion auch das Selbst maßgeblich beteiligt.

Die Erkenntnisse über die Selbst-Beteiligung mögen banal klingen. Der eben beschriebene Mechanismus kann jedoch dramatische Folgen haben.

Die das Selbst repräsentierenden Areale sind nämlich mit hoher Wahrscheinlichkeit mit einem ganz bestimmten Gedächtnisteil in der hinteren Großhirnrinde verbunden, den man TPJ („Temporo Parietal Junction") nennt. Wie die Bezeichnung erkennen lässt, handelt es sich um einen Gedächtnisort, der seinerseits mit mehreren Arealen der hinteren Großhirnrinde assoziativ verbunden ist. Diese Areale können Informationen über das Selbst beisteuern. Über den Knotenpunkt der TPJ hat das Stirnhirn insbesondere Zugriff auf Informationen, wie der eigene Körper aussieht, was mit diesem Körper in der Vergangenheit geschehen ist und was mit ihm demnächst geschehen könnte.

Wird die TPJ elektrisch stimuliert, meinen die betroffenen Personen, dass sie sich selbst sehen können. Entsprechend den bisherigen Erfahrungen sind solche Vorstellungsbilder fast immer spiegelbildlich. Solche Erlebnisse kommen auch bei sehr schwer erkrankten Personen vor oder wenn die Grenze der Lebensfunktionen erreicht ist. Man spricht dann von Nahtod-Erlebnissen. Die betreffenden Personen berichten beispielsweise, sie hätten sich selbst frei schwebend oder im Bett liegen gesehen.

Noch eindringlicher sind Erlebnisse, in denen Personen erzählen, sie wären einem Doppelgänger begegnet. Das bezeichnet man als Heautoskopie.

Eine Frau arbeitet als Küchenhilfe. Sie ist schwer depressiv. Immer wieder droht man ihr mit einer endgültigen Kündigung. Mittlerweile ist sie von ihrem Mann verlassen worden. Sie kann nicht richtig arbeiten und zerbricht Geschirr. Sie macht eine Pause und setzt sich vor die Küche ins Freie. Ihr gegenüber steht ein großer Baum. Plötzlich sieht sie ganz deutlich, dass dort ein Mensch baumelt, der sich offenbar an einem Ast erhängt hat. Die Frau schaut erschrocken hin und erkennt die Kleidung und schließlich das Gesicht. Sie ist es selbst, die dort hängt. Die Frau bricht vollends zusammen und kommt in psychiatrische Behandlung[91].

Die wenigen dokumentierten Fälle von Heautoskopie beziehen sich auf Personen, die sich über längere Zeit hinweg immer wieder mit sich selbst beschäftigt haben und oft depressive Episoden durchlebten. Eine Verstärkung der Hirnaktivität unter Stress, Migräne oder bei epileptischen Anfällen kann die Entstehung einer solchen Vorstellung begünstigen.

Es mehren sich die Hinweise, dass das TPJ auch eine wichtige Rolle dabei spielt, wie man andere Personen einschätzt. Ein Pokerspieler wird eher bluffen, wenn er gegen einen Menschen spielt als gegen einen Computer. Tatsächlich ist das TPJ aktiv, wenn gegen einen guten Spieler gepokert werden muss[92].

## Sally und Anne

Die Salzburger Psychologen Heinz Wimmer und Joseph Perner haben sich intensiv mit der Frage auseinander gesetzt, ob auch kleine Kinder schon erraten können, was andere Personen gleich tun werden. Dazu haben sie eine Aufgabe entwickelt, die zu falschen Annahmen verleitet[93]. Diese für Vorschulkinder entwickelte Aufgabe wurde in der Folge als „false belief task“ für zahlreiche Studien auf der ganzen Welt verwendet. In der Aufgabe agieren zwei Puppen in der folgenden Weise:

Sally und Anne sind Freundinnen. Sally besitzt einen Ball, mit dem sie spielt. Dann legt Sally den Ball in ihren Korb und geht weg. Während Sally weg ist, nimmt Anne den Ball aus dem Korb, spielt kurz mit ihm und legt ihn dann in ihre eigene Box. Schließlich kommt Sally zurück und will wieder mit dem Ball spielen. Wo wird sie den Ball suchen?

Wenn kleine Kinder dieses Puppenspiel beobachten, haben sie noch im Gedächtnis, dass Anne den Ball in ihre Box gelegt hat. Sie wissen das also und nehmen an, dass auch Sally den Ball dort suchen wird. Erst Kinder ab einem Alter von etwa 4 Jahren können sich gut in Sally hineindenken, so dass ihnen bewusst ist, dass Sally eigentlich nur wissen kann, dass sie den Ball in den Korb gelegt hat. Im Kapitel über Täuschung hatten wir erwähnt, dass die Fähigkeit zur Entdeckung von Täuschung wahrscheinlich eine vergleichsweise junge Entwicklung der Evolution ist. Sie wird auch beim Heranwachsen erst vergleichsweise spät entwickelt. Autistische Kinder bewältigen den „false belief task“ übrigens so gut wie gar nicht.

Mit Hilfe der eben geschilderten Aufgabe wird zwar ganz gut veranschaulicht, was gemeint ist, wenn man sagt, eine Person übernimmt die Perspektive einer anderen. Allerdings gibt es dazu noch eine Kleinigkeit zu ergänzen. Man kann nämlich in die Spielanordnung zusätzlich einen Fotoapparat einfügen. Während des Puppenspiels wird nun ein Foto von Sallys Versteck gemacht. Jetzt können die Unter-Vierjährigen ebenfalls nicht sicher angeben, welches Versteck auf dem Foto zu sehen ist. Ihre Gedächtnisspanne reicht dazu offenbar einfach noch nicht aus, den Moment des Fotos zu behalten.

Erstaunlicherweise können Autisten die Aufgabe mit dem Foto recht gut bewältigen, obwohl sie sich in die Puppe nicht hineindenken können. Wir sehen heute die Besonderheit des Autismus im Kern darin begründet, dass viele Nervenverbindungen nur schwach ausgebildet sind. Das fördert zwar enorm die lokale Verarbeitung von ausgesuchten Informationen – hier die Beachtung des Fotoszenarios –, verhindert aber eine weitergehende Einbettung und Einordnung.

Die besondere Fähigkeit der Autisten beim „false belief task“ weist darauf hin, dass es offenbar einen grundsätzlichen Unterschied bei der Beurteilung eines Fotoapparats und einer Puppe gibt[94]. Wenn wir spekulieren wollen, so besteht der Unterschied offenbar darin, dass die Puppe ein Identifikationsobjekt in einem komplexen Szenario darstellt, der Fotoapparat hingegen nur einen weiteren Gegenstand. Das bedeutet, dass nur bei der Puppe das Selbst als Akteur mit ins Spiel kommt. Die Einbeziehung des Selbst ist jedoch, wie erwähnt, an die Funktionsfähigkeit eines Hirnteils gebunden, das über zahlreiche, weitverzweigte Nervenfasern mit vielen anderen Teilen des Gehirns verbunden ist. Genau hier scheint jedoch das Defizit von Autisten zu liegen. Trotz guter Gedächtnisfunktionen ist die Puppe für sie kein Identifikationsobjekt. Es fällt ihnen schwer, in diesem Fall die Perspektive einer anderen Person zu übernehmen.

Wenn die Fähigkeit zur Übernahme der Perspektive anderer Personen jedoch hinreichend entwickelt ist, so können Ziele durch Beobachten erkannt und übernommen werden. Kommen wir an dieser Stelle noch einmal kurz zu dem im vorigen Abschnitt erwähnten Bystander-Effekt zurück. Wenn man Berichte von Zuschauern liest, die nicht helfen, ist der erste Gedanke meistens: *Haben denn die nicht gesehen, dass da jemand Hilfe braucht?* Eine solche Frage würde voraussetzen, dass die Zuschauer die Befindlichkeit des Hilfsbedürftigen nachempfinden, gewissermaßen simulieren. Offenbar ist das nicht so selbstverständlich und der Simulationsprozess und seine Bedingungen sind nicht ganz einfach zu durchschauen. Besser untersucht sind solche Prozesse, die äußere Simulation, also das Nachmachen, ermöglichen.

## Basalkerne und Mandelkerne

Bislang haben wir uns hauptsächlich mit Funktionen beschäftigt, die Gedächtnisteile in der hinteren Großhirnrinde kontrollieren. In den folgenden Abschnitten werden

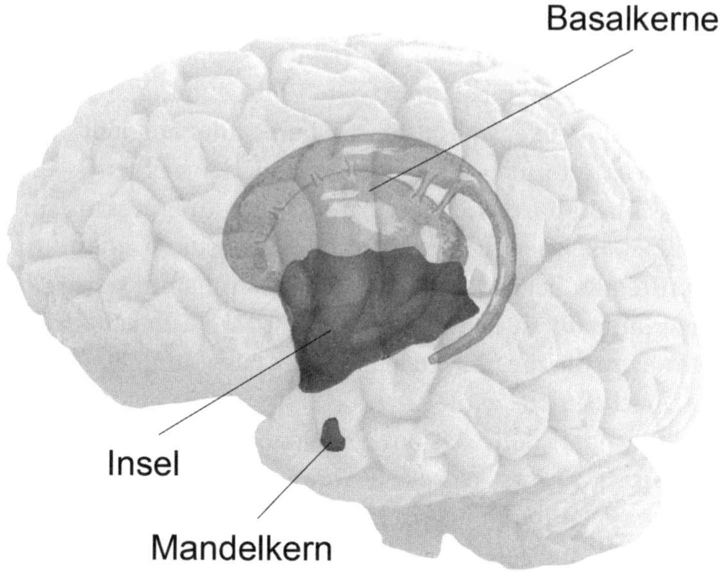


Abb. 20. Das Stirnhirn steht mit mehreren stammesgeschichtlich älteren Teilen des Großhirns in Verbindung: den Basalkernen, die für das Lernen am Erfolg wichtig sind, mit der Insel, die eine Verbindung zum Körperinneren besitzt, und mit dem Mandelkern, der vor allem für Zurückhaltung und Vermeidung sorgt.

wir uns mit weiter unten im Stirnhirn gelegenen Netzwerken beschäftigen, die bereits deutlich unter dem Einfluss von tiefer gelegenen Hirnstrukturen stehen. Die Menge an Fasern, die das Stirnhirn mit tiefer gelegenen Hirnstrukturen verbindet, nimmt nach unten hin zu.

Von den tiefer gelegenen Teilen des Großhirns sind vor allem zwei besonders wichtig für das Problem, wie man erahnen kann, was andere denken: die Basalkerne und die Mandelkerne.

Die Netzwerke in diesen beiden Großhirnstrukturen sind lernfähig. Das bedeutet, dass sie helfen, auf Erfahrungen zurückzugreifen, die man in vergleichbaren Situationen bereits gesammelt hat.

Die Mandelkerne lernen so, wie man es bei einer Dressur erwarten würde. So weiß man von Tierdressuren, dass erstaunliche Reaktionen oft durch fast unbemerkte Hinweissignale ausgelöst werden können. Jeder Hunde- oder Pferdebesitzer weiß, dass sein Tier mitunter auf winzigste Bewegungen mit der Hand oder der Augenbraue reagiert.

Die Basalkerne bewirken hingegen, dass Menschen etwas tun, weil sie sich davon einen Erfolg versprechen. Das setzt entsprechende, erfolgreiche Erfahrungen voraus. Weil die Einflüsse von Basalkernen und Mandelkernen auch bei der Perspektivenübernahme sehr bedeutsam sind, werden wir uns die Rolle dieser stammesgeschichtlich alten Netzwerkstrukturen genauer ansehen.

## Ich glaube, du bist mir wohlgesonnen

Der ständige Wechsel von Anspannung und Entspannung bildet für viele Menschen den Angelpunkt im Leben. Es gibt Philosophien, die sich mit diesem Wechsel beschäftigen, und Therapien, die damit systematisch arbeiten.

Wir wissen heute, dass zu viel Entspannung nicht förderlich ist, weder für den Körper, zum Beispiel wegen des Muskelabbaus, noch für das Gehirn. Zu viel Entspannung, beispielweise infolge von chronischem Cannabis-Konsum, schränkt die Kapazität des Arbeitsspeichers und damit die Kontrollfunktionen des Stirnhirns ein. Zu geringe Beanspruchung von Kontrollfunktionen kann die Entstehung von Demenzen begünstigen. Andererseits ist auch zu viel Anspannung nicht zuträglich. Wer beispielsweise Sport in extremer Form betreibt, läuft Gefahr, seinen Bewegungsapparat zu schädigen. Für den Arbeitsspeicher und damit für die Kontrollfunktionen des Stirnhirns besteht das Risiko, dass sie an ihre Kapazitätsgrenzen kommen. Fehlleistungen und Stressreaktionen sind die Folgen.

Dem Lernen ist eine milde Aufgeregtheit förderlich, hingegen beeinträchtigen massiver Zeitdruck oder Stress die Merkfähigkeit.

Tiere und Menschen gehen gern Wagnisse ein. Doch stets ist man froh, sich nach Phasen der Beanspruchung wieder erholen zu können. Körperliche und seelische Anspannung kennen wir vor allem aus Belastungsphasen, vom Ärger und von Phasen der Ängstlichkeit. Körperliche Anspannung und die damit verbundene Aktivierung der Kontrollfunktion des Stirnhirns werden durch die Basalkerne reguliert. Unter welchen Umständen entsteht nun Entspannung?

Studien zeigen, wie empfindlich die Basalkerne im sozialen Umgang reagieren. Über eine dieser Untersuchungen wollen wir an dieser Stelle berichten.

Angenommen, ein Investor gibt einem Geschäftspartner, der ihm Gewinne verspricht, immer wieder Geld. Sobald der Investor zumindest einen Teil seines Geldes zurückbekommen hat, ist er bereit, den Geschäftspartner neuerlich zu unterstützen. Der Geschäftspartner ist auf Investitionen angewiesen und möchte möglichst viel Geld erhalten. Der Investor ist auf Rückzahlungen angewiesen und möchte Gewinne erzielen. Üblicherweise sind die Rückzahlungen hoch, wenn er viel investiert und umgekehrt. Wenn jedoch zwei Personen in einer Spielsituation über längere Zeit hinweg einen Austausch dieser Art aufrechterhalten, gibt es durchaus Zeiten, in denen der eine oder der andere misstrauisch wird.

Wir werden im Folgenden die Reaktionen eines Geschäftspartners ansehen, der befürchten muss, seinen Investor vergrault zu haben. Eine kritische Situation entsteht bereits, wenn der Investor, aus welchen Gründen auch immer, wenig investiert. Meist fließt in der Folge dann nur wenig Geld zurück. Wenn der Investor hierauf dennoch wieder viel investiert, verhält er sich wohlwollend.

In einer entsprechenden, experimentellen Anordnung wurde das beschriebene Szenario in einer Weise gespielt, dass sich der Spieler in der Rolle des Geschäftspartners im Hirnscanner befand[95]. So konnte die Aktivität der Basalkerne in verschiedenen Situationen des „geschäftlichen" Austauschs gemessen werden. Wenn der Geschäftspartner den Eindruck hatte, dass sich der Investor wohlwollend verhielt, zeigten die Basalkerne eine deutliche Reaktion. Diese Reaktion ließ darauf schließen, dass sich der Geschäftspartner mental entspannte. Es konnte außerdem nachgewiesen werden, dass der Geschäftspartner nach einer größeren Anzahl von Spielzügen die Reaktionen des Investors immer besser vorhersagen konnte, sodass im Gehirn die Reaktionen der Basalkerne mit zunehmender Vertrautheit immer rascher eintraten.

Vertrautheit bedeutet also eine hohe Gewissheit bei Vorhersagen. Hört man vertraute Sätze, so muss man nicht viel nachfragen. Im vertrauten Umgang muss nicht lange verhandelt werden.

An dieser Stelle sei noch kurz das „vertrauensstiftende" Hormon Oxytocin erwähnt. Zwar ist dieses Hormon in seinen Funktionen noch nicht ausreichend untersucht. Da es aber bei Müttern nach einer Geburt und auch beim Sex vermehrt freigesetzt wird, dürfte es vertrauensvolles Handeln unterstützen. Freilich kann es nicht sein, dass ein

Hormon zutreffende Erwartungen entstehen lässt. Aber es macht Menschen offenbar unbekümmerter, sorgloser und entspannter.

Es gibt ja auch bei Tieren eine Geschäftspartnerschaft. Ausgetauscht werden Dienstleistungen wie Fellpflege, Sex oder kleinere Hilfestellungen, aber auch regelrecht Waren wie Nahrung oder Werkzeug. Kommt ein Affe einem anderen mit einer Dienstleistung oder mit der Überlassung einer Ware entgegen, so kann er damit rechnen, dass sich der andere bei nächster Gelegenheit erkenntlich zeigen und eine Gegenleistung erbringen wird.

Das Besondere an diesen Austauschstrukturen ist, dass sie bei eng vertrauten Tieren fehlen. Bei Tieren, die ständig miteinander zu tun haben, ist das Vertrauen offenbar so groß, dass nach einer Investition gar keine unmittelbare Gegenleistung oder eine Belohnung erwartet wird. Die Unbekümmertheit in vertrauten Situationen scheint mit der generellen Erwartung einher zu gehen, dass das enge Zusammensein ohnehin genügend Vorteile für alle haben wird.

Man muss nicht einer bestimmten Person dankbar sein, sondern ist einfach zufrieden.

## Was Menschen antreibt, warum man Gewohnheiten entwickelt und was der richtige Augenblick ist

Wir wollen uns nun einem ganz besonderen Aspekt der motorischen Vorbereitung zuwenden. Tätigkeiten müssen nämlich nicht stets neu in ihrem Ablauf konstruiert werden, sondern werden oft in ähnlicher oder sogar in sich exakt wiederholender Weise vollzogen.

Bei Tieren spricht man von Instinkten. Selbstverständlich gibt es auch beim Menschen Entsprechendes, nämlich die biologischen Motivationssysteme: für Schutzfunktionen, Nahrungsaufnahme, Sex und Neugierde. Allerdings verfügen Menschen über eine hohe Lernfähigkeit. Daher muss man hier davon ausgehen, dass die meisten Verhaltensweisen erlernt und eingeübt wurden. Insofern hat man es beim Menschen oft mit Gewohnheiten zu tun. Egal, ob Instinktverhalten oder Gewohnheit: Stets handelt es sich um eine Kette von Bewegungen, die während der Ausführung an Besonderheiten der Umgebung angepasst werden.

Angenommen, Sie wollen einen Gegenstand von A nach B legen. Sie greifen zu Ihrem Handy, das vor Ihnen am Schreibtisch liegt (Ziel A), und legen es an Ihr Ohr (Ziel B). Wenn in diesem Bewegungsablauf der erste Teil der Motorik das Ziel A erreicht hat, braucht diese Bewegungskomponente in ihrem Ablauf nicht mehr kontrolliert zu werden. Die entsprechende Kontrollfunktion, die zum Beispiel dafür gesorgt hat, dass die Hand den Gegenstand erreicht hat, wird zusammen mit dem Teilziel gelöscht. Gleichzeitig erfolgt der Start für die nächste Teilbewegung, im Beispiel die Bewegung nach B. So kann letztlich das Ziel erreicht werden, den angefassten Gegenstand am Ort B hin zu legen. Was hier theoretisch klingt, macht man im Alltag tausende Male. Jedes Mal ist jedoch eine andere, komplexe Steuerung erforderlich.

Im Detail werden sogar bei einfachsten Bewegungen, je nach Ausführungsbedingungen, völlig andere Muskelgruppen benötigt: Einmal muss der Arm mehr gestreckt werden, ein anderes Mal muss zusätzlich eine Körperbewegung erfolgen. Das bedeutet, dass die motorische Vorbereitung auf einer hohen und vergleichsweise abstrakten

Ebene erfolgen muss. Diese abstrakte oder, besser gesagt, generalisierte Form der Vorbereitung kann man auch als eine Art „innerer Antrieb“ ansehen, weil sie dafür sorgt, dass ein Bewegungsablauf unabhängig von den konkreten Umgebungsbedingungen in Gang gesetzt oder am Laufen gehalten wird.

Das abstrakte Steuerungsprinzip, das wir eben als Antrieb für einen Bewegungsablauf bezeichnet haben, ist bereits beim Instinktverhalten von Tieren erforderlich und ist keineswegs eine stammesgeschichtlich junge Errungenschaft. Entsprechend seiner Ursprünglichkeit ist ein genereller Antrieb nicht auf der Ebene des Stirnhirns zu finden, sondern in Gebieten unterhalb der Großhirnrinde zu lokalisieren, in den sogenannten Basalkernen.

Die Basalkerne ermöglichen an die Umwelt angepasste Bewegungen. Die Informationen dafür stammen von den Sinnesorganen. Die entsprechenden Impulse werden an den Stirnhirnanteil gesandt, der die Motorik vorbereitet. Bei Tieren beruhen diese Impulse auf den von den Verhaltensforschern oft beschriebenen *Auslösemechanismen* für Instinktverhaltensweisen. So reagieren die meisten Tiere mit Flucht, wenn sich ihnen rasch ein großer Gegenstand nähert. Beim Menschen verfügen die Basalkerne über zahlreiche lernfähige Schaltstellen, die die Ausbildung und Ausführung einer Vielzahl von gewohnheitsmäßigen Verhaltensweisen erlauben, wie beispielsweise das Ausstrecken einer Hand zur Begrüßung oder der Griff zur Fernbedienung, um den Fernseher einzuschalten.

Die Basalkerne entscheiden, ob eine Bewegung überhaupt ausgeführt wird und unter welchen Bedingungen, also „wann“, sie eingesetzt wird. Das „Wann“ ist eine heikle

Frage. Tiere mit starrem Instinktrepertoire, wie Insekten oder auch Kröten, haben in der Regel keine Entscheidungsschwierigkeiten. Wenn sich z.B. ein ziemlich großes Objekt nähert, wird die Flucht ergriffen. Nimmt ein fortpflanzungsbereites Tier Signale eines Geschlechtspartners wahr, so erfolgt ein Versuch zur Kontaktaufnahme. Es ist nicht besonders riskant, sich auf diese Weise zu verhalten, das Risiko entsteht eher, wenn die entsprechenden Verhaltensweisen unterlassen werden. Je nachdem, besteht die Gefahr, das Leben zu verlieren oder die Gelegenheit zur Fortpflanzung zu versäumen.

Aus diesen Überlegungen wird deutlich, dass ein gewisser Antrieb, sich aktiv zu verhalten, von Vorteil ist. Nun werden Gewohnheiten beim Menschen durch das gleiche Hirnteil vorbereitet wie die instinktiv ausgelösten Verhaltensweisen bei Tieren. Tatsächlich drängen gewohnte Verhaltensweisen ebenfalls zur Ausführung. Bei Suchtpatienten führen Lernerfahrungen sogar in hohem Maße dazu, dass bestimmte Verhaltensmuster bei Planungs- und motorischen Vorbereitungsprozessen bevorzugt werden.

Tätigkeiten des Alltags werden im Wesentlichen ebenfalls durch vergleichsweise einfache, sich wiederholende Verhaltensmuster bestimmt. Man wählt zum Beispiel gerne immer wieder die gleichen Wege, um ein Ziel zu erreichen. In der Regel ist das Wiederholen bequemer als stets neue Strategien zu probieren. Allerdings stellt sich die Frage, ob ein solches Funktionieren unserer Verhaltenssteuerung nicht manchmal nachteilig ist. Es kann zum Beispiel zu einer Bevorzugung einseitiger damit letztlich schädlicher Konsumgewohnheiten kommen. So gesehen ist es unverständlich, warum wir Gewohntes als angenehm empfinden. Mehr noch, Menschen verteidigen mitunter ihre gewohnten Verhaltensmuster vehement gegenüber anderen, neuen Herangehensweisen.

Tatsächlich neigen Menschen dazu, sich zu überschätzen. Viele Befragungen dokumentieren, dass sich die meisten Menschen für überdurchschnittlich gute Autofahrer oder für besonders intelligent halten. Welchen evolutiven Vorteil sollte es haben, dass Menschen das Bedürfnis entwickeln, ihren gewohnheitsmäßigen Antrieben auch dann zu folgen, wenn die Situation dafür nicht angemessen ist?

Es gibt Hinweise, dass eine gewisse Beharrlichkeit besser ist, als wenn man wie ein Fähnchen im Wind fortwährend seine Strategien ändert. Im Grunde besteht ja Lernen und Wissenserwerb darin, dass man auf Grund von Erfahrung bewährte Verhaltens- und Denkweisen regelmäßig anwendet. Das erklärt jedoch nicht ausreichend, warum Erlerntes eine Tendenz zur Generalisierung besitzt. Denn erst diese Tendenz, dass man Erlerntes generalisiert, macht verständlich, warum sich Menschen so gerne selbst überschätzen und alte Gewohnheiten so hartnäckig sind.

In aller Regel ist eine Generalisierung vorteilhaft, unter Umständen sogar für das Überleben. Das kann man sich am Beispiel einer Konkurrenzsituation verdeutlichen. Unsere Vorfahren mögen um eine Jagdbeute gekämpft haben, heute könnte es eine Bewerbung um einen Arbeitsplatz sein. Dabei wollen wir davon ausgehen, dass es um ein Messen mit einem Konkurrenten geht, dessen Qualitäten man nicht kennt.

Eine Generalisierung der eigenen Fähigkeiten auf die unbekannte Situation führt dazu, dass man sich der Auseinandersetzung stellt, weil man meint, sie bewältigen zu können. Unter diesen Voraussetzungen sind zwei Ausgänge möglich: Entweder man gewinnt oder man verliert. Wer sich der Auseinandersetzung erst gar nicht stellt, hat auf jeden Fall verloren.

Somit scheint die Rechnung zugunsten der überschätzenden Generalisierung aufzugehen. Doch was ist, wenn sich in einer Gesellschaft alle so verhalten? Dieses Szenario kann man im Modell durchrechnen[96]. Das Ergebnis ist eindeutig: Ein Verhalten, das auf einer generalisierenden Überschätzung der eigenen Fähigkeiten beruht, ist evolutionär stabil, das heißt, es bleibt erhalten.

Es ist nun keineswegs so, dass der eben beschriebene Antriebsmechanismus Tiere zwangsläufig veranlasst, sich in jeden Kampf zu stürzen oder jedem Beutetier nachzujagen. Vielmehr hat die Evolution dafür gesorgt, dass Kosten und Nutzen in einem vernünftigen Verhältnis stehen.

Der Verhaltensforscher Nicolaas Tinbergen hat schon in der Mitte des vorigen Jahrhunderts auf Folgendes hingewiesen: Ein Frosch zeigt vor dem Beutefang eine Orientierungsbewegung (Taxis). Und dieser folgt – oft nach einer kleinen Pause – die Instinktbewegung des Zuschnappens (Endhandlung). Als Beobachter hat man den Eindruck, dass der Frosch nochmals überlegen muss, ob er überhaupt fressen will oder kann. Jagende Tiere wie Katzen folgen ihrer Beute auch, wenn sie keinen Hunger haben. Eine Kosten-Nutzen-Abwägung vor der Jagd hätte zur Folge, dass sich die Beute aus dem Staub machen könnte.

Wenn man den Mechanismus der Kosten-Nutzen-Abwägung genauer betrachtet, stößt man auf eine kompliziert anmutende Kalkulation: Wohl geht es immer um einen erwarteten Nutzen oder um einen zu vermeidenden Schaden. Der Ausgang trifft jedoch nur mit einer bestimmten Wahrscheinlichkeit ein und er muss mit den zu erwartenden Kosten der auszuführenden Tätigkeit abgeglichen werden. Der Dreh- und Angelpunkt der Kalkulation ist hierbei jedoch die Bewertung der Wahrscheinlichkeit, mit der sich ein Erfolg oder Misserfolg einstellen wird.

Das führt zu folgendem überraschenden Ergebnis: Die zentrale Aufgabe der Motorik ist nicht nur die Koordination der Einzelbewegungen, sondern sie ist auch dafür verantwortlich, die Wahrscheinlichkeit für den Tätigkeitserfolg abzuschätzen.

Es mag plausibel sein, dass jede Tätigkeit den richtigen Zeitpunkt braucht, mit dem sie zweckmäßigerweise beginnen soll. Der rechte Zeitpunkt hat im altgriechischen Olympia in der Gestalt des Kairos sogar göttliche Verehrung erfahren. Der griechische Gott Kairos hatte vorne am Kopf einen Schopf, an dem man ihn packen konnte. Am Hinterkopf war er kahl und glatt, sodass man ihn nicht mehr zu fassen bekam, wenn er einmal vorbei war. Also eine sehr treffende Metapher für den richtigen Augenblick, den man am Schopfe packen sollte.

Die Formel klingt sehr simpel: Sein Leben oder einen Betrieb kann man am besten managen, wenn man an der richtigen Stelle zur rechten Zeit mit dem nötigen Gefühl tätig wird. Klingt diese Formel zu einfach? Kennen wir nicht recht aufwendige Kosten-Nutzen-Abwägungen? Im zwischenmenschlichen Austausch sind verschiedene Arten des Diskurses jedenfalls zweckmäßig. Die Informationsverarbeitung der motorischen Steuerung hingegen arbeitet offenbar tatsächlich auf der Basis von recht einfachen Wahrscheinlichkeits-Abschätzungen.

Es gibt mehrere Hirnstrukturen, die dafür zuständig sind, dass eine Bewegung im richtigen Augenblick startet. Eine Zerstörung solcher Strukturen führt in vielen kritischen Situationen, vor allem unter Stress und Zeitdruck, zu einer Art Lähmung, obwohl die entsprechende Bewegung unter günstigen Umständen, etwa in entspannten Situationen, durchaus ausgeführt werden kann. Solche Lähmungen treten zum Beispiel bei der Parkinson-Krankheit auf, bei der die Verbindung eines stammesgeschichtlich alten Motorik-Zentrums mit den Basalkernen gestört ist. Parkinson-Patienten können tatsächlich die Wahrscheinlichkeit des Eintreffens bestimmter Ereignisse schwer einschätzen. Sie können daher auch den Ausgang ihres Handelns schwer abschätzen und sind damit beim Lernen am Erfolg beeinträchtigt.

## Grenzgänger

Auf der Erde werden fast 7000 unterschiedliche Sprachen gesprochen. Die Zahl der verschiedenen Kulturen der gegenwärtig etwa sieben Milliarden Menschen dürfte noch größer sein als die Anzahl der Sprachen. Je nachdem, was man unter *Kultur* versteht, kann man auch innerhalb einer Sprachgemeinschaft verschiedene Kulturen unterscheiden. Ist es unter dieser Voraussetzung überhaupt sinnvoll, über einen „rechten Augenblick“ und über „richtiges oder angemessenes Verhalten“ zu urteilen, ohne auf die jeweiligen kulturellen und situativen Umstände näher einzugehen? Welcher Maßstab sollte denn angelegt werden?

Wir stehen hier tatsächlich vor einer schwierigen Frage. In vielen Fällen müssen sich Richter mit derartigen Problemen befassen: Hat Herr A tatsächlich gegen Gesetze verstoßen oder ist sein Verhalten noch zu tolerieren? Ist der alte Rentner B noch urteils- und geschäftsfähig oder benötigt er einen gesetzlichen Betreuer? Kann man den jungen Mann C für eine Tat voll verantwortlich machen oder ist er aus psychiatrischer Sicht gar nicht schuldfähig?

Wir sollten uns an dieser Stelle ein paar elementare Dinge ins Bewusstsein rufen. Wir können durchaus Verhaltensweisen danach beurteilen, ob sie mit den biologischen Randbedingungen verträglich sind, das heißt, ob sie ein Risiko für das eigene Leben oder die Gesundheit darstellen oder andere Menschen leichtfertig gefährden. Daher gilt: *Leben und leben lassen*. Darüber hinaus gibt es moralische Regeln, die spätestens seit dem alten babylonischen Reich in Gesetzeswerken Eingang gefunden haben und die ständig den momentanen Gegebenheiten der Zivilgesellschaft angepasst werden.

Schließlich gibt es jedoch auch Erwartungshaltungen innerhalb einer Gesellschaft, wie sich Menschen „üblicherweise" verhalten. Was ein Verstoß gegen eine gesellschaftliche Norm ist und was noch als „Kavaliersdelikt" durchgehen kann. Als Maßstab dient gewissermaßen der statistische Durchschnitt, also wie oft eine Handlung üblicherweise auftritt. Dass selbstverständlich auch der Zufall mitentscheidet, wie ein Mensch handelt, wurde schon in einem früheren Kapitel erwähnt. Im vorigen Abschnitt haben wir sogar über das Wahrscheinlichkeitslernen als Grundlage für Erwartungen und Handeln gesprochen. Später werden wir uns noch genauer mit sozialen Normen beschäftigen, weil sie bei einer Vielzahl sozialer Verhaltensweisen eine Rolle spielen. Hier begnügen wir uns mit der Feststellung, dass es jedenfalls so etwas wie *Normalität* gibt.

Doch welche Bedeutung hat Normalität im Alltag? Nicht alle Menschen halten sich an Gesetze und teilen die gleichen Moralvorstellungen. Menschen kennen verschiedene soziale Normen.

Mehr noch: Es gibt Personen, deren Verhalten zumindest im Alltag schwer vorherzusagen ist oder deren Gedanken man kaum folgen kann, weil diese recht sprunghaft oder sogar zufällig wirken. Vielleicht kennen auch Sie aus Ihrer Umgebung Sonderlinge, die sich wenig pflegen, gelegentlich weite Spaziergänge unternehmen und Selbstgespräche führen. Manchmal reden sie wirres Zeug oder machen unsinnige Sachen. Wenn man mit ihnen spricht, vermitteln sie den Eindruck, als hätten sie es mit unbekannten Personen oder Mächten zu tun. Sonderlinge werden manchmal zornig oder ganz still, ohne dass der Grund deutlich wird. In schwerwiegenden Fällen spricht man von Psychosen. Wir kennen Fälle, wo psychotisches Verhalten offenbar auf einem äußerst ungewöhnlichen Zusammenspiel von Basalkernen und Stirnhirn beruht.

Frau W. war eine Witwe im Alter von etwa 65 Jahren. Obwohl sie ein umtriebiges Leben geführt hatte, lebte sie im Alter sehr einsam. Manchmal unterhielt sie sich laut mit ihrem nicht mehr anwesenden Mann. Gelegentlich sah sie ihn sogar in seinem Stuhl im Wohnzimmer sitzen. Doch er verschwand immer wieder. Das beunruhigte sie.

Die Frau hatte einen erwachsenen Sohn, bei dem eine Schizophrenie diagnostiziert worden war. Sie selbst litt unter den Folgen eines Medikamentenmissbrauchs. Frau W. wusste, dass sie eine Grenzgängerin war. Neben ihrem Telefonapparat lag ein Blatt Papier, auf dem mit großen Ziffern die Telefonnummer des sozial-psychiatrischen Dienstes stand.

Gelegentlich wurde Frau W. von ihrem Sohn besucht, der am anderen Ende der Stadt wohnte. Wenn er mit seiner Mutter telefonisch ein Treffen vereinbart hatte, durchquerte er mit großen Schritten und finsterem Blick die Stadt. Dann saßen die beiden in der kleinen Küche und kochten am Herd gemeinsam eine Suppe. Die Unterhaltungen bei diesem Anlass verwirrten Frau W. und strengten sie zunehmend an.

Mehrmals wusste Frau W. zu berichten, dass sie in Zeiten einsamer Schlaflosigkeit, von innerer Unruhe getrieben, nachts zur Eingangstür ihrer Wohnung gegangen war. Sie hätte durch den Türspion geblickt und eine Reihe von Personen vor der Tür gesehen. Die Menschen wollten angeblich in ihre Küche kommen. Sie hätte sie aber nicht herein gelassen. Plötzlich wären die Leute wieder verschwunden. Das wiederholte sich mehrmals.

Dann kam der Tag, an dem die Küchentür wie von Geisterhand plötzlich abgeschlossen war. Frau W. suchte in verschiedenen Schränken verzweifelt nach dem Schlüssel. Die Küchentür blieb zu. Das gemeinsame Kochen mit ihrem Sohn musste von nun an ausfallen.

Wenig später erzählten Nachbarn, da hätten drei Menschen bei Frau W. an der Tür geklingelt. Frau W. hätte geöffnet. Nun würde sie nicht mehr hier wohnen. Offenbar hatte Frau W. zum Telefon gegriffen und um ärztliche Hilfe gebeten.

Niemand kann wirklich wissen, was sich alles in der Gedankenwelt von Frau W. abgespielt hat. Dennoch meint man, es erahnen zu können.

Psychosen sind durch auffallende Eigenschaften gekennzeichnet: Spontaneität im Verhalten und schwer nachvollziehbare, assoziative gedankliche Konstruktionen. Das ungewöhnliche Verhalten und die subjektiven Gedanken, die das erklären sollen, gehen oft Hand in Hand. Wir werden später sehen, dass diese Besonderheit auch bei Psychopathien und Persönlichkeitsstörungen zu beobachten ist.

Wir wollen hier nicht näher auf Psychosen oder Psychopathien eingehen, doch ich möchte erwähnen, dass Schizophrene und Persönlichkeitsgestörte höchst interessante Menschen sind. Sie ziehen viel Aufmerksamkeit und Interesse auf sich, weil andere Menschen versuchen, ihre Gedanken und Motive nachzuvollziehen.

Der Versuch, extreme gedankliche Assoziationen zu verstehen, kann durchaus die Grenzen des Erträglichen überschreiten. Während ich diese Zeilen schreibe, wird in der europäischen Öffentlichkeit kritisch über den radikalen und gefährlichen Norwegers Anders Breivik diskutiert, der für den Tod von 77 Menschen verantwortlich ist. Insbesondere geht es um die Frage, ob es tatsächlich im öffentlichen Interesse liegt, dass man sich in den Medien oder in Gegenwart von Leidtragenden mit den extremen Gedankengebäuden Breiviks beschäftigt.

Manchmal gelingt es, die Gedankensprünge von Psychotikern nachzuvollziehen. Allerdings muss man bereit sein, zumindest vorübergehend den eigenen Bezug zur Welt hintanzustellen. Wann spricht man von einer anderen Realitätswahrnehmung und wann beginnt die Realitätsverzerrung? Wo ist die Grenze zwischen normal und krankhaft?

Die international gültigen Kriterien für Psychosen und Psychopathien werden von Fachleuten festgelegt. Solche Festlegungen mögen nicht immer dem individuellen Empfinden entsprechen und sie werden unter Umständen auch wieder geändert. Dennoch darf sich eine Diagnose nicht an einem individuellen Maßstab orientieren.

## Gewohnheiten können Mitgefühl verhindern

Soziale Signale sind oft einfache Auslöser für soziales Verhalten. Eine ausgestreckte Hand wird in der Regel automatisch ergriffen. Sexuelle Signale, unter denen etliche angeboren sind, lösen – sofern sie nicht zu übersteigert sind – Annäherungsverhalten und sexuelle Reaktionen aus. Erotische Signale wirken oft auf Grund modischer oder kultureller Gewohnheiten. Gerade bei erotischen Signalen kann es durchaus sein, dass sie anziehend wirken, obwohl überhaupt kein sexueller Kontakt erwünscht, sinnvoll oder möglich ist. Wenn dann doch Annäherungsversuche unternommen werden, neigt man dazu zu sagen, dass Liebe blind macht oder sogar dass die Hormone den Verstand ausgeschaltet haben.

Erotische Signale sind in hohem Maße erlernt. Und es gibt tatsächlich einschlägige Lernerfahrungen, die geradezu verhindern, dass ein den erotischen Bedürfnissen angemessenes Sozialverhalten stattfindet. Zahlreiche solcher Fälle hat der Sexualwissenschaftler Krafft-Ebing[97] schon im 19.Jahrhundert gesammelt, in denen die Lerngeschichten teilweise rekonstruiert wurden. Meist geht es um Jugendliche, die einen außergewöhnlichen Reiz in Verbindung mit einer ungewohnten oder heftigen Erregung erleben. In dieser Form überraschende Ereignisse führen meistens zu sehr nachhaltigen Lernerfahrungen.

Stellvertretend für viele sei der Fall eines Fetischisten, des „Schürzenjägers“, dargestellt. Ein 15-Jähriger nahm einmal wohl im pubertären Überschwang eine zum Trocknen aufgehängte Schürze, band sie um und masturbierte. Danach war der Anblick einer Schürze für ihn stimulierend und er wiederholte dieses Verhalten. „Seither konnte er keine

Schürze sehen, ohne den Akt damit zu wiederholen. Sah er jemand, gleichgültig ob Frau oder Mann, mit einer Schürze angetan daherkommen, so musste er nachlaufen. Um ihn von seinen endlosen Schürzendiebstählen zu befreien, tat man ihn mit 16 Jahren zur Marine. Dort gab es keine Schürzen und vorläufig Ruhe. Mit 19 Jahren heimgekehrt, musste er wieder Schürzen stehlen ... In der Folge benützte er ihre Erinnerungsbilder, um gelegentlich Coitus zustande zu bringen oder auch zu masturbieren."

Durch Lernen entstehen Gewohnheiten. Durch Lernen kann auch rücksichtsloses, heterosexuelles Verhalten erworben werden, das ohne Beachtung sozialer Signale und ohne Bezug auf Befindlichkeit oder Gedanken anderer erfolgt. Wir haben schon erwähnt, dass Gewohnheiten wie eine zweite Natur wirken. So ist es kein Wunder, dass Lernerfahrungen die uns von Natur aus mitgegebene Fähigkeit zur Beachtung sozialer Signale völlig überdecken können. Besonders eindrücklich sind in diesem Zusammenhang Fälle von Gewaltverbrechern, denen man schon wegen der Schwere oder Häufigkeit ihrer Taten jedes Mitgefühl abspricht.

Im Jahre 2011 wurde der 65-jährige Maurer Hans-Jürgen Schröder, geschieden und zwei Kinder, wegen fünffachen Mordes angeklagt und wenig später verurteilt. Der maßgebliche Prozessgutachter Peer Briken beschreibt den Werdegang des Täters folgendermaßen[98]: Schröder wächst in einem ärmlichen Elternhaus auf, erbringt schlechte Schulleistungen und wird von Gleichaltrigen oft gehänselt. Er schätzt sich selbst gering ein und ist unsicher. Mädchen gegenüber ist er stark gehemmt, obwohl er nicht schlecht aussieht und gut tanzen kann. Unter dem wachsenden Bedürfnis nach Sex leidet er enorm.

Bald beginnt Schröder sich vorzustellen, wie es wäre, einem Mädchen, das sich nicht wehrt, einfach die Hose herunterzureißen und es zu vergewaltigen. Mit solchen Phantasien masturbiert er. Die Phantasien werden Bestandteil seiner Sexualität. Als er einen Führerschein besitzt, nimmt er gelegentlich Anhalterinnen mit. In deren Gegenwart stellt er sich vor, sie zu vergewaltigen.

Im Alter von 22 Jahren beobachtet er ein Mädchen, das aus einem Bus aussteigt. Sie ist gleich alt wie er. Als er sie sieht, bekommt Schröder eine Erektion. Nun beginnen die Gewaltphantasien übermächtig zu werden. Er packt das Mädchen von hinten am Hals und drückt zu. Die Erektion begleitet diese Tötung. Schröder reißt der Toten den Schlüpfer weg und missbraucht sie. Drei Monate später folgt der zweite Mord nach einem Disco-Besuch, im nächsten Sommer der dritte.

Im Jahr darauf lernt Schröder eine Frau beim Tanzen kennen, die er heiratet. Als diese ein Kind bekommt, sucht Schröder sein viertes Opfer. Schröders Frau beschreibt ihn später so: „Er war im Grunde der Allerliebste. Lebenslustig. Ein Frauentyp." Nach 13 Jahren Ehe beginnt die Partnerschaft zu bröckeln. Schröder nimmt eine Anhalterin mit und vergewaltigt sie. Als seine Erregung abgeklungen ist, entschließt er sich, sie doch noch zu töten. Dies ist sein fünfter Mord und der einzige, den er nach eigener Darstellung vielleicht hätte verhindern können. Das Gericht wird ihn später für alle Morde verantwortlich machen, da es von einer krankhaften Störung ausgegangen ist. Vier Jahre nach dem fünften Mord lässt er sich scheiden und beginnt ein Verhältnis zu seiner Schwägerin. Diese urteilt später so: „Also, ich kann sagen, er war ein zärtlicher Mann."

An diesem Fall kann man sehen, dass mitunter der entscheidende Faktor nicht so sehr ein Mangel an Mitgefühl ist – der bei anderen Gewalttätern viel ausgeprägter sein kann – als vielmehr eine fatale Gewohnheit, die sich über längere Zeit hin entwickelt hat.

# V. Wie es uns gelingt, mitzudenken

## Mein Haustier weiß manchmal genau, was ich denke

Manchmal ist es sinnvoll, das Gleiche zu tun wie andere Menschen, beispielsweise um beim Handzeichnen die Technik des Zeichenlehrers, die er vorführt, zu übernehmen. Das setzt voraus, dass man die Absichten des anderen Menschen erkennt, um sie gemeinsam zu verfolgen[99]. Unter diesen Voraussetzungen kann man zum Beispiel lernen, mit eigenen Gedanken und Bewegungen andere zu imitieren. In einem solchen Fall spricht man vom Imitationslernen. Die Fähigkeit zum Imitationslernen ist nicht nur beim Menschen, sondern bei vielen höheren Wirbeltieren, also bei Vögeln und höheren Säugetieren stark ausgebildet. Wiewohl es dafür gut untersuchte und erstaunliche Beispiele gibt, wollen wir uns in diesem Zusammenhang zunächst einem kleinen Alltagsphänomen zuwenden.

Haustiere wie Hunde oder Katzen erlernen bestimmte, häufiger auftretende Gewohnheitshandlungen ihrer Herrchen oder Frauchen ziemlich schnell, wenn sie eine gewisse Bedeutung für ihr Hunde- oder Katzenleben haben. Zu diesen Gewohnheitshandlungen gehört zum Beispiel das Vorbereiten des Futters oder das Fertigmachen zum Spazierengehen. Besonders bei Hunden gewinnt man oft den Eindruck, dass sie geradezu verstehen, was man sagt. Ein Wort oder eine Geste reichen aus, dass das Tier komplizierte und mitunter sogar ungewohnte Tätigkeiten ausführt.

Die Tatsache, dass das Ziel einer Intentionsbewegung erkannt wird, bedeutet in den geschilderten Fällen keineswegs, dass eben diese Bewegung imitiert werden muss. Die Beobachtung liefert oft nur eine Anregung. Die Tätigkeit selbst erfolgt instinktiv oder gewohnheitsmäßig.

Wenn man also mitunter den Eindruck hat, ein Haustier glaubt zu wissen, was Herrchen oder Frauchen gerade denkt, so verbirgt sich dahinter in der Regel lediglich eine sehr simple Reaktion auf Hinweisreize: Das Haustier beginnt einfach bereits vorauszulaufen, führt eine Routinetätigkeit aus oder setzt sich erwartungsvoll an einen bestimmten Platz. Wie sollte das Tier auch die tatsächlichen Ziele des Menschen nachvollziehen können? Die Orientierung an solchen sozialen Hinweisreizen kann jedoch auch zur Entstehung von schlechten Gewohnheiten beitragen – bei Tier und Mensch.

## Die Schwarmintelligenz

Es gibt viele schlechte Gewohnheiten, auch ohne dass daraus gleich Mord oder Totschlag folgt. Eine dieser im eigentlichen Sinn bösen Gewohnheiten ist die üble Nachrede. Man versteht darunter eine herabwürdigende Behauptung, die man jedoch nicht klar beweisen kann. Solches Verhalten kann zum Rufmord führen. Im Alltag entwickelt sich eine brisante Situation oft dadurch, dass eine abträgliche Meinung aufgegriffen und unhinterfragt weiter verbreitet wird: Klatsch und Tratsch. Von Mitgefühl keine Spur, die heruntergemachte Person kann ja nicht zuhören. Oft genug kommt es zum „bashing“: Einer prügelt, andere machen das nach. Ein Beispiel dafür aus jüngerer Zeit, das viele kennen dürften, ist Folgendes:

Der damalige deutsche Bundespräsident Horst Köhler hatte im Mai 2010 eine Erklärung abgegeben, „dass im Zweifel, im Notfall auch militärischer Einsatz notwendig ist, um unsere Interessen zu wahren, zum Beispiel freie Handelswege, zum Beispiel ganze regionale Instabilitäten zu verhindern, die mit Sicherheit dann auch auf unsere Chancen zurückschlagen negativ durch Handel, Arbeitsplätze und Einkommen." Obwohl die Sicherung von Transportwegen zur Sicherheitsstrategie der Bundesregierung gehört, sprachen einige Politiker abfällig von „Kanonenbootpolitik". Bald kritisierten die Medien Köhlers Befürwortung von offensiven „Handelskriegen". Köhler, der kein Berufspolitiker war, hielt der Kritik nicht stand und trat noch im gleichen Monat als Bundespräsident zurück.

Es kommt erstaunlich häufig vor, dass eine im Grunde unanständige Verhaltensweise, wie das Weitererzählen von beleidigenden Halbwahrheiten, von anderen gerne wiederholt wird. Um den dabei beteiligten psychologischen Funktionen auf die Spur zu kommen, betrachten wir einen einfachen und alltäglichen Fall: Warum gehen wir eher bei Rot über die Kreuzung, wenn das zuvor schon ein anderer getan hat?

Die Antwort auf diese Frage ist schwieriger, als es zunächst scheint. Erstaunlicherweise können Kinder sogar Gewohnheiten nur durch „Abgucken" von ihren Eltern übernehmen. Wie jedoch kann das funktionieren?

In den 60er Jahren des vorigen Jahrhunderts hat der kanadische Psychologe Albert Bandura glaubhaft gemacht, dass das Nachahmungslernen bzw. Lernen am Modell[100], wie er es genannt hat, den gleichen Gesetzen folgt wie jede Art des Lernens am Erfolg. Zwei Faktoren scheinen ausschlaggebend zu sein: Entweder erhofft sich der Nachahmer einen ähnlichen Erfolg zu haben wie der Nachgeahmte oder er verspricht sich zumindest, eine Belohnung vom Nachgeahmten zu bekommen.

In den klassischen Experimenten von Bandura und seinen Mitarbeitern wurde ein luftgefülltes Plastikmännchen verwendet. Dieses konnte leicht herumgeschubst werden. Während Kinder zusahen, spielte ein Erwachsener mit diesem Plastikmännchen, schlug darauf ein, gab ihm Fußtritte und beschimpfte es. Dann konnten die Kinder mit diesem Spielzeug spielen. Die Kinder vollführten die gleichen Handlungen, die sie zuvor beobachtet hatten und verwendeten die gleichen Schimpfworte. Darüber hinaus probierten viele Kinder an dem Plastikmännchen andere Formen aggressiven Verhaltens aus.

Hat Fernsehen den gleichen Effekt, zumal wenn Filme mit Gewaltszenen angeschaut werden? Durchaus. Das ist im Anschluss an die Bandura-Experimente bereits in den 70er und 80er Jahren untersucht worden. Allerdings gibt es Faktoren, die hierbei einen erheblichen Einfluss haben. So steigt die Bereitschaft zu aggressiven Handlungen, die zuvor beobachtet worden sind, insbesondere wenn gewalttätige Filme über einen längeren Zeitraum bevorzugt angesehen werden. Dies trifft vor allem zu, wenn ein beobachteter Gewalttäter letztlich erfolgreich ist, oder wenn sich der Betrachter durch das Ausführen der beobachteten Tätigkeit aus anderen Gründen einen Erfolg erhofft, also gewissermaßen „auf die Idee gebracht“ wurde. Schließlich muss es für das „Ausleben“ der Aggressivität die passenden Gelegenheiten geben.

Kinder, die bereits zu Beginn der Untersuchungen als eher aggressiv gelten konnten, waren besonders empfänglich. Es gab sogar eine Untersuchung, die zeigte, dass in den USA in der Woche nach überregional bedeutsamen Schwergewichts-Boxkämpfen stets die Zahl der Tötungsdelikte anstieg[101].

Der Vollständigkeit halber muss noch eine andere Funktion des Fernsehens erwähnt werden: Im Gegensatz zu einer weit verbreiteten Meinung hat Fernsehen nämlich nicht den gleichen bildenden Effekt wie zum Beispiel Lesen. Die Bilder sind meistens zu perfekt und zugleich zu anspruchslos, als dass man sich mit dem Gesehenen aktiv auseinandersetzen müsste. Fernsehen hat eher die Funktion zu entspannen und zu unterhalten, wobei durchaus ein gelegentlicher Ekel oder Schreck dazugehört.

Unlängst war ich im Kino und sah einen jugendfreien Agentenfilm. Schräg hinter mir saß ein etwa zehnjähriger Junge. Es handelte sich um einen der gängigen Agentenfilme, der kein Klischee ausließ. Da gab es eine Bombe mit einem Zeitzählwerk und wie üblich hoffte man, dass die geniale Hauptfigur die Bombe rechtzeitig entschärfen kann. Selbstverständlich gab es erst einmal Pannen und Zeitverzögerungen, bis endlich die mit Spannung erwartete Durchtrennung der Zündkabel kam. Der Junge hinter mir hatte offenbar bereits Erfahrung mit Filmen, die ganz anders geendet haben. „Schade, dass er nicht in die Luft geflogen ist", rief er aus, sodass es deutlich zu hören war. Kein Mitgefühl? Nein, eben andere Erwartungen.

Insofern ist es nicht verwunderlich, dass in den meisten Untersuchungen zu den Folgen von Gewaltbetrachtung im Fernsehen ein abstumpfender Effekt beobachtet wird, der sich generell gegenüber schwierigen oder unangenehmen

Situationen bemerkbar macht. Personen, die im Fernsehen sehr viel „virtuelle“ Gewalt gesehen haben, reagieren bei realer Gewalt – zum Beispiel bei Boxkämpfen oder wenn sie mit Opfern konfrontiert sind – weniger emotional und auch mit weniger Anteilnahme[102]. Wir sollten also unseren Kindern nicht zu viel Gewalt im Fernsehen und im Computer zumuten!

Nach einem solchen Befund stellt sich die Frage: Kann man auch nicht-aggressives Verhalten am Modell lernen? Selbstverständlich. Es braucht dazu nur Vorbilder, die provoziert werden und sich dennoch zurückhaltend, rational und konziliant verhalten.

Das Nachahmen anderer Menschen und das Übernehmen von Zielen anderer bestimmen den Alltag. Damit denken wir an alle Arten von gesellschaftlicher Konformität und die Übernahme von Moden. Wir werden später noch sehen, dass auch Moralvorstellungen durch Nachahmen übernommen werden und innerhalb von Familien eine Tradition bilden können.

Spätestens an dieser Stelle sollten wir uns der Tatsache zuwenden, dass die Übernahme von kulturellen Regeln, etwa das Grüßen bei der zufälligen Begegnung mit einer bekannten Person oder die Teilhabe am Karnevalstreiben, keineswegs zwingend erfolgen muss. Menschen können aus rationalen Gründen, aus einer Trotzhaltung heraus oder einfach, weil andere Interessen überwiegen, eine Art innere Distanz zu bestimmten tradierten Gewohnheiten aufbauen, etwa zu konventionellen Kleiderordnungen. Mit anderen Worten: Wir müssen keineswegs immer imitieren. Manche Forscher gehen von einer grundlegenden Fähigkeit zum gemeinsamen Verfolgen von Absichten aus. Ein solches

Konzept mag plausibel sein. Es krankt jedoch daran, dass es offen lässt, wann nicht imitiert wird.

Fische besitzen ein sogenanntes Seitenliniensystem, mit dem sie Bewegungen von benachbarten Fischen registrieren können und somit über einfache Reflexe ihre eigene Bewegung der Bewegung von Schwarmnachbarn anpassen können. Das ermöglicht einem Fischschwarm auf eine Vielzahl von Ereignissen erstaunlich angemessen zu reagieren. Als Beobachter möchte man sagen: Der Schwarm reagiert, als wäre er ein einziger Organismus. Die wechselseitige Interaktion der vielen Fische gleicht sogar Ungenauigkeiten in der Reaktion einzelner Schwarmmitglieder aus. Und ähnlich funktioniert es manchmal auch bei Menschen: Informierte Bürger können in Demokratien auf durchaus analoge Weise zu treffsicheren Entscheidungen kommen.

Doch ist keineswegs jede Handlung, die durch die Beobachtung anderer Menschen ausgelöst wird oder die von anderen gebilligt wird, bereits eine sozial nützliche Handlung. Betrachten wir dazu ein einfaches Beispiel aus dem Tierreich.

In seinem berühmten Film über Problemlöseverhalten bei Schimpansen hat der spätere Gestaltpsychologe Wolfgang Köhler 1914[103] dokumentiert, wie einige Schimpansen sich bemühen, eine in ziemlicher Höhe angebrachte Banane zu erreichen. Einer der geschicktesten Schimpansen war Sultan, Köhlers Lieblingsaffe. Der durfte jedoch bei diesem Experiment nur zusehen und nicht mitmachen.

Als die Tiere die Banane entdeckten, begannen sie, Kisten aufeinander zu stapeln, auf die sie kletterten. Oben stellten sie sich schließlich zweibeinig hin, um mit ausgestreckter Hand die Banane zu fassen. In einer der Filmszenen sieht man, wie Sultan im Vordergrund hockt und die

Aktion offenbar aufmerksam verfolgt. Als eine der Schimpansenfrauen den Kistenstapel erklettert hat, streckt der zusehende Sultan seinen rechten Arm unwillkürlich nach oben – übrigens ohne dass seine Artgenossin dies hätte sehen können.

Sultans Reaktion hatte offensichtlich nichts mit Mitgefühl zu tun. Aber vielleicht hat er mitgedacht? Nun wollen wir an dieser Stelle nicht über die Gedanken von Schimpansen spekulieren. Wir brauchen es aber auch nicht, denn es gibt eine andere Erklärung. Effekte dieser Art hat als erster der englische Physiologe und Neurologe William Carpenter[104] beschrieben. Nach ihm werden unwillkürliche Mitbewegungen bei der Beobachtung von Bewegungen als Carpenter-Effekte bezeichnet. Manchmal kommt es auch zu einem unwillkürlichen Bewegungsansatz, wenn man sich die entsprechende Bewegung in Gedanken besonders anschaulich vorstellt. Man braucht also nicht unbedingt zu glauben, dass Sultan sich Gedanken darüber gemacht hätte, was im Kopf der Äffin auf dem Kistenstapel vor sich gegangen sein könnte.

Psychologen verstehen unter sozialem Handeln meistens das Tun, das von Mitgefühl und von Perspektivenübernahme geleitet wird. Mitgefühl ist im wörtlichen Sinn die Fähigkeit, sich Gefühle anderer zu eigen zu machen. Im weiteren Sinn kann Mitgefühl zur Folge haben, dass auf Gefühle anderer angemessen reagiert wird. Perspektivenübernahme meint, die Sichtweise oder Perspektive einer anderen Person übernehmen zu können.

Die Mitbewegung von Sultan im geschilderten Beispiel lässt weder auf das eine noch auf das andere schließen. Das hat auch Köhler schon so gesehen, obwohl er große Stücke auf Sultan hielt. Einmal wurde er Zeuge, wie Sultan etwas

Erstaunliches tat. Der Schimpanse hatte gerade beobachtet, wie die Schimpansenfrau Grande zwei Kisten aufeinandergestellt hatte. Nun bemühte sie sich vergeblich, die Banane zu erreichen, und wusste sich offenbar nicht weiter zu helfen. Köhler schreibt: dass Sultan in diesem Augenblick „ seine stille Zuschauerrolle nicht mehr durchführen konnte, eine dritte Kiste aus etwa 12 m Entfernung schnell heranbrachte bis dicht neben dem Bau, und darauf wie selbstverständlich wieder als Zuschauer niederhockte … Was Sultan zu dergleichen treibt, ist nicht der Wunsch, dem anderen Tier zu helfen, zum mindesten nicht dieser als Hauptursache. Wie man ihn vorher dahocken sieht, jede Bewegung des anderen beim Bauen mit den Augen verfolgend, ist gar kein Zweifel, dass der Vorgang ihn sachlich aufs Höchste interessiert, und dass er ihn umso mehr gewissermaßen ‚innerlich mitmacht', je kritischer der Verlauf gerade ist[105]".

In der Evolution hat sich ein solches „inneres Mitmachen" sehr bewährt. Durch „Schwarmverhalten" und andere Formen der Imitation können sich ganz spezielle Verhaltensmuster herausbilden und verbreiten, sofern sie nicht ohnehin genetisch bedingt sind. Traditionen in Tierpopulationen entwickeln sich auf diese Weise.

Tiere können Bewegungen einigermaßen imitieren, und die Imitation orientiert sich an einem Ziel und nicht an einer Bewegung. Menschen hingegen können sich pädagogisch verhalten. Sie können bewusst als Modell auftreten oder anderen Anleitungen geben, wie es ja zwischen Lehrer und Schüler der Fall ist. Wozu hat die Evolution so etwas wie eine *pädagogische Absicht* überhaupt entwickelt?

Zunächst sollten wir uns Folgendes vergegenwärtigen: Der „Lernprozess", der erlaubt, dass evolutive Veränderungen überhaupt entstehen, verläuft über Selektionsmechanismen. Das heißt, Tiere, die gut angepasst sind, geben ihre Gene an den Nachwuchs weiter; die Fortpflanzungslinie der weniger gut angepassten Individuen stirbt aus. Diese Form des „Lernens“ ist also sehr einschneidend. Wenn es in einer Tierart große Gehirne und wegen des erforderlichen Erfahrungsaufbaus eine langsame Entwicklung gibt, wie zum Beispiel beim Menschen, wäre ein ausschließliches „Lernen“ über Selektion für die Art fatal. Die Selektion kann jedoch dazu beitragen, dass es eine Entwicklung dazu gibt, dass Lernmechanismen effizienter werden. Offenbar soll das die Pädagogik leisten.

## Die geheimen Verführer

Was ist überhaupt eine *pädagogische Absicht*?

Bei Affen sieht man mitunter, wie erwachsene Tiere eine Zielbewegung vornehmen, so dass sie von einem Jungtier gut beobachtet werden kann, beispielsweise, wenn sie in eine bestimmte Richtung gehen oder eine Nuss mit einem Stein aufknacken. Dabei achten die Älteren, ob ihnen nachgefolgt wird, also ob das Junge zuschaut oder sogar die gleiche Bewegung macht. Das Wiederholen der Bewegung ermuntert das Junge zum Nachfolgen oder Nachmachen.

An dieser Stelle können wir auf die Beobachtung von Jane Goodall an dem Schimpansen Figan zurückkommen, über den wir schon früher berichtet haben. Figan hatte sich außer Sichtweite einer begehrten Banane begeben – um sie sich später in einem unbeobachteten Augenblick zu holen. Goodall meinte: Figan wollte sich die Banane nicht vom ranghöheren Goliath wegschnappen lassen. Der junge Figan hatte sich gegenüber dem älteren Schimpansen

Goliath in der geschilderten Episode offenbar pädagogisch verhalten: Figan tat nichts, was Goliath zum Nachmachen verleitet hätte. Hätte Goliath auch nur in die gleiche Richtung wie Figan geblickt, so hätte er die Banane entdeckt und sie Figan weggenommen.

Die pädagogische Absicht beinhaltet also im Wesentlichen die Kontrolle darüber, ob die Aufmerksamkeit des Lernenden auf die richtigen Ziele gelenkt ist. Viele Autoren vermuten, dass dazu im Grunde sogar mehrere Funktionen in mehreren Schritten kontrolliert werden müssen[106]. Als Schritte werden dabei angeführt:

1. Aufmerksamkeit erzeugen: Durch „einen Hingucker" wird für die Orientierung der Aufmerksamkeit des Lernenden gesorgt (attention).
2. Interesse wecken: Die erste Aufmerksamkeit soll aufrecht gehalten werden. Durch „etwas Einladendes" soll die Fokussierung auf das richtige Ziel erfolgen (interest).
3. Wünsche entstehen lassen: Nun geht es darum, Engagement hervorzurufen. Durch „das Spannende" bewirkt man eine einschlägige Ressourcenbereitstellung bzw. eine passende Intentionsbewegung (desire).
4. Handlung veranlassen: In der Regel möchte man schließlich, dass eine bestimmte Handlung erfolgt. Durch „etwas Antreibendes" kann die Nachahmung selbst oder eine entsprechende Befolgung in Gang gesetzt werden (action)[107].

Was auch immer man unter pädagogischer Absicht verstehen mag, ein Ziel scheint offenkundig zu sein: Es soll letztlich eine zweckmäßige Nachahmung oder Befolgung stattfinden. Genau das ist auch das Ziel von Werbung.

Abb. 21. Werbung will Fremdes vertraut machen[108]. Sie setzt das Werbeobjekt in eine bekannte bzw. erwünschte Umgebung und verbindet beides durch eine Botschaft. Das kleine Mädchen ist ein Blickfang. Der Blumenkranz und die Haltung erwecken Interesse. Der Wunsch des Mädchens, schöne Schuhe zu tragen, wird erkennbar. Hat man selbst passende Schuhe für den Frühling?[109]

Ein Beispiel von Werbung, das als gelungen gelten kann, sehen Sie in Abbildung 21. Oft genug gelingt Werbung nicht so gut und der Kunde folgt der Aufforderung nicht. Warum das so sein kann, lässt sich am einfachsten anhand des schulischen Lernens verdeutlichen.

Es ist nicht immer leicht, ein guter Pädagoge zu sein. Dieses Problem wird uns bis zum Ende dieses Buches begleiten. In der Schule ist es allein deshalb schwierig, weil nicht das Verhalten eines Lehrers imitiert werden soll, nicht die „Ähs“ beim Erklären und nicht andere gewohnheitsmäßige, aber sachfremde Begleitkommentare. Imitiert werden soll vielmehr die Strategie des Lehrers bei der Lösung ganz bestimmter Probleme, etwa beim Lösen einer Dreisatzaufgabe. Tatsächlich ist es in der Schule oft schwierig, das eine vom anderen zu trennen.

Dennoch taucht immer wieder der Gedanke auf, dass man aus der Wirkung von Werbung etwas für die Pädagogik lernen könne. Dass das nicht so einfach ist, zeigt die folgende Geschichte.

Fort Lee, eine Kleinstadt im amerikanischen Bundesstaat New Jersey, war in den ersten Jahrzehnten des 20. Jahrhunderts die Hauptstadt der Filmindustrie gewesen. Im September 1957 erschien in mehreren amerikanischen Zeitungen ein aufsehenerregender Bericht über ein Ereignis, das sich in einem der Kinos von Fort Lee zugetragen hat. Der Besitzer einer Werbeagentur, James Vicary, hatte während einer Filmvorführung für Coca Cola und Popcorn geworben. Das Besondere war die Art der Werbung und der Erfolg, den er erzielte.

Damals wurden Filme noch analog und über Filmprojektoren vorgeführt, die nur 24 Bilder pro Sekunde zeigen konnten. Vicary hat während der Filmvorführung immer wieder Einzelbilder eingeschaltet, angeblich für eine Dreitausendstel Sekunde, auf denen „Drink Coke" beziehungsweise „Eat Popcorn" zu lesen war. Nach dem Ende der Vorführung wäre der Umsatz von Coca Cola 18 Prozent höher gewesen als normal und der Umsatz von Popcorn wäre sogar um 58 Prozent gestiegen.

Die Aufregung über diese Art von unterschwelliger Werbung war groß. Bis heute verbietet zum Beispiel der deutsche Rundfunkstaatsvertrag Werbung, die auf nichtmerkbarer Beeinflussung beruht. Tatsächlich bestand die geheime Verführung in dem geschilderten Experiment aus einer ganz anderen Art der Verführung. Die Ergebnisse waren nämlich schlicht gefälscht. Eine Vierundzwanzigstel Sekunde entspricht etwa 40 Millisekunden. Diese Darbietungszeit ist lange genug, dass der Zuseher die Schrifteinblendung bemerkt. Sie reicht auch aus, um wiederholt gelernte Signale zu erkennen, also etwa einen Smiley. Das Bild einer Spinne kann in dieser kurzen Zeit bei Angstpatienten Unbehagen erzeugen und ein auf eine Sucht bezogenes Wort kann bei Suchtpatienten Verlangen auslösen. Weitere Effekte dieser Art kennt man in der Psychologie unter dem Begriff „Priming“. Zahlreiche Folgeexperimente zeigten jedoch, dass Bedürfnisse, die nicht vorhanden sind, durch die sogenannte unterschwellige Wahrnehmung auch nicht geweckt werden können.

Die von Vicary zur Vermarktung der geheimen Verführung im Jahre 1957 gegründete Firma musste bereits im Folgejahr Konkurs anmelden. Vicary selbst gab 1962 in einem Zeitungsinterview öffentlich zu, dass das Experiment zur unterschwelligen Wahrnehmung in der oben geschilderten Weise nie stattgefunden hat.

Die eigentliche Verführung bestand darin, dass viele Menschen bis heute den Effekt kurz dauernder, unterschwelliger Wahrnehmungen überschätzen. Mittlerweile kennen wir jedoch einen anderen Mechanismus, der das Erkennen von Zielen und deren Befolgung weitaus besser verstehen lässt, nämlich die Fähigkeit zur Simulation.

## Spiegelzellen: Äußere Nachahmung und innere Simulation

Es gibt Personen, die die Fähigkeit des Nachahmens verloren haben, etwa durch einen Hirnschlag oder durch Alkoholmissbrauch. Der Neurologe Hugo Liepmann[110] untersuchte solche Patienten und prägte für diese Eigenschaft den Begriff der Apraxie. Bei der sogenannten ideomotorischen Apraxie führt eine Schädigung der motorischen Assoziationszentren dazu, dass einfache Gesten oder komplexe Pantomimiken nicht nachgeahmt werden können. Wenn der Arzt beispielsweise seinen Zeigefinder auf die Nase legt und den Patienten bittet, diese Bewegung nachzumachen, scheitert dieser. Insofern kann man davon ausgehen, dass es direkte Verbindungen von Gesten-erkennenden Arealen im hinteren Teil der Großhirnrinde zu den jeweiligen prämotorischen und Gestik-vorbereitenden, frontalen Arealen geben muss.

Tatsächlich lässt sich das inzwischen belegen: Wir kennen unterschiedliche Orte auf der Großhirnrinde, an denen unter bestimmten Bedingungen identische Aktivitätsmuster auftreten, sowohl in hinteren wie in stirnseitig gelegenen Bezirken der Großhirnrinde.

1995 machte Giacomo Rizzolatti von der Universität Parma eine Zufallsentdeckung. Er zeigte, dass ein stirnseitig gelegenes Hirngebiet[111] bei Makaken in gleicher Weise reagierte, egal ob die Affen selbst mit der Hand eine zielgerichtete Bewegung ausführten oder ob sie die Bewegung bei anderen nur beobachteten. Man nannte die entsprechenden Nervenzellen der Großhirnrinde „Spiegelneurone". Rizzolatti und seine Mitarbeiter[112] vermuteten, dass ein entsprechendes Spiegelneuronen-System beim Menschen in einem dazu entsprechenden Hirnareal liegen müsste. Dabei handelt es sich um einen Teil der menschlichen Sprachzentren[113].

Die ersten Befunde bei Menschen, die den Beobachtungen an Affen entsprachen, sind erst wenige Jahre alt[114]. Mittlerweile beschäftigen sich zahlreiche Forscher mit Phänomenen des Spiegelns und Imitierens[115].

Schon bald nach den ersten Veröffentlichungen zum Spiegelneuronen-System wurde argumentiert, dass keineswegs jede soziale Beobachtung zum Nachmachen führt. Vielmehr ginge es ja meistens darum, einen sozialen Sachverhalt erst einmal zu verstehen. Gerade der Befund, dass die menschlichen Entsprechungen für die klassischen Spiegelzellen im Sprachzentrum liegen, weist auf deren Bedeutung für das Sprachverstehen hin. Kann man das „Verstehen" als eine Art unvollständige oder kalte Spiegelung auffassen?

Wenn man zum Beispiel die Mimik einer anderen Person beobachtet, so könnte das durchaus eine Aktivierung der entsprechenden eigenen motorischen Zentren im Stirnhirn zur Folge haben. Bei einer vollständigen Simulation würde nun die betreffende Motorik in Gang gesetzt werden. Diese Motorik würde so lange einer Kontrolle unterliegen, bis das Bewegungsziel erreicht ist – das heißt, bis man selbst die gleiche Gesichtsbewegung ausgeführt hat wie die Person gegenüber. Die Kontrolle, ob das Ziel erreicht ist, erfolgt durch eine automatische Rückmeldung der Sinnesorgane, vor allem durch das Körpergefühl. Zum Entstehen des Gefühls muss die Simulation jedoch gar nicht vollständig sein.

Es gibt ein Alltagsphänomen, das den Schlüssel zum Mechanismus des Mitgefühls liefern kann, soweit es auf einer Art Simulation beruht. Angenommen, eine Person sitzt in einem Bahnabteil und der Zug hält gerade an einem Bahnhof. Die Person blickt aus dem Fenster und erkennt einen zweiten Zug, der auf dem Nachbargleis steht. Plötzlich scheint sich dieser Zug in Bewegung zu setzen. Unwillkürlich versucht unsere Person darauf zu achten, ob nicht vom eigenen Waggon ein Rütteln zu spüren ist, das darauf hindeutet, dass nicht der Nachbarzug, sondern der eigene angefahren ist.

Die Simulationstheoretiker gehen davon aus, dass bei jeder aktiven Bewegung automatisch eine solche Kontrollaufmerksamkeit im Spiel ist. Diese würde dann schon ausreichen, um zumindest für einen Moment das Gefühl zu erzeugen, man könnte sich bereits bewegt haben, auch wenn es gar keine weitere motorische Aktivität gegeben hat. Es handelte sich vielmehr um eine Art inneres Austesten, wie es sich anfühlen würde, wenn die entsprechende Bewegung selbst gemacht worden wäre.

Angenommen, Sie haben ein zunächst unverständliches Wort gehört. Nun wiederholen Sie das Wort innerlich immer wieder, so als ob Sie es selbst sagen würden. Dabei variieren Sie das Wort, bis Sie erkennen, was gemeint war.

Ein anderes Beispiel: Sie sehen ein Gesicht mit verkniffenem Blick. Unwillkürlich kneifen Sie selbst die Augen etwas zu und meinen plötzlich zu spüren, was in der anderen Person mit dem verkniffenen Gesicht vor sich geht.

Es gibt jedoch Autoren, die von den bisherigen Erklärungen nicht völlig überzeugt sind. Das empathische „Verstehen", so behaupten sie, könne keine bloße sinnliche Erfahrung eines simulierten Körpergefühls sein. Stets würde das Schlussfolgern und eine gewohnheitsmäßige Interpretation, auch in emotionaler Hinsicht, die Hauptrolle spielen[116].

## Mitgefühl und Empathie im Wortsinn

Wie kommen Menschen überhaupt dazu, von *Mitgefühl* zu sprechen, wenn sie eigentlich Interpretationen und Schlussfolgerungen meinen? Nun, im Grunde ist ja das *Gefühl* selbst schon eine Metapher. Es geht um eine Empfindung, die beinahe körperlich fühlbar ist, obwohl keine äußere Einwirkung auf die Körperoberfläche erfolgt und auch noch keine nennenswerten Veränderungen körperinnerer Wahrnehmungen stattfinden. Aber *Gefühle* stehen stellvertretend für zu erwartende Veränderungen[117].

Tatsächlich steht Mitgefühl für die zu erwartenden Gefühle der Sympathie oder des Mitleidens[118]. Man freut sich mit anderen, man trauert mit anderen. Es sind auch Fälle bekannt, in denen Personen ein erstaunlich präzise gespiegeltes Körpergefühl entwickeln. Wenn diese Personen beobachten, dass jemand anderer an einem bestimmten Körperteil berührt wird, empfinden sie diese Berührung selbst an der entsprechenden Stelle. In einem Experiment[119] hatten Probanden das Foto einer Hand vor sich, von der ein Finger am Untergrund fest fixiert war. Sollten die Probanden selbst mit dem entsprechenden Finger reagieren, so war die Reaktionszeit deutlich langsamer, als unter anderen Bedingungen.

An dieser Stelle kann man die Frage stellen, ob es überhaupt sinnvoll ist, Mitgefühl im Sinne von Sympathie oder Mitleid als *pro-sozial* anzusehen und die Entwicklung von Mitgefühl als moralisch wünschenswert zu fordern.

Wegen der erwähnten Rolle des Spiegelns beim *Verstehen* steht es wohl außer Frage, dass ein so verstandenes Mitgefühl eine wichtige Voraussetzung zur Beurteilung sozialer Situationen darstellt. Das Unbehagen, das man selbst beim Anblick eines leidenden Menschen empfindet, mag ein wichtiger Antrieb zu Hilfeleistungen sein. Allerdings ist die Funktion des Spiegelns allein für pro-soziales Verhalten bei weitem nicht ausreichend. Das kann man sich an Beispielen verdeutlichen, in denen Sozialverhalten als hilfreich oder nützlich angesehen wird.

In der klassischen Parabel vom guten Samariter wird von einem Menschen berichtet, der einem anderen aus einer Notsituation heraus hilft, ohne nach weiteren Gründen zu fragen (siehe Abbildung 22). Andere Beispiele liefern etwa Krankenschwestern, die täglich Patienten helfen, ohne deren Schmerzen nachzuempfinden. In solchen Beispielen verhalten sich Personen hilfsbereit, ohne dass dieses Verhalten Mitgefühl im Wortsinn voraussetzt.

Abb. 22. Die Parabel vom Samariter[120]. Samariter und Juden hatten ein schwieriges Verhältnis zueinander. Die Parabel verweist auf Lebenssituationen mit komplizierter Vorgeschichte und sie beschreibt, dass in konkreten Situationen ohne umständliche Vorbehalte kurzentschlossen hilfreich und nützlich gehandelt werden kann.

Den Gedanken, dass Mitgefühl und pro-soziales Verhalten nicht immer etwas miteinander zu tun haben muss, können wir noch weiterspinnen. Immerhin haben wir die Imitation, also das Nachmachen von Aggressionen als eine Ursache für aggressives Verhalten kennen gelernt. Wie leicht lassen sich doch Menschen im Alltag durch unangemessene Verhaltensweisen verleiten, selbst unangemessen zu reagieren. „Wenn du laut wirst, darfst du dich nicht wundern, wenn ich mich aufrege und schreie!"

Unter Umständen können intensive Gewalterfahrungen sogar dazu beitragen, dass Gewalt als „normale" Reaktion angesehen und Strafe gebilligt wird. Derartiges Verhalten kann man nicht richtig mit mangelndem Mitgefühl in Verbindung bringen. Manchmal hat man sogar den Eindruck, dass manche Menschen den Wunsch haben, zu spüren, dass andere leiden.

## Das soll dir ja gar nicht gefallen

Wir werden uns im Folgenden immer wieder mit sogenanntem „un"-sozialem Verhalten auseinandersetzen. Vor allem wenn man derartiges Verhalten nicht bloß als Entgleisung, sondern als eine Eigenschaft einer Person ansieht, gibt es hinsichtlich der Diagnose und der Ursachenforschung durchaus kontroverse Auffassungen. Wir wollen nur einige Facetten von „un"-sozialen Verhaltensweisen beleuchten, die uns helfen, die hier besprochenen Gehirnmechanismen besser zu verstehen.

Vor Gericht hat man immer wieder mit Menschen zu tun, die anderen Gewalt angetan oder Schmerz zugefügt haben, dies offensichtlich mit voller Absicht gemacht haben und Ähnliches immer wieder tun – scheinbar ohne Einsicht. Schon vor über 40 Jahren wurde vermutet, dass manche Mehrfachtäter mit ihren Gewalthandlungen geradezu bezwecken, dass ihre Opfer leiden. Wenn das der Fall ist, könnte es sich um Formen von vermeintlich strafenden Verhaltensweisen handeln. Solche Verhaltensweisen werden bei impulsiven Menschen leicht ausgelöst und, da sich der Erfolg unmittelbar einstellt, ist dieser gleichzeitig eine verstärkende Belohnung[121]. Man spricht auch von *reaktiv-impulsiver* Gewalt.

Was könnten die Ursachen für derartiges, „un"-soziales Verhalten sein? Auf der Suche nach einer Antwort darauf sind mehrere Faktoren im Gespräch. So könnten eigene Gewalterfahrungen im Jugendalter eine Rolle spielen oder auch genetische Veranlagungen.

Im 19. Jahrhundert soll es in Irland eine berüchtigte, gewalttätige Familie mit dem Namen O'Hoolihan gegeben haben, die durch ständige Prügeleien aufgefallen ist[122]. Diese Familie soll den Hooligans, den Rabauken unter den Fußballfans, ihren Namen gegeben haben. Da es sich um eine familiäre Häufung des auffallenden Verhaltens handelte, könnten auch genetische Ursachen im Spiel gewesen sein.

Es gibt zum Beispiel genetische Variationen, welche die sogenannten PAX-Gene betreffen. Das sind übergeordnete Schalter-Gene, die andere Gene an- oder abschalten können. Das PAX-6-Gen[123] unterstützt zum Beispiel die Entwicklung des Nervensystems. Eine sehr selten auftretende, gering aktive Variante dieses Gens führt zu einem deutlich sichtbaren Substanzverlust in der Iris des Auges. Ein solches Irismuster erweckt den Eindruck, als hätten die betroffenen Personen einen „flackernden Blick". Schon mehrfach wurde vermutet, dass bei dieser Variante des Erbguts auch im Gehirn Faserverbindungen schwach ausgebildet sind, vor allem zwischen den Basalkernen und dem Stirnhirn. Wegen der Seltenheit dieser Variante gibt es jedoch nur wenige Untersuchungen dazu. Allerdings werden die betroffenen Personen oft als sozial gestört, unverträglich und verschlossen beschrieben[124].

An dieser Stelle ist es sinnvoll, einen kleinen Ausflug in die Neurochemie des Gehirns machen. Es gibt nämlich genetische Faktoren, die direkt Einfluss auf die Erregungsübertragung zwischen Nervenzellen nehmen. Neuronale Überträgersubstanzen wie Noradrenalin können Erregungsprozesse aufschaukeln lassen[125]. Die Substanz Serotonin wirkt in Nervenverbindungen, die eher einen dämpfenden Einfluss ausüben. Sie schwächt Verhaltensweisen ab, die sonst zu einer Gewaltanwendung führen[126].

Der Stoffwechsel der Überträgersubstanzen, die für aggressionsfördernde Erregungsprozesse im Gehirn verantwortlich sind, unterliegt der genetischen Kontrolle. Zahlreiche neurochemische Forschungen haben sich daher auf Stoffwechselfaktoren konzentriert, die möglicherweise Persönlichkeit und Verhalten in dieser Weise maßgeblich beeinflussen. Ein solches Enzym trägt die Bezeichnung MonoAmin-Oxidase A, kurz MAO-A. Der genetische Code für dieses Enzym liegt auf dem X-Chromosom. Nun haben bekanntlich Frauen zwei X-Chromosomen, Männer hingegen nur jeweils ein X-Chromosom und ein Y-Chromosom. Die Folge ist, dass Varianten dieses Enzyms bei Männern häufiger zum Tragen kommen. Denn tritt ein Fehler auf einem X-Chromosom auf, wird dieser bei Frauen durch das zweite X-Chromsom meist ausgeglichen. Bei Männern geht das nicht.

Tatsächlich gibt es eine Variante der MAO-A, die den Stoffwechsel der Überträgersubstanz Serotonin blockiert und so vermehrt zu aggressivem Verhalten führt. In einer vielzitierten Studie wurden in Neuseeland 442 Männer auf antisoziale Tendenzen untersucht[127]. Von einem Teil der Männer war bekannt, dass sie in ihrer Kindheit körperlich misshandelt oder sexuell missbraucht worden waren. Alle Männer wurden auch im Hinblick auf ihre MAO-A-Varianten untersucht. 163 von ihnen besaßen die Risiko-Variante. Nicht alle Männer mit ausgeprägter Gewalterfahrung waren selbst als antisozial eingestuft worden. Das traf jedoch ausnahmslos für alle zu, die zusätzlich das genetische Risiko besaßen.

Selbstverständlich kann die regulierende Überträgersubstanz Serotonin in ihrer Funktion noch durch andere Faktoren beeinflusst werden. Ein anderer derartiger Faktor, der zur Zeit intensiv untersucht wird, betrifft ein Molekül, das imstande ist, Serotonin in eine Nervenzelle zu transportieren. Solche Transporter-Moleküle sind je nach genetischer Ausstattung unterschiedlich leistungsfähig. Wenig leistungsfähige Transporter-Moleküle sind dafür verantwortlich zu machen, dass man sich leicht bedroht fühlt und Handlungsimpulse schlecht unterdrücken kann[128].

Fassen wir zusammen: Manche Menschen neigen dazu, Gewalt anzuwenden, um dem Gegenüber Leid zuzufügen, wenn sie sich bedroht fühlen oder wenn sie frustriert sind. Diese Neigung hat genetische Grundlagen, wird jedoch nach bisherigen Ergebnissen fast ausschließlich auf Grund eigener Gewalterfahrungen manifest.

## Das wird dich sicherlich interessieren

Negative Erfahrungen in der Kindheit begünstigen oft sozial unangemessenes Verhalten. Für sozial erwünschtes Verhalten sind die bereits früher mehrfach erwähnten Kontrollmechanismen oft bedeutsamer, als es ein Spiegelmechanismus leisten könnte. Doch um Kontrollmechanismen aufzubauen, bedarf es einer Gewohnheitsbildung. Diese kann sich im sozio-kulturellen Kontext entwickeln. Der kulturelle Kontext besteht nämlich aus einer Tradition, die für die Gemeinschaft mutmaßlich hilfreiches oder nützliches Wissen gesammelt hat. Menschliches Lernen ist nicht nur anders, sondern auch effizienter als bei Tieren, und zwar auf Grund einer selbstgenerierten Erfolgsvorstellung. Auch das ist eine Konsequenz von „kultureller Teilhabe".

Betrachten wir beispielsweise Kulturfertigkeiten wie die Handschrift oder das Auswendigkönnen von Gedichten. Man kann darüber diskutieren, wie wichtig solche Fertigkeiten heute noch in der Schule und für das Leben sind. Keinesfalls kann man sie jedoch als biologisch notwendig bezeichnen. Dennoch können die erwähnten Fertigkeiten grundsätzlich innerhalb weniger Jahre erworben werden.

Welche Mechanismen helfen uns, derartige Dinge zu lernen?

Bei Tieren mit hoher Lernfähigkeit hat das Nachahmungsvermögen Konsequenzen von großer Tragweite. So kann es sein, dass bestimmte Verhaltensweisen, die in einer Tiergruppe zufällig häufiger auftreten, immer stärker imitiert und schließlich allgemein üblich werden. Für solche Arten von Traditionsbildung im Tierreich gibt es viele Beispiele: So eignen sich viele Vogelarten bestimmte Gesangsstrophen durch Lernen an, und von Makaken

(Rhesusaffen) auf einer Insel im chinesischen Meer ist seit Jahrzehnten bekannt, dass sie Süßkartoffeln im Meer waschen, bevor sie diese essen.

Solcherlei Traditionsbildung durch Imitation hat mehrere wichtige Eigenschaften, die wir nun näher besprechen wollen. Nehmen wir ein Makakenkind, das seine Mutter dabei beobachtet, wie sie am Meeresstrand hockend eine Süßkartoffel im Meerwasser wäscht, bevor sie diese Kartoffel isst. Es lohnt sich, einmal ausführlicher darüber nachzudenken, was nun geschieht. Gehen wir davon aus, dass das Makakenkind zu diesem Zeitpunkt weder gewusst hat, welche Bewegungen bei dieser Tätigkeit auszuführen sind, noch worauf es dabei im Einzelnen zu achten hat, noch welchen Erfolg diese Prozedur nach sich ziehen wird. Was genau würde das Äffchen durch die Beobachtung lernen? Offenbar würde es zunächst ausschließlich eine Reihe von Handgriffen lernen und sich bei den Einzelbewegungen eher zufällig und sogar ungeschickt verhalten: eine Süßkartoffel in die Hand nehmen, sich zum Strand begeben, die Kartoffel ins Wasser tauchen, an ihr reiben und sie dann essen.

Für alle diese Tätigkeiten dürfte es einen lernverstärkenden Mechanismus geben: Nämlich die Erwartung, dass elterliche Verhaltensweisen nützlich sind, weil sie anscheinend zum Wohlbefinden beitragen. Sollte das Muttertier hierbei eine pädagogische Intention haben (was in unserem Beispiel keineswegs der Fall sein muss), dann könnte auch belohnend wirken, dass die Mutter dem Kind ihre Aufmerksamkeit schenkt. Darüber hinaus mag eine saubere und mit Salzwasser gewürzte Kartoffel auch wohlschmeckend sein. Das merkt das Makakenkind, sobald es die gewaschene Kartoffel in den Mund genommen hat. Von diesem Augenblick an gibt es eine Lernverstärkung durch die Erwartung des Wohlgeschmacks. Man kann davon ausgehen, dass in der Folge die Bewegungen zur Säuberung der Süßkartoffel und die Benetzung mit salzigem Wasser durch den erwarteten Belohnungsanreiz später immer weiter optimiert werden.

Sollte nun unser Makakenkind in Zukunft wieder einmal seine Mutter beim Waschen von Süßkartoffeln beobachten, wird es vermutlich den schon einmal erlebten Wohlgeschmack mitfühlen. Das Makakenkind nimmt nun gewissermaßen wahr, was die Mutter mit ihren Bewegungen bezweckt.

Ein eigenes Erfolgserleben kann durchaus der Ausgangspunkt dafür sein, dass Menschen manchmal denken: „Ich glaube zu wissen, dass dich das interessieren wird!" Allerdings können Zuschreibungen von Interesse und Gefallen auch ohne Erfolgserwartung erfolgen.

Wenn eine Handlung imitiert worden ist, so ist damit keineswegs sichergestellt, dass das Ziel bewusst geworden ist. In menschlichen Kulturen wird häufig imitiert, ohne dass eine Lernverstärkung durch die bewusste Erfolgserwartung erfolgte. So verbreiten sich beispielsweise Kleidermoden, nach einer Initialzündung durch Trendsetter, einfach via Nachahmung. Das Hauptmotiv für Imitation in diesem Bereich dürfte am ehesten in dem Bedürfnis nach gesellschaftlicher Teilhabe zu suchen sein. Wir werden später noch über die Ästhetik des Gewohnten sprechen. Das Streben nach Teilhabe ist sicherlich auch ein Motor für kommerzialisierte Kunst- und Stilrichtungen – wobei die Teilhabe zum Leidwesen vieler Laien oft nur durch Expertenwissen erreicht werden kann. Wenn man Teil der Kunstelite ist, ist auch die Wahrscheinlichkeit größer, Kunstwerke mit Sammlerwert zu erkennen.

Gewohntes gefällt nicht nur, es erzeugt zunächst vor allem Vertrautheit. Man weiß mit hoher Wahrscheinlichkeit, was man zu erwarten hat und was der andere denkt. Es sei denn, der andere ist ein Genie.

## Wie Genies denken

Es war im Jahre 1786, als der Lehrer Büttner in der Rechenklasse der Braunschweiger Volksschule den Kindern das Rechnen beibrachte[129]. Das spielte sich in einem großen Raum mit niedriger Decke und mit anfänglich fast 100 Schülern ab. Um das Durchhaltevermögen beim Rechnen zu üben, ließ Büttner die etwa 9-jährigen Schüler einfach alle Zahlen von 1 bis 100 addieren. Nachdem der Lehrer erklärt hatte, dass die Schüler das Ergebnis auf ihre Schiefertafel zu schreiben hatten und diese anschließend auf den Tisch legen sollten, meldete sich der kleine Carl. „Ligget se'", soll er im Dialekt gesagt haben, was so viel bedeutet wie: „Da liegt sie schon". Auf der Tafel hatte er die Zahl 5050 notiert. Das Ergebnis war richtig. Bis zum Ende der Stunde hatten viele andere Schüler das Ergebnis immer noch nicht errechnet und wurden mit der Lederpeitsche, der Karwatsche, bestraft.

Bei dem kleinen Schnelldenker handelte es sich um den späteren Mathematiker Carl Friedrich Gauß[⊠], der die Formel für die sogenannte Gaußsche Glockenkurve, die wichtigste Statistikformel, entwickeln sollte. Noch in hohem Alter erzählte er gerne die eben berichtete Anekdote.

Wenn man nicht bereits einschlägiges Wissen hat, ist es beinahe unmöglich zu erraten, was ein Experte denkt, wenn er seine Leistungen vollbringt. Der Lehrer Büttner hat sich damals erklären lassen, wie Carl das Ergebnis so schnell wissen konnte. Carl hatte die Ziffern von 1 bis 100 im Kopf zu 50 Ziffernpaaren geordnet. Dabei besaßen jeweils 1+100, 2+99 ... die gleiche Summe zu 101. 50 mal 101 ergibt 5050.

Dass außergewöhnliche Leistungen dieser Art schwer nachzuvollziehen sind, liegt in der Natur der Sache. Dass Wissenschaftler kaum generell erklären können, wie Menschen denken, die extreme Denkprobleme bewältigen, hängt jedoch damit zusammen, dass es mehrere Arten von Genialität gibt. So paradox es klingen mag: Eine der wichtigsten Bedingungen, die zu Hochleistungen beiträgt, geht mit einer Minderentwicklung von Teilen des Gehirns einher. Es gibt Personen, bei denen zum Beispiel eine Hirnhemisphäre Entwicklungsmängel aufweist oder bei denen ungewöhnliche Faserverbindungen vorliegen. Solche Befunde dürften für Autisten charakteristisch sein. Manche dieser Autisten weisen mitunter hohe Begabungen in spezifischen Bereichen auf, sogenannte Inselbegabungen. Sie haben allerdings Probleme bei zahlreichen alltäglichen Handlungen. Unter den Inselbegabten gibt es hervorragende Musiker oder Menschen mit einem unglaublich präzisen, visuellen Gedächtnis. Man bezeichnet solche Personen mit sehr einseitiger Begabung auch als Savants.

Es gibt noch eine andere Voraussetzung dafür, dass Menschen mitunter Beachtliches vollbringen, nämlich ihre Produktivität. Künstler und Wissenschaftler, die sehr produktiv sind, ziehen oft durch die schiere Menge ihrer Produkte Aufmerksamkeit auf sich. Darüber hinaus haben sie auch gute Chancen, gelegentlich wirklich beachtenswerte Leistungen zu erzielen.

Die meisten Experten – und das gilt übrigens meistens auch für sehr produktive Personen und für Savants – erwerben ihre Expertise jedoch durch Lernen. Das bedeutet, dass sie ihre Fertigkeiten erwerben, indem sie sehr viel Zeit für ihre Aneignung aufwenden, die sie ihrem Gegenstand widmen. Es gibt Erhebungen die glaubhaft machen, dass Expertise und Hochleistung einen Zeitaufwand für das Training voraussetzen, der ziemlich unabhängig von dem Metier ist, in dem man seine Fertigkeiten erwirbt. Für Schachgroßmeister, für Klaviervirtuosen, aber auch für hervorragende Wissenschaftler scheint die Faustregel zu gelten, dass sie mindestens 9.000 Stunden trainiert haben.

Wir wollen die Frage, wie man am besten lernt, um geniale Leistungen zu erzielen, hier nicht weiter vertiefen. Es sei nur kurz erklärt, warum sich letztlich die Denkmuster von Experten so sehr von den Denkmustern der Laien unterscheiden. Die Antwort ist einfach: Experten nutzen meistens mehr Gedächtnisorte zur Bewältigung einer Aufgabe als Laien. Die Kontrollfunktionen, die das Stirnhirn auszuführen hat, werden offenbar stärker beansprucht und arbeiten mit anderen Informationen.

Im Jahre 2000 hat sich der damals 27-jährige Gedächtniskünstler Rüdiger Gamm bereit erklärt, bei einem Experiment im Hirnscanner teilzunehmen. Gamm kann hervorragend Kopfrechnen. Er ist kein Autist, hat aber dennoch ein phänomenales Gedächtnis für Zahlen und merkt sich mehrere Tausend (!) Kommastellen der Zahl Pi. Diese enorme Fähigkeit, sich Zahlen merken zu können, benützt er auch zum Rechnen. Unter anderem kann er komplizierte trigonometrische Berechnungen oder mehrstellige Potenz- und Wurzelrechnungen ohne Rechner und ohne Notizen bewältigen. Im Experiment musste Gamm jedoch nur zwei zweistellige Zahlen im Kopf miteinander multiplizieren. Seine Hirnaktivität wurde mit der von Kontrollpersonen verglichen, die das auch konnten, ohne kompliziertere Rechnungen trainiert zu haben[131]. Obwohl die Aufgabe und die präsentierten Lösungen gleich waren, wies Rüdiger Gamms Gehirn wesentlich mehr aktive Orte auf als das Gehirn der Kontrollpersonen.

Eine große Rolle bei gedanklichen Höchstleistungen spielen anschauliche Vorstellungsbilder. Diese beruhen jedoch häufig auf sehr individuellen Assoziationen, die die vorgestellten Sachverhalte bildlich ausschmücken und daher für Außenstehende nur schwer nachzuvollziehen sind. Gedächtniskünstler, die sich zum Beispiel Zahlenreihen merken wollen, verwenden häufig einen Rundweg durch eine ihnen vertraute Stadt oder Landschaft, den sie im Geiste abgehen. Dabei werden die zu merkenden Gegenstände der Reihe nach an verschiedenen Orten deponiert. Später können diese dann mit einiger Übung auf dem gleichen Weg später wiedergefunden werden.

Es ist bekannt, dass Personen, die viel mit Zahlen arbeiten, manchen Zahlen besondere Eigenschaften oder Bedeutungen zuordnen. Ein Paradebeispiel dafür lieferte der Moskauer Journalist Schereschewski. Dieser suchte in den 60er Jahren des vorigen Jahrhunderts den Psychiater Alexander Luria auf, weil er unter einem zu guten Gedächtnis und damit unter einer Flut von Erinnerungen litt, die sich immer wieder aufdrängten[132]. Doch auch diesem „Mann, der nichts vergaß“ unterliefen Fehler beim Erinnern. Schereschewski erzählte, dass er einmal bei einer Gedächtnisvorführung im Geiste das Bild eines Bleistifts (als Stellvertreter für die Ziffer Eins) an einem erdachten Zaun abstellte, um sich später wieder an den Bleistift erinnern zu können. Beim Abruf ging er zwar an dem vorgestellten Zaun wieder vorbei, bemerkte jedoch schlichtweg den dünnen Bleistift nicht. Ähnliches wäre ihm mit einem Ei passiert, das er (als Symbol für die Ziffer Null) im Geiste nachlässig vor einer weißen Wand abgelegt hatte und, weil sich das Ei von der Wand offenbar nicht genügend abhob, später übersah.

Es ist also möglich, überdurchschnittliche Leistungen zu erbringen, wenn man bereit ist, viel Aufmerksamkeit, Vorstellungskraft und vor allem Zeit zu investieren. Es hilft aber auch in hohem Maße, Menschen um sich zu haben, die einem manches erklären, am besten im Gespräch über Fragen und Antworten.

## Sprache verstehen

Eigentlich ist es nur in sehr seltenen Fällen möglich, genau zu erraten, was jemand anderer denkt. Wenn man es trotzdem erfahren will, muss man auf dessen Verhalten und insbesondere auf die sozialen Signale achten. Weil der Gedankenaustausch im menschlichen Miteinander so wichtig ist, haben Vormenschen und Menschen im Laufe der Evolution eine sehr differenzierte Lautsprache entwickelt.

Wir werden hier auf die vielfältigen Sprachfunktionen nicht näher eingehen. Nur ein grundlegender Punkt soll hervorgehoben werden.

Üblicherweise wird zwischen der Fähigkeit, Sprache zu verstehen, und der Fähigkeit zum Sprechen unterschieden. Interessanterweise kommt aber das Verstehen nicht ohne die Funktionen aus, die eigentlich die Motorik beim Sprechen überwachen. Vereinfacht ausgedrückt bedeutet das, dass wir das Gehörte gewissermaßen innerlich nach-

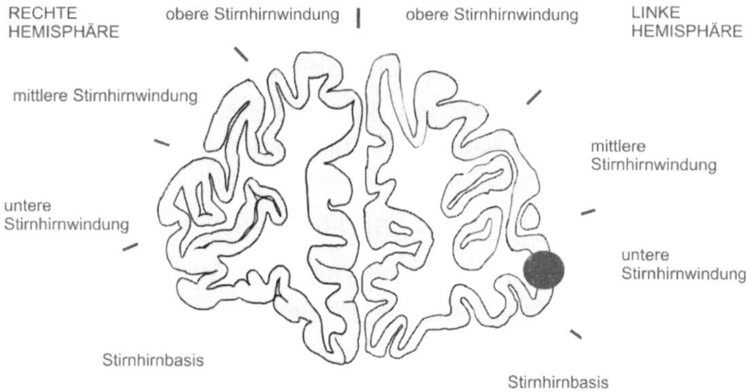


Abb. 23. Ein Sprachareal, das beim Sprechen aktiv ist und Verstehen unterstützt, befindet sich auf der unteren Stirnhirnwindung der linken Hemisphäre. – Die dargestellte Schnittebene liegt etwa 26 mm hinter dem vorderen Hirnpol.

sprechen, um durch diese Simulation ein Gefühl dafür zu bekommen, was das Gegenüber ausdrücken wollte.

Die entwickelte menschliche Sprache hat daher keineswegs nur mit „lautem Denken", sondern auch viel mit Schlussfolgern und dem Herstellen von Analogien zu tun.

Die Überwachung des Sprechens ist eine Funktion des Stirnhirns, die in der unteren Stirnhirnwindung zu lokalisieren ist. Das Sprachareal des Stirnhirns liegt tatsächlich unmittelbar unterhalb des Areals, das wir beim Analogieverständnis erwähnten. Damit sind wir auf unserer Reise durch das Stirnhirn auf der Seitenfläche des Stirnhirns schon ziemlich weit unten angekommen (siehe Abbildung 23). Das erwähnte Sprachareal im Stirnhirn heißt Broca-Areal[133] nach Paul Broca, dem Begründer der empirischen Neuropsychologie. Personen, bei denen das Broca-Areal durch einen Unfall oder ein Blutgerinnsel beschädigt wurde, können nur eingeschränkt sprechen. In der Regel verkürzen sie die Sätze stark, sodass es meistens so klingt wie früher Telegramme, oder so, als ob kleine Kinder sprechen würden. Außerdem haben Broca-Patienten auch Schwierigkeiten, andere Personen zu verstehen, vor allem wenn diese schnell sprechen. Passivkonstruktionen der Art „Die Katze wird vom Hund gejagt" werden oft nicht richtig verstanden, kompliziert gebaute Sätze in der Regel gar nicht.

Sprachgestörte Personen ersetzen die Lautsprache oft durch eine Zeichensprache (siehe Abbildung 24). Allerdings gelten für die Zeichensprache ähnliche Bedingungen wie für die Lautsprache. Verständnis und Produktion wird weitgehend durch die gleichen Hirnteile gesteuert wie bei der gesprochenen Sprache. Eine ausdrucksstarke Gestik kann, unterstützt durch Mimik und Lippenbewegungen, auch

Abb. 24. Hier ein Beispiel aus der amerikanischen Zeichensprache (AMErican Sign LANguage AMESLAN). Die abgebildete Gestik symbolisiert den Begriff „Zuneigung". (Zeichnung: Stefanie Dedek. Hogrefe Verlag [134])

ohne feste Regeln erstaunlich gut verstanden werden. In den Zeiten der Stummfilmproduktion hat man diese Art der zwischenmenschlichen Kommunikation in hohem Maße eingesetzt. Vor allem für vertraute oder an Klischees orientierte, zwischenmenschliche Situationen ist es einem geschickten Regisseur möglich, dem Filmpublikum ganz rasch zu vermitteln, was der Akteur im Film gerade denkt, auch ohne Ton.

Es ist fantastisch zu sehen, über welche Möglichkeiten das Gehirn verfügt, Sprache auch unter ungünstigen Bedingungen zu verstehen. Seit etwa 2003 kursiert ein Text im Internet, dessen Urheber nicht zu ermitteln ist[135]. Er wird immer noch kopiert und taucht auf vielen Webseiten auf. Er lautet folgendermaßen:

Afugrnud enier Sduite an enier Elingshcen Unvirestiät ist es eagl, in wlehcer Rienhnelfoge die Bcuhtsbaen in eniem Wrot sethen, das enizg wcihitge dbaei ist, dsas der estre und lzete Bcuhtsbae am rcihgiten Paltz snid. Der Rset knan ttolaer Bölsdinn sien, und du knasnt es torztedm onhe Porbelme lseen.

Haben Sie den Text verstanden? In diesem Text sind die Buchstaben jedes Wortes durcheinandergeworfen worden. Die Studie, auf die sich der Text bezieht, war eine Doktorarbeit von 1976[136]. Der entscheidende Punkt ist, dass wir beim Lesen meist nicht Buchstabe für Buchstabe vorgehen, sondern Wortbilder erkennen. Dabei geht es in erster Linie um die Wortlänge und die ersten und letzten Buchstaben. Der obige Text ist trotz aller Vertauschungen auf Anhieb verständlich, weil nicht nur die Wortlänge erhalten blieb, sondern auch alle ursprünglichen Buchstaben verwendet wurden. Außerdem war die Botschaft des Textes nicht schwer zu verstehen. Falls Sie den Text dennoch nicht richtig lesen konnten, hier die Normalversion:

Aufgrund einer Studie an einer Englischen Universität ist es egal, in welcher Reihenfolge die Buchstaben in einem Wort stehen, das einzig wichtige dabei ist, dass der erste und letzte Buchstabe am richtigen Platz sind. Der Rest kann totaler Blödsinn sein, und du kannst es trotzdem ohne Probleme lesen.

Man kann sich gut vorstellen, dass das nicht immer so funktioniert. Bei Texten mit seltenen Wörtern, kompliziertem Satzbau oder schwieriger Aussage können bereits kleinere Fehler heillose Verwirrung stiften.

Bei gesprochenen Aussagen ist die Fähigkeit des Gehirns, Fehler zu korrigieren, ebenfalls enorm. Denn auch wenn deutlich gesprochen wird, kann man bei genauerem Hinhören zahlreiche Verschleifungen erkennen, meist bei Endsilben, aber auch bei den Übergängen zwischen den einzelnen Wörtern. Wortgrenzen kann das Gehirn in der Regel nur erkennen, weil es eine genaue Kenntnis der Gestalt und der üblichen Verwendungsweise von Wörtern hat.

Aus feineren Nuancen im Satzbau kann man mitunter Aussagen ablesen, die aus der Wortfolge nicht direkt zu erkennen sind. „Da habe ich gestern einen alten Freund getroffen …“, lässt eine Überraschung erkennen. Ein übliches Treffen könnte dagegen so beschreiben werden: „Ich habe da gestern einen alten Freund getroffen …“ Solche Nuancen stellen in der Regel Personen vor große Probleme, die mit einem einfachen Dialekt aufgewachsen sind oder die entsprechende Sprache nicht als Muttersprache gelernt haben.

Nicht selten gibt es in Aussagen Anspielungen auf Sprichwörter und Metaphern. Solche Anspielungen bereiten vor allem Personen, die aus einem anderen Kulturkreis stammen, in der Regel die größten Schwierigkeiten.

Manchmal hat man den Eindruck, dass der Gesprächspartner einen schlecht oder falsch verstanden hat. Dann wird das Gesagte oft durch Gesten verdeutlicht. Das geschieht nicht nur im Ausland, wenn man die dortige Landessprache schlecht beherrscht. Haben Sie zum Beispiel schon einmal versucht, jemandem zu erklären, was eine Wendeltreppe ist? Sie müssen sich wahrscheinlich schon sehr bemühen, hierzu keine unwillkürliche Handbewegung zu machen.

Regelmäßig wird die Sprache durch eine Sprachmelodie unterstützt. Die Stimme kann hoch oder tief klingen. Hohe Töne erzeugen bei vielen Landtieren große Aufmerksamkeit. Hohe Töne sind meist leise; kann man jedoch einen hohen Ton deutlich hören, muss das schon auf einen ganz besonderen Erregungszustand hindeuten. Hohe, aufmerksamkeitserzeugende Töne sind bei Tieren oft Warnrufe, die mitunter sogar zwischen verschiedenen Tierarten verstanden werden. Vielleicht kennen Sie aus Ihrem Garten die aufgeregten Warnrufe der Vögel, wenn eine Katze vorbei schleicht – Warnrufe von Vögeln verstehen beispielsweise auch Rehe.

Wenn Menschen aufgeregt sind, wird ihre Stimme oft schrill. Noch bemerkenswerter ist, dass sich die Tonhöhe der Sprachmelodie innerhalb eines Satzes und sogar innerhalb eines Wortes verändern kann. Das ist für drei Beispiele in der Abbildung 25 dargestellt. Das gleiche Wort wurde hier dreimal in anderer Betonung und damit in wechselnder Bedeutung gesprochen.

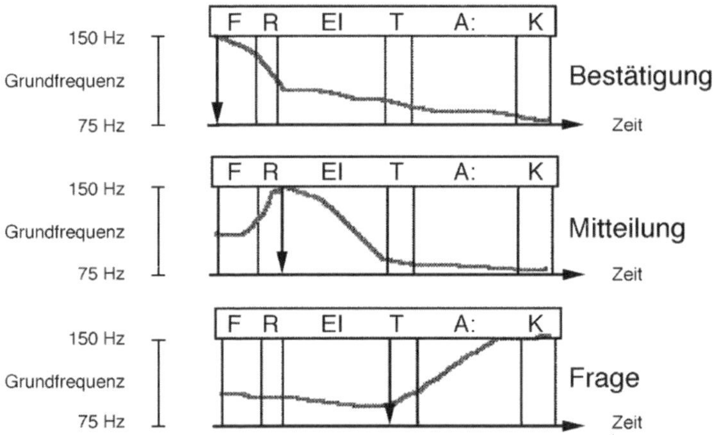


Abb. 25. Durch das Heben oder Senken von Grundtönen beim Sprechen werden Sprechabsichten deutlich. Das Wort „Freitag" wurde einmal als Bestätigung, einmal als neutrale Mitteilung und einmal als Frage ausgesprochen. Im ersten Fall wurde der Grundton im Verlauf des Aussprechens tiefer, im letzten Fall höher. Der Pfeil zeigt den Zeitpunkt der Betonung innerhalb des Wortes an. (aus: Bösel R., Hogrefe Verlag [137])

Unabhängig davon ist die Zusammensetzung der Grundtöne[138] bei verschiedenen Emotionen, wie Zufriedenheit, Zuneigung, Ärger, Niedergeschlagenheit oder Reue unterschiedlich[139]. Emotionen werden allerdings oft zusätzlich an der Mimik des Sprechers erkennbar. So kann es also sein, dass die gewählten Worte, die Sprachmelodie und die Mimik gleichzeitig eine Botschaft über das Befinden einer Person erkennen lassen. Für denjenigen, der das Befinden des Gegenübers verstehen will, wird es jedoch problematisch, wenn gleichzeitig übermittelte Botschaften einander widersprechen.

Menschen, die in schwierigen Umständen mehrere Probleme gleichzeitig im Kopf haben, verhalten sich manchmal uneindeutig. Es können einem ja durchaus verschiedene Gedanken gleichzeitig durch den Kopf schießen. Wenn jeder dieser Gedanken mit einem anderen Befindensausdruck verbunden ist, kann es zu uneindeutigen oder sogar zweideutigen Äußerungen kommen – etwa wenn jemand mit freundlicher Stimme etwas Beleidigendes sagt. Für den Beobachter, der eine solche Person verstehen will, bedeutet das entweder Stress oder Unverständnis. Wenn Kinder von Eltern immer wieder zweideutige Signale bekommen, etwa in barschem Ton hören müssen, wie sehr sie geliebt werden, so hat das auf die Dauer verheerende Folgen[140]. Wir werden auf dieses Thema später wieder zurückkommen.

## Missverständnisse

Selbstverständlich kommt es zwischen Menschen immer wieder zu Missverständnissen, auch wenn sie die gleiche Sprache sprechen.

Vielleicht kennen Sie das folgende Beispiel: Was würde dabei herauskommen, wenn das Bibelzitat[141] „Der Geist ist willig, aber das Fleisch ist schwach" von einem Sprachprogramm übersetzt wird? Die Übersetzung hat angeblich gelautet: „Der Schnaps ist gut, aber das Steak schmeckt fade." Ähnliche Entdeckungen kann man auch bei schlecht übersetzten Bedienungsanleitungen machen. Können Sie sich vorstellen, was geschehen könnte, wenn man ein Goethe-Gedicht von einem Sprachprogramm übersetzen ließe?

Im Original von 1776 lautet Goethes „Wanderers Nachtlied" so:

Über allen Gipfeln ist Ruh,
in allen Wipfeln spürst du kaum einen Hauch;
die Vögelein schweigen im Walde.
Warte nur, balde ruhest du auch.

Man kann dieses Gedicht in eine übliche Übersetzungssoftware eingeben und sie zum Beispiel ins Englische und danach wieder ins Deutsche übersetzen lassen. Der PPROMT Translator[142] liefert dann folgendes Ergebnis:

Über alle Gipfel ruht sich Aus,
in allen Wipfeln fühlen Sie keinen Atem;
die kleinen Vögel sind im Holz ruhig.
Standpunkt nur, balde Sie ruhen sich auch aus.

Allerdings gibt es auch künstlerische Übersetzungen dieses Gedichtes, die von Literaturkennern stammen. Angeblich soll es bereits 1902 eine Übersetzung ins Japanische gegeben haben und wenige Jahre später, als Übersetzung der Übersetzung, aus dem Japanischen ins Französische. Die entsprechende Rückübersetzung ins Deutsche würde sich so anhören[143]:

Stille ist im Pavillon aus Jade;
Krähen fliegen stumm zu beschneiten Kirschbäumen
im Mondlicht.
Ich sitze und weine.

Es ist erstaunlich, wie gut der besinnliche Charakter des Gedichtes unter diesen Umständen erhalten werden konnte. Dieses Beispiel zeigt einmal mehr, dass Gefühle nicht einer einzigen Kultur, sondern allen Menschen gehören.

Uns geht es jedoch um die Funktionen des Stirnhirns, während das vermeintlich Verstandene erkannt und darauf angemessen reagiert wird. In diesem Zusammenhang ist es bedeutsam, dass Sprachforscher den syntaktischen Aufbau (die Oberflächenstruktur) von dem eigentlich Gemeinten (der Tiefenstruktur) unterscheiden. Die Analyse der Syntax, das sogenannte Parsing, liefert den Zugang zum Gemeinten. Die Syntaxanalyse bildet auch die Grundlage für Computerprogramme, die auf syntaktisch richtige Sätze angemessen reagieren sollen.

Zusätzlich braucht man zum alltäglichen Verstehen von Sprache viel Vorwissen über die angesprochenen Dinge. So kann man zum Beispiel mit folgendem Satz experimentieren: „Der Mann mit der Uhr stoppte den Lauf." Soll der beschriebene Sachverhalt mit anderen Worten wiedergegeben werden, so erfolgt dies meist in der Bedeutung: „Der Mann stoppte mit der Uhr den Lauf." Offenbar wurde mit einer Stoppuhr die Laufzeit gemessen. Wer kommt schon auf die Idee, dass ein Straßenlauf ins Stocken kam, weil jemand eine Standuhr über die Straße transportiert. Die oben verwendete Syntax wäre angemessen gewesen.

Kaum Missverständnisse dürfte es beim Verstehen des folgenden Sachverhalts geben: „Peter gibt Anna die Geldbörse. Sie bezahlt die Karten." Das Verb „bezahlen" trägt bereits die Einschränkung mit sich, dass nur Personen eine solche Handlung ausführen können. Diese sogenannte Leerstellen-Eigenschaft verhindert, dass sich das „sie" auf die Geldbörse beziehen kann.

Im Grunde besitzen alle Worte und viele Phrasen eine Leerstellen-Eigenschaft ähnlich der eben beschriebenen. Das führt dazu, dass Gehörtes innerlich rasch umformuliert wird, wenn eine Syntax ungewohnt oder nicht ganz verständlich ist: „Dem Freund wurde vom Händler ein teures Bild verkauft." Hier dürfte ziemlich klar sein, wer wem was verkauft hat. Bei Störungen im Broca-Areal ist dies dagegen keineswegs klar.

Außerdem interpretieren Menschen Eigenschaften von Worten oder Phrasen recht unterschiedlich. Man kennt das Problem zwischen Partnern: Was der eine sagt und der andere versteht, sind zweierlei Dinge. Solche Verständigungsprobleme zeigen sich besonders, wenn Spezial- oder Insiderwissen eine Rolle spielt.

Daher tauchen solche Probleme regelmäßig in der Schule auf, zum Beispiel im Mathematikunterricht. In mathematischen Textaufgaben haben ja Längen- und Zeitangaben meist eine gewisse Bedeutung dafür, wie eine gesuchte Lösung errechnet werden kann. Ist da eine Angabe zu viel vorhanden, werden die Schüler bei der richtigen Formel oft unsicher, und zwar öfter als bei einem komplizierten Satzbau[144].

Sprache dient in erster Linie dazu, die eigene Sichtweise einer anderen Person verständlich zu machen. Wenn nun jedoch in einer Beschreibung verschiedene Perspektiven vermischt werden, so kann das erhellend sein, aber auch zu enormen Verwirrungen führen. Im Folgenden sei ein Sachverhalt beschrieben, für den es in der Praxis keinerlei Verständnisprobleme gibt. Die folgende Beschreibung jedoch wirft Fragen auf, obwohl sie durchwegs zutreffend und vollständig ist.

Drei Gäste sollen in einer Pizzeria je 10 € bezahlen. Sie legen das Geld zusammen und überreichen dem Kellner gemeinsam 30 €. Zurück an der Theke merkt der Kellner, dass nur 25 € zu bezahlen gewesen wären. Er legt die 30 € in die Kasse und nimmt 5 € Wechselgeld heraus. Auf dem Weg zurück zu den noch am Tisch sitzenden Gästen überlegt er sich, dass fünf Euro schlecht auf drei Personen aufzuteilen sind. Diese wären vielleicht auch froh, nur 3 € zurückzubekommen. Also steckt der Kellern zwei Euro ein und gibt 3 € den Gästen zurück. Am Ende hat demnach jeder der drei Kunden nur 9 € bezahlt.

Die Gäste sind zufrieden und der Kellner könnte es auch sein. Dennoch hat er kein gutes Gefühl. Die Gäste haben ja jetzt letztlich gemeinsam 27 € bezahlt. Vom ursprünglich gezahlten Geld hat er selbst hat 2 € eingesteckt. Wo aber ist der restliche Euro der ersten Zahlung geblieben?

Können Sie das Rätsel lösen oder haben Sie bloß das unbestimmte Gefühl, aufs Glatteis geführt worden zu sein?

Nun, an dem Tausch sind drei Orte beteiligt, zwischen denen Geld hin und her geschoben wird: Der Gästetisch, die Kasse und die Tasche des Kellners. Mehrere Geldverschiebungen sind tatsächlich ausgeführt worden, eine nur vorgestellt. Damit offenbart sich die Schwäche der Sprache und auch im Grunde jeder logischen Argumentation. Die geschilderten Handlungen wurden nicht tatsächlich vollzogen, sondern nur vorgestellt. Daher kann man sich nicht völlig sicher sein, ob sie wirklich so geschehen sind.

In unserer Geschichte ist Geld real verschoben worden: zuerst 30 € in die Kasse. Dann wanderten davon 2 € in die Tasche des Kellners und 3 € auf den Gästetisch. Also blieben 25 € in der Kasse. Die Idee, dass die Gäste 27 € in die Kasse bezahlt haben, mag zwar im ersten Eindruck plausibel sein, ist aber nur eine theoretische Konstruktion. Eine theoretische Konstruktion beschreibt jedoch nicht die Wirklichkeit.

Nicht alles, was mit Vernunft gedacht werden kann, entspricht also der Wirklichkeit. Es ist vernünftig, zum Beispiel von Dreiecken zu sprechen. Nirgendwo in der Welt gibt es jedoch ein Ding, das exakt aus drei Kanten und drei Ecken besteht[145]. Denker wie Descartes, Leibniz oder Hilpert waren sich darin einig, dass Logik und Mathematik – so nützlich diese sind – mit Hilfe ihrer Konstruktionen die wirkliche Welt nur holzschnittartig beschreiben können.

Dabei ist es in der Regel so, dass logische oder mathematische Schlussfolgerungen in sich stimmig und auch sehr hilfreich sind. Nur hat man, oft ohne es zu merken, Voraussetzungen gemacht, die gar nicht erfüllt sind. Auch hierzu eine kleine Geschichte.

Nehmen wir an, das Risiko, in einem Flugzeug mit einer Bombe zu fliegen, wäre eins zu Tausend. Dann betrüge das Risiko, in einem Flugzeug mit zwei Bomben zu fliegen, nur mehr eins zu einer Million. Man könnte also bei einer Flugreise die Bombengefahr einfach verringern, indem man selbst eine Bombe an Bord schmuggelt. Es ist dann wohl ganz unwahrscheinlich, dass sich im selben Flugzeug eine zweite Bombe befindet.

Diese Schlussfolgerung kann sogar Mathematiker mitunter kurz ins Grübeln bringen. Warum ist diese Überlegung falsch? Weil man durch eigenes Handeln das Risiko, das durch eine fremde Bombe entsteht, verringern möchte. Unter dieser Bedingung sind die beiden Ereignisse jedoch nicht mehr voneinander unabhängig.

Niemand kann sicher sein, bei seinen Überlegungen alle Randbedingungen beachtet zu haben. Daher darf es in wesentlichen Bereichen keine Schlussfolgerung geben, ohne dass man sich zuvor bemüht hat, alle möglichen Randbedingungen auszuloten. Das gilt auch, wenn man auf die Gedanken anderer Personen schließen möchte.

## Antworten und Verantworten

Manchmal begegnen wir anderen Menschen mit völligem Unverständnis. *Wie konnte der nur so etwas tun! Wie konnte der nur so etwas sagen!* Die Ausrufezeichen mögen darauf hindeuten, dass manches Unverständnis nicht einmal in eine Frage mündet.

Wenn man sich jedoch entschließt, zu fragen, dann ist das oft der Beginn eines längeren Austausches. Wir sprechen hier vom Austausch, weil es in der Regel darum geht, über eine gemeinte Bedeutung in Verhandlungen zu treten, sie also auszuhandeln. In diesem Vorgang des Verhandelns scheint das wesentliche Element vieler kultureller Entwicklungen zu liegen.

Es ist wohl zweckmäßig, dass Menschen sich wechselseitig verstehen. Aber das geht offenbar nicht immer reibungslos. Menschen müssen manchmal auf Fragen antworten, weil sie sonst nicht verstanden werden. Sie übernehmen Verantwortung, um im Zweifel etwas zu rechtfertigen.

Wissenschaftler gehen davon aus, dass jede Handlung durch die gesetzmäßigen Wirkungen von Ursachen verstanden werden kann. Setzt man das voraus, bedarf keine Handlung einer weiteren Rechtfertigung. Außerdem wissen wir, dass Rechtfertigungen, die von Personen im Nachhinein geliefert werden, die tatsächlichen Handlungsgründe oft nur unzureichend offenbaren. Das vorausgesetzt, könnte man in der Regel auf Rechtfertigungen verzichten, weil Menschen die Triebfeder ihres eigenen Handelns ohnehin kaum kennen. Leider kann auch ein Wissenschaftler Handlungen im Einzelfall weder mit absoluter Genauigkeit vorhersagen noch deren Ursachen rekonstruieren. Solange das Gegenstände der physikalischen Umwelt betrifft, mag diese Unsicherheit hinnehmbar sein. Beim engeren Zusammenleben mit Menschen merkt man schnell, dass man diese nicht wie zufällig sich bewegende Gegenstände behandeln kann. Wenn ein Kind in der Schule zu sehr stört, wird der Lehrer versuchen, mit den Eltern über Ursachen und Konsequenzen zu sprechen.

Es gibt Erkenntnisgrenzen, die in der Einzigartigkeit jeder Person begründet sind und die augenscheinlich jedes menschliche Verhalten mitunter sehr individuell erscheinen lassen. Es ist nicht möglich, die Summe aus den genetischen und erfahrungsbedingten Voraussetzungen einer Person für den Augenblick einer Interaktion ausreichend zu erfassen. Auch mag die Grenze dieser Erkenntnis dazu geführt haben, dass der Begriff der *Seele* von vielen Psychologen als sinnvoll für ihre Profession angesehen wird, wenn auch als ein höchst flüchtiges Konstrukt.

Zwar sind Wissenschaftler bemüht, ihre Vorhersagen durch immer genauere und kompliziertere Modelle zu verbessern. Doch solche theoretischen Überlegungen sind für die Realität nicht tauglich, ebenso wenig wie die Annahme, dass ein Mensch einen anderen wirklich verstehen kann. Der wissenschaftliche Reduktionismus hat seine Grenzen. Alle Kausalketten, die im Einzelfall für das wissenschaftliche Verständnis vorausgesetzt werden müssen, werden nämlich in der Praxis nie im Detail gleichzeitig evident. Das ist der Grund, warum wir – so paradox das auch klingen mag – davon ausgehen müssen, dass Menschen tatsächlich spontane Wesen sind, auch wenn ihr Handeln nur mit Hilfe von Ursache-Wirkungs-Beziehungen zutreffend beschrieben werden kann. Wir können gar nicht anders, als so miteinander umzugehen, als könnte jeder frei entscheiden. In dieser sozialen Wirklichkeit sind wir tatsächlich willensfreie Akteure.

Theoretisch können wir alles verstehen, faktisch ist das unmöglich: Dieser Widerspruch war in der Menschheitsgeschichte spätestens mit dem Beginn der Schauspielkunst bekannt. Ebenso wussten die Menschen spätestens seit der Antike, dass dieser Widerspruch in der menschlichen Kultur durch zwischenmenschliche Kommunikation aufgelöst werden kann.

Der wohl ursprünglich aus dem Griechischen stammende Begriff *Person* meinte immer nur den Träger einer Bedeutung oder einer Rolle. Die Eigenschaften von Personen und ihren Handlungen wurden also als Gegenstand von sozialen Zuschreibungen verstanden. Das Tun wird im kulturellen Umfeld bewertet. Diese Sichtweise wird auch heute noch in der Psychologie vertreten. Eine solche Rekonstruktion persönlicher Handlungen im kulturellen Raum ist Gegenstand der Psychologie. Die Psychologie setzt stets voraus, dass es den Forschungsgegenstand *Person* gibt. Dieser Gegenstand kann auch im Verlauf naturwissenschaftlicher Forschung nicht in Frage gestellt werden.

Insofern kann auch im Rahmen neurokognitiver Forschung die sogenannte Willensfreiheit gar nicht ernsthaft in Frage gestellt werden, wie es heute oft geschieht. Aus psychologischer Sicht ist diese Freiheit eine Rahmenbedingung und damit eine Voraussetzung für das Untersuchungsfeld.

# V. Wofür Mitgefühl wichtig ist

## Was will denn der von mir?

Eine Forschergruppe in Köln hat vor ein paar Jahren ein ganz einfaches Experiment durchgeführt. Personen wurde eine Computeranimation gezeigt, bei der auf dem rechten Bildschirmrand das Bild eines Kopfes auftauchte. Dieser Kopf gehörte zu einer künstlichen Figur, einem Avatar. Die Figur bewegte sich allmählich nach links, bis der Kopf etwa in der Mitte des Bildschirms angekommen war. Nun drehte sich der Kopf in die Richtung des Betrachters und verweilte so einen Augenblick. Dann drehte sich der Kopf wieder zurück, blickte nach links und der Avatar verschwand allmählich am linken Bildrand.

Die Personen, die diese Animation betrachteten, hatten den Eindruck, als überlegte der Avatar, ob er gleich etwas zu ihnen sagen wollte. Bei den Betrachtern wurden tatsächlich die das Selbst repräsentierenden Netzwerke aktiv[146], und zwar in den zur Mitte hin gelegenen Stirnhirnteilen[147]. Darüber hinaus erfolgte bei den Betrachtern der erwähnten Animation gleichzeitig eine Bewertung der Situation. Das war erkennbar, weil auch basale Netzwerke des Stirnhirns aktiv waren. Damit sind wir bei unserer Reise durch das Stirnhirn also bereits bis zur Stirnhirnbasis gelangt. Da die von hier aus kontrollierten Funktionen gerade für empathische Verhaltensweisen bedeutsam sind, werden wir uns mit der Stirnhirnbasis im Folgenden noch genauer auseinandersetzen.

Bei einer bestimmten Variation der Versuchsanordnung – nämlich wenn der Blick des Avatars mehrere Sekunden unverwandt auf den Betrachter gerichtet blieb – bewerteten einige Betrachter die Kopfwendung als geradezu aggressiv.

Freilich ist die Bewertung einer sozialen Handlung noch von anderen Faktoren abhängig. Insbesondere gibt in der Regel die Mimik Auskunft über eine freundliche, neutrale oder aggressive Art, Kontakt aufzunehmen. Auch das Werbebeispiel in der bereits früher gezeigten Abbildung 21 sendet – trotz der eigentlich gar nicht eindeutigen sozialen Signale – eine eindeutige Botschaft aus. Die Bedeutung einer Geste oder eines Gesichtsausdrucks ist jedoch keineswegs immer einfach zu identifizieren. Oft ist die Deutung mit Stress verbunden.

Vielleicht erinnern Sie sich, dass wir erwähnten, wie Kinder bei uneindeutigen und vor allem bei mehrdeutigen Botschaften unter Stress geraten können. Im Vordergrund steht bei den Betroffenen die Frage: *Was wollen die denn von mir?*

Für ein Experiment wurden einmal Videos angefertigt, wo ein Mann über ein trauriges Erlebnis berichtete. Während in einer Aufnahme der Sprecher zu der Geschichte ein trauriges Gesicht zeigte, wurde in einer anderen Sequenz der selbe Sprecher bei der selben Geschichte mit fröhlichem Gesichtsausdruck gezeigt.

Versuchspersonen sahen sich diese Videos in einem Hirnscanner liegend an. Unter der Bedingung, dass die Mimik nicht zum Inhalt der Geschichte passte, ähnlich wie bei der Begegnung mit einem Avatar, war der basale Teil der zur Mitte hin gelegenen Stirnhirnteile aktiv[148].

Das Erkennen von Mimiken setzt eine sehr feinteilige Analyse von Gesichtsmerkmalen voraus. Wegen der hohen Bedeutung der Gesichtserkennung stehen für solche Analysen in schläfennahen Teilen der Großhirnrinde sehr ausgedehnte Netzwerke zur Verfügung. Allerdings beruht die Mimikerkennung auf der Veränderung von oft nur wenigen Merkmalen. Das zeigt sich auch in Cartoons: Mimiken kann man schon an einfachen Strichzeichnungen ablesen. Hat ein Mensch also bereits Gesichtsmerkmale analysiert, so ist die Zuschreibung eines emotionalen Ausdrucks für die Informationsverarbeitung in der Regel nicht allzu aufwendig. Ohne aktives Zutun lernen wir das schon in frühester Kindheit. Bereits zu Beginn der Analyse im Gehirn erlauben direkte Verbindungen zu den Mandelkernen eine Bewertung des Gesichtsausdrucks. Diese Bewertung ist, was Basisemotionen wie Angst, Ärger oder Freude betrifft, zu einem großen Teil angeboren und wird bei der Deutung des Ausdrucks von Mischgefühlen durch Lernerfahrungen unterstützt.

Da die Mandelkerne eine besondere Bedeutung im Hinblick auf Vermeidungsreaktionen besitzen, sind viele Studien darüber gemacht worden, wie wir Angst und Furcht erkennen. Wir wissen zum Beispiel, dass auch Personen mit Mandelkernverletzungen die meisten Mimiken erkennen können. Bei Gesichtern, die Angst zeigen, ist die Erkennung jedoch deutlich erschwert. Umgekehrt neigen Personen, die selbst überängstlich sind, bei mehrdeutigen Mimiken dazu, sie als angstvoll zu beschreiben.

Es gibt Personen, die generell Gesichtsausdrücke nicht gut bewerten können. Dazu gehören die bereits mehrfach erwähnten Personen mit dem Asperger-Syndrom. Es gibt auch Berichte dazu, dass gewalttätige Jugendliche die Tendenz haben, neutrale Mimiken sehr häufig als aggressiv zu deuten. Das mag damit zusammenhängen, dass sie in ihrer Erfahrungswelt einfach sehr häufig mit Gesichtsausdrücken konfrontiert waren, die nichts Gutes erwarten ließen. Es kann aber auch sein, dass die starke Aggressionsbereitschaft keine Muße zuließ für eine ausführliche Mimikanalyse.

Wir kennen ein Areal im Stirnhirn, das die Bewertung von Verhaltensweisen und Mimiken überwacht. Die dazu gehörenden Nervennetzwerke liegen ebenfalls in der Stirnhirnbasis, und zwar ziemlich weit vorne. Diese sind bei Kindern mit dem sogenannten Williams-Beuren-Syndrom genetisch verändert[149]. Die Ursache ist in solchen Fällen ein Defekt auf dem Chromosom 7. Die Folge ist, dass diese Kinder bedrohliche Reize im Verhalten anderer Personen nicht beachten und völlig ohne Scheu stets unbekümmert und fröhlich reagieren. Sie halten gerne kleine Reden und sprechen andere Kinder leicht an. Mitunter verhalten sie sich distanzlos. Wenn sie älter werden, duzen sie Erwachsene meistens, auch unter Umständen, wo sie das nicht tun sollten. Verhaltensweisen anderer Menschen, die ihnen fremd vorkommen, werden ungeniert angesprochen oder kritisiert.

Üblicherweise überlegen Menschen, wenn sie mit nicht eindeutigen Mimiken konfrontiert sind, ob der jeweilige Gesichtsausdruck zum Beispiel Angst oder nur Überraschung darstellt. Genau das war Gegenstand einer Untersuchung, bei der Personen Fotos von angsterfüllten und überraschten Gesichtern gezeigt bekamen. Die nicht immer einfache Unterscheidung war von einer Aktivität im basalen Stirnhirn begleitet[150].

Wir haben Gründe anzunehmen, dass bei einer solchen Unterscheidung meist stereotype und starre Urteile gefällt werden. Es handelt sich ja letztlich um Wertzuschreibungen, die unter Umständen überlebensrelevant sein können. Deswegen müssen wir davon ausgehen, dass Urteile, die auf einer Informationsverarbeitung im basalen Stirnhirn beruhen, kaum durch Informationen aus anderen Gedächtnisteilen beeinflussbar sind.

## Informative soziale Signale

Wenn wir eine Unklarheit beseitigen wollen, greift unsere Informationsverarbeitung –

im übertragenen Sinn – gelegentlich nach einem Strohhalm. Da werden oberflächliche Merkmale gedeutet, die manchmal hilfreich sein können oder die man zumindest als Entscheidungshilfe ansieht. Wenn es darum geht, eine Unklarheit zu beseitigen, beachtet man auch gerne soziale Signale. Das wird in vielen Gruppenprozessen deutlich. An dieser Stelle wollen wir nur einen herausgreifen, der das Phänomen des Verstehens und insbesondere der Perspektivenübernahme in den Vordergrund rückt.

Der aus der Türkei stammende Sozialpsychologie Muzafer Sherif[151] hat 1935 an der Columbia University in New York eine Dissertation verfasst. Dabei führte er ein Experiment durch, dessen Ergebnisse später in verschiedenen anderen Anordnungen oft bestätigt wurden. Um das Experiment zu verstehen, muss man wissen, dass das menschliche Auge fast immer mikroskopisch kleine Bewegungen ausführt. Diese merkt man in der Regel selbst gar nicht. Allerdings können diese Bewegungen eine optische Täuschung hervorrufen. Wenn man nämlich in einem dunklen Raum einen Lichtpunkt beobachtet, so hat man nicht etwa den Eindruck, die Augen würden sich bewegen. Vielmehr glaubt man, der Punkt würde sich bewegen. Denn das Licht trifft immer wieder eine andere Netzhautstelle und es sind keine weiteren optischen Bezugspunkte erkennbar, die eine Korrektur dieser Fehlwahrnehmungen zuließen.

Sherif hat also seine Probanden gebeten, in einem dunklen Raum einen Lichtpunkt zu beobachten. Diese hatten nun stets den Eindruck, dass sich der Punkt bewegt. Sie wurden nicht aufgeklärt, dass es sich um eine Scheinbewegung handelte. Jedem Probanden wurde der Lichtpunkt hundert Mal präsentiert und jedes Mal sollte der Proband das Ausmaß der gesehenen Bewegungen schätzen. Für jeden Probanden konnten letztlich 100 Schätzwerte gemittelt werden. Die Mittelwerte waren für jede Person typisch und lagen zum Beispiel für einen Probanden bei 8 Zoll, für einen anderen bei 10 Zoll.

Am nächsten Tag wurden die gleichen Probanden erneut in den Dunkelraum gebeten. Diesmal durften sie das Experiment zu Dritt machen. Wieder sollte jeder einzeln seine Schätzwerte abgeben. Und jetzt kam die Überraschung: Obwohl ja die Messungen am Vortag gezeigt hatten, dass die einzelnen Probanden die Bewegung sehr unterschiedlich sahen, schienen die Schätzwerte nunmehr erstaunlich gleich zu sein. Die Gruppe einigte sich stets rasch auf einen gemeinsamen Beobachtungswert. Nur zur Erinnerung: Der Punkt bewegte sich nicht wirklich, sondern die Bewegungswahrnehmung beruhte auf individuell unterschiedlichen Augenbewegungen. Dennoch urteilten die Personen aus der Gruppe so, als hätten sie alle dieselbe Beobachtung gemacht. Sie hatten trotz der individuellen Unterschiede gewissermaßen einen für die Gruppe gültigen Normwert erzeugt.

Dieses Ergebnis kann man noch als plausibel ansehen. Richtig erstaunlich war das Ergebnis, als Sherif die Anordnung veränderte. In einem zweiten Experiment ließ er das Ausmaß der wahrgenommenen Bewegung zuerst in der Dreiergruppe schätzen. Wie erwartet, gab es für jeden Probanden einen Schätzwert, der der Gruppennorm entsprach. Als dann am nächsten Tag jeder Proband einzeln geprüft wurde, gab es keinerlei individuelle Unterschiede. Vielmehr hielten die Probanden an der Gruppenorm fest, die am Vortag zu Protokoll gegeben worden war – obwohl einige Probanden faktisch eine geringe Scheinbewegung sahen und andere eine größere.

Urteile, die mehrere andere Personen abgeben, scheinen einen enormen Einfluss auszuüben, ohne dass man selbst es merkt. Der Blick des Einzelnen wird häufig durch öffentlich wiederholte Urteile getrübt. Jeder von uns hat schon einmal eine Modetorheit oder ein Vorurteil bedenkenlos übernommen. Das Gleiche gilt beispielsweise auch für weltweit übliche Ernährungsgewohnheiten, die faktisch keinem Zwang unterliegen. *Ist es nicht völlig normal, wenn man im Sommer gelegentlich Eis essen möchte?* Bei der Beschreibung dieses Effektes wurde der Begriff der Norm verwendet. Es ist nur soweit „normal“, im Sommer Eis zu essen, als es eine weitverbreitete Gewohnheit ist. Meist wird die Norm als ein Maß verstanden, das üblich ist oder als Standard wirkt. Offenbar ist Normalität gar nicht so schlecht.

## Wie sehr gefällt die Normalität?

Es gibt aus dem Tierreich Befunde, die belegen, dass intensive Sozialkontakte die Gelegenheit zum Imitationslernen unterstützen. Die soziale Teilhabe bedeutet jedoch keineswegs, dass beobachtete Bewegungen tatsächlich nachgeahmt werden. Das wäre biologisch nicht sinnvoll. Allerdings gehen wir davon aus, dass ein Sinnesreiz nur dann zu einer sinntragenden Wahrnehmung führt, wenn der Reiz „Bedeutung" im Sinne von irgendeiner Handlungsrelevanz trägt. Vereinfacht gesagt: Wir nehmen nur solche Reize wahr, die wir eventuell im Zusammenhang mit Bewegungen verwenden können. Unter dieser Voraussetzung werden viele Bewegungen durch Wahrnehmungen im sozialen Kontext gewissermaßen vorbereitet. Wenn sich solche Wahrnehmungen wiederholen, erfolgen sie immer leichter und schneller.

Psychologische Befunde zeigen: Wahrnehmungen, die häufig gemacht werden, finden auf Grund ihrer Häufigkeit Gefallen[152]. So wird zum Beispiel die Vorliebe für bestimmte Speisen und Getränke häufig durch Gewohnheiten bestimmt. Das heißt aber nicht, dass die häufigsten Reize am stärksten beachtet oder die oft gesehenen Bewegungen am häufigsten nachgeahmt werden. Das Bedürfnis, eine Handlung auszuführen, kann bei ungewohnten Bewegungen durchaus stärker sein als bei gewohnten.

Alltagserfahrungen zeigen, dass der höchste Anreiz etwas zu betrachten oder zu tun, meist von Wahrnehmungen und Tätigkeiten ausgeht, die vom Gewohnten geringfügig abweichen[153]. Junge Menschen, die aus Neugier Dinge anders machen wollen, als ihre Eltern, machen es am Ende oft erstaunlich ähnlich wie diese. Die Eltern sehen hingegen eher die Unterschiede.

Künstler haben mitunter ein hervorragendes Gespür für den Zeitgeist und auch dafür, womit sie Aufmerksamkeit und Gefallen erzeugen. Nur welchen Gesetzmäßigkeiten folgt ein solches Gespür, für das es oft nicht einmal die passenden Worte gibt? Bereits im 19. Jahrhundert bezweifelte zum Beispiel der Psychologe Theodor Fechner[154], dass das „ächte Schöne" bloß Menschenwerk ist. Er sah die Ästhetik in letzter Instanz als von Gott gegeben an[155]. Wir werden gleich sehen, dass man, je nach Sicht auf die Welt, einräumen muss, dass Fechner so Unrecht nicht hatte. Doch wie lässt sich das Dilemma zwischen der Macht der Gewohnheit und dem Reiz des Neuen auflösen?

Man kann sich dem Problem so nähern, dass man das „Übliche" als statistische Norm beschreibt: die Geschwindigkeit, mit der sich Autos in einer Straße bewegen; die Intensität, mit der Mundwinkel beim Lächeln zur Seite gezogen werden; den Weg, den ein Arm bei einer Geste zurücklegt. Weicht etwas zu sehr von der Norm ab, wird es als unangenehm oder sogar beängstigend empfunden. Eine kleinere Abweichung wirkt bemerkenswert oder sogar informativ.

Insofern kann die „interessante" Abweichung als ein Ergebnis eines Prozesses verstanden werden, in dem zufällig verschiedene Möglichkeiten ausprobiert werden, im einfachsten Fall durch ein Hin- und Herschwanken zwischen Extremen. Die Harmonie bzw. die Verständigung wird gewissermaßen allmählich durch ein Aushandeln erzeugt. Erinnern Sie sich an das Ultimatum-Spiel? Wir haben schon erwähnt, dass in der Mikroökonomie derartige Interaktionen als Aushandeln unter ultimativen Bedingungen untersucht werden. Man muss sich nicht in der Mitte treffen. Akzeptabel ist auch ein Verhältnis von etwa 40:60 – zu wessen Gunsten auch immer[156].

Wir hatten von einem Zufallsprozess höherer Ordnung gesprochen und eine Naturkonstante erwähnt, die diesen Prozess beschreibt. Ähnliches mag geschehen, wenn sich die Falken unter den Künstlern zum Beispiel mit extremen Proportionen versuchen und – im Kontrast zu eher biederen Proportionen – um die Gunst des Publikums kämpfen oder wenn ein Künstler zwischen Extremen schwankt. Das Ergebnis dürfte das Gleiche sein, sei es, weil über viele Versuche hinweg statistische Normen erzeugt werden, sei es, weil Künstler nicht frei von verinnerlichten Normen sind. Stets gehorchen die Maßzahlen, die den Abstand zu den Extremen markieren, einer Zufallsverteilung. Und eine solche Verteilung besitzt nach mathematischen Berechnungen stets ein Maximum bei 37 Prozent zwischen den Extremen[157].

Freilich lässt sich Ästhetik nicht immer in einfachen Maßzahlen ausdrücken. Daher greift unser statistisches Modell in den meisten Fällen zu kurz. Oft jedoch präsentiert sich Gefallen tatsächlich als ein statistischer Prozess, weil die Netzwerke des Gehirns die Dinge, die ein Mensch erlebt hat, gut zusammenführen können. Auf Grund ihres Erfahrungsschatzes zu eigenen und fremden Gewohnheiten entwickeln Menschen ein Gefühl für Gutes und Schönes.

Handelt es sich hierbei etwa um ein Schlüsselphänomen, das unter Umständen Effekte von „Hellsehen", „Telepathie" oder „Gedankenlesen" ermöglichen könnte? Leider haben sich alle genauer untersuchten Fälle von Hellsehen als Zaubertricks, Scharlatanerie oder als Zufallstreffer erwiesen. Sofern Experimente zum Hellsehen durchgeführt wurden, beruhten die Ergebnisse auf einer sogenannten *Pseudoempirie.* Das bedeutet, dass die Untersuchungen so angelegt waren, dass gar nichts anderes hatte herauskommen können als ein Hellseheffekt*.

Es gibt in der psychologischen Literatur gelegentlich Hinweise, dass Menschen zutreffende Hypothesen darüber entwickeln können, welche Ziffern oder sogar mehrstellige Zahlen bei anderen Menschen Aufmerksamkeit und Präferenz erzeugen. Ist also eine Art „Wahrsagerei" doch möglich?

Nehmen wir an, jemand soll an eine Zahl zwischen 5 und 10 denken. Würden Sie diese Zahl erraten? Wenn Sie auf die Zahl „7" tippen, liegt die Chance, richtig zu raten, über dem Zufall. Die 7 wird in solchen Fällen eben gerne gewählt und Sie könnten davon eine Ahnung besitzen.

Menschen verhalten sich in vielen Situationen in vorhersehbarer Weise. Wir sind nämlich schlechte Zufallsgeneratoren. Wenn man Reihenfolgen „zufällig" herstellen soll, werden zumeist bestimmte Elemente bevorzugt oder benachteiligt[158]. Eine Reihe gleicher Elemente wird meist vermieden. Ein aufmerksamer Beobachter kann nun weitgehend zutreffende Vorhersagen machen.

Dazu ein weiterführendes Beispiel: Unsere Arbeitsgruppe hat einmal bei einem Tag der offenen Tür ihre Fähigkeit zum „Wahrsagen" in eben genanntem Sinn unter Beweis gestellt. An diesem Tag besuchten etwa 100 Personen unser Institut. Wir kündigten an, dass wir bei jedem Anwesenden nach Abgabe einer Handschriftenprobe die persönlichen Charaktereigenschaften beurteilen könnten. Alle erhielten

* Beispiele für Pseudoempirie liefern die bekannten, veralbernden Bauernregeln. Drei davon können als Gedächtnisstützen für die drei wichtigsten Arten von Pseudoempirie dienen. *Alternativloser Befund:* So ist es eben – immer im Leben. *Immunisierung:* Kräht der Hahn am Mist, wird's Wetter anders oder 's bleibt wie's ist. *Zirkulärer Befund:* Liegt der Bauer tot im Zimmer, lebt er nimmer.

ein Blatt Papier und sollten einen kurzen, vorgegebenen Absatz eigenhändig abschreiben. Die Handschriftenproben wurden eingesammelt und sollten angeblich mit Hilfe eines Computerprogramms automatisch ausgewertet werden. Die Auswertungsmethode sollte später erklärt werden.

Nach einer angemessenen Wartezeit wurden die maschinell erstellten und individuell codierten Ausdrucke mit den Persönlichkeitsgutachten verteilt. Die Teilnehmer wurden gebeten, die Gutachten sorgfältig zu lesen. Anschließend sollten sie mit Noten beurteilen, wie zutreffend sie selbst die Beschreibungen fanden.

Etwa vier Fünftel der Befragten beurteilten ihr Gutachten mit „sehr zutreffend“ und das restliche Fünftel erteilte die Note „gut zutreffend“.

Nun enthüllten wir unser kleines Geheimnis über die verwendete Methode. Wir hatten aus Zeitschriften Ergebnisse sogenannter Persönlichkeitstests herausgesucht und eine Reihe von wenig pointierten Beschreibungen ausgewählt. Aus diesen erstellten wir ein einheitliches Charakterbild für sämtliche Versuchsteilnehmer. Fast alle fanden es für sich selbst passend.

## Antworten und Rückmeldungen sind oft schwer zu verstehen

Kann ein Patient, der im Wachkoma[159] liegt, verstehen was man sagt?

Charakteristisch für das Wachkoma ist, dass die Patienten zwar einen wachen Eindruck machen, auf Ansprechen und Anfassen jedoch nicht reagieren. Großhirnfunktionen sind kaum nachweisbar. Es kommt jedoch vor, dass Wachkomapatienten nach Wochen oder Monaten aufwachen und dass sich die Großhirnfunktionen größtenteils wieder einstellen. Daher kann es sein, dass zumindest ein minimaler Bewusstseinszustand bei einem Teil der Wachkomapatienten fortdauert. Nun gibt es leider keine zuverlässige Bewusstseins-Diagnose für solche Fälle. Aber es gibt Forscher, die sich darum bemühen, und es ist bemerkenswert, an welche Methodik dabei gedacht wird. Wahrscheinlich wird man versuchen müssen, nach einem festgelegten Schema Gehirnreaktionen zu provozieren. Schließlich muss nach ebenfalls festgelegten Kriterien ein Vergleich der Hirnreaktionen zwischen Patienten und Gesunden erfolgen.

An einem Beispiel kann man sich klarmachen, wie das funktionieren könnte. Mehrere gesunde Personen werden im Hirnscanner untersucht. Sie sollten sich vorstellen, wie sie ihre Wohnung betreten und dann langsam von einem Zimmer in das andere gehen. Von diesem Vorstellungsbild wird ein typisches Muster der Hirnaktivitäten aufgezeichnet. Anschließend wird die gleiche Instruktion dem Wachkomapatienten gegeben, der ebenfalls im Hirnscanner liegt. Der Wachkomapatient braucht nicht erkennbar zu reagieren. Aber wenn er die Instruktion verstanden hat und imstande ist, ihr zu folgen, müsste in dessen Gehirn ein Aktivitätsmuster entstehen, das dem typischen Muster entspricht. Tatsächlich konnte eine aufwendige Untersuchung dieser Art bereits mit einigem Erfolg an Wachkomapatienten durchgeführt werden[160]. Allerdings muss dazu noch viel mehr geforscht werden.

Wenden wir uns alltäglicheren Problemen zu, wenn also Personen mit offenem Verhalten agieren. Auch hier ist es oft unklar, was das Verhalten der anderen Person für einen selbst bedeutet. Und warum sind einfache Hinweise oft leichter zu verstehen als ausführliche? Nähern wir uns diesem Problem zunächst mit einem einfachen Beispiel.

Vergegenwärtigen Sie sich doch noch einmal eine Situation des Aushandelns. Wir haben ja schon mehrfach darüber nachgedacht. Das Aushandeln ist eine der Standardsituationen für sozialen Austausch. Angenommen, Sie bekommen ein Angebot für eine Wohnung, die Sie kaufen wollen. Sie überlegen, ob der Preis akzeptabel ist. Im Grunde können Sie ein entsprechendes Urteil nur nach einem Vergleich mit einem Standard, zum Beispiel einem Preisindex, fällen. Es lässt sich zeigen, dass sogar ein fiktiver Standard besser ist, als zu würfeln. Selbstverständlich verbessert jede weitere Beobachtung beziehungsweise jedes weitere Angebot das Werturteil.

Der Biologe Frans de Waal hat viele Untersuchungen an Kapuzineräffchen durchgeführt. Unter anderem wurden die Tiere daran gewöhnt, Kieselsteine als „Geld" zu verwenden. Wenn sie Appetit hatten, konnten die Affen Kieselsteine gegen Gurkenstücke eintauschen. Nun gab es im Untersuchungsraum einen zweiten, benachbarten Käfig, wo andere Affen ebenfalls Kieselsteine als Zahlungsmittel verwendeten. Es kam nun vor, dass ein Kapuzineräffchen aus dem ersten Käfig sah, wie ein Äffchen im zweiten Käfig für die gleiche Währung leckere Weintrauben erhielt. Weintrauben besitzen für Kapuzineräffchen einen höheren Wert als Gurkenstücke. Als das Äffchen des ersten Käfigs für seine Kieselsteine weiterhin nur Gurken erhielt, zeigte es deutliche Anzeichen von Erregung. In der Folge reagierte das frustrierte Äffchen ärgerlich, wenn es für einen Kieselstein nur Gurkenstücke statt Weintrauben erhielt. Es begann mit Kieselsteinen zu werfen und schleuderte gelegentlich sogar eine erhaltene Gurke wieder weg[161].

Verlust, Schmerz oder Verletzungen sind nicht nur mit negativen Gefühlen der Vermeidung verbunden, sondern wirken auch als Strafe. Auffällig an Strafreizen ist, dass sie in der Regel weniger generalisiert werden als die Effekte von Erfolg. Anders gesagt: Ein Spieler empfindet Verluste in einem Glücksspiel eher als Pech. Hingegen schreibt er einen Erfolg leichter dem eigenen umsichtigen oder beharrlichen Verhalten zu.

Entsprechend diesen allgemeinen Regeln wird Lob leichter verstanden als Tadel und ein Lächeln wird leicht als Signal der Anerkennung interpretiert. Lächeln erzeugt meistens ein angenehmes Gefühl, das gewissermaßen den erwarteten Erfolg des Verhaltens vorwegnimmt. Obwohl Misserfolge ebenfalls zum Lernen beitragen und oft sehr nachhaltig wirken, werden Ärgersignale und Strafreize weniger leicht auf das eigene Verhalten bezogen. Sie werden eher auf Eigenschaften von anderen Personen zurückgeführt, in der Annahme, diese würden grundsätzlich auf diese Weise reagieren. Man kennt das beispielsweise von Schülern, die in Gegenwart eines strengen Lehrers ruhig sind, bei einem Lehrer der folgenden Schulstunde jedoch wieder stören[162]. Das hängt damit zusammen, dass Strafen eine Gegenreaktion hervorrufen – Schutz oder Verteidigung. Solche Gegenreaktionen haben mit dem bestraften Verhalten meist nichts zu tun. Sie werden mit dem eigenen Verhalten nicht assoziiert, wohl aber mit dem Verhalten des Strafenden. Es kann vorkommen, dass das unerwünschte Verhalten zukünftig in Gegenwart der strafenden Personen unterlassen wird, sonst aber nicht.

Ich möchte darauf hinweisen, dass Strafe auch aus einem anderen pädagogischen Grund nicht zu empfehlen ist. Je stärker ein Strafreiz ist, desto schwerer kann er mit dem unerwünschten Verhalten assoziativ verbunden werden.

Vielmehr unterbinden harte Strafen Handlungsimpulse generell. Das bedeutet: Harte Strafe behindert Lernen.

Der Erfolg von zwischenmenschlichem Austausch ist oft schwer berechenbar. Auf die gleiche Frage erhält man unterschiedliche Antworten, das gleiche Verhalten führt einmal zum Erfolg, das andere Mal zum Misserfolg. Unter solchen Bedingungen wird selbstverständlich nichts gelernt. Wenn keine zusammenhängenden Erfahrungen gemacht werden können, hat das für den zwischenmenschlichen Austausch weitreichende Folgen. Kinder, die in einer wenig unterstützenden Umgebung aufwachsen, messen sozialen Rückmeldungen kaum einen Wert bei.

Es hat, wie Studien zeigen, bestürzende Folgen, wenn soziales Feedback nicht beachtet wird. Manche impulsive Personen, man nennt sie auch *kognitiv Impulsive*, verhalten sich wie Menschen mit einer Verletzung im unteren Stirnhirn[163]. Die Folge ist, dass diese Personen zum Beispiel nicht imstande sind, in einem einfachen Spiel Gewinne zu erzielen, obwohl es dafür eine simple Strategie gibt, die man leicht durch die erhaltenen Rückmeldungen herausfinden kann. Doch diese Spieler reagieren auf Misserfolge stets überrascht und machen Verluste. Sie können aus den Misserfolgen einfach nicht lernen[164].

Auch wenn wir selbst nicht zu den impulsiven Menschen zählen: Sind es nicht die völlig überraschenden Misserfolge, die zu den Dramen des täglichen Lebens führen?

## Sich nicht verführen lassen

Männern mit einem gewissen Maß an Testosteron im Blut wird gerne nachgesagt, sie würden jede weibliche Freundlichkeit als Ermutigung zum Näherrücken auffassen. Wir wissen schon: Allein schon ein modisches Outfit zieht Blicke auf sich. Nun ist die Sache mit dem Testosteron wahrscheinlich doch komplizierter. Und direkte sexuelle Signale wirken mitunter weniger anziehend als verdeckte, was die Sache ebenfalls nicht gerade einfacher macht.

Wir wollen an dieser Stelle nicht weiter auf die Kunst des Verführens eingehen. Einige Anmerkungen dazu wurden bereits im Zusammenhang mit der „Schwarmintelligenz" gemacht. Hier wollen wir uns damit beschäftigen, aus welchen Gründen soziale Signale falsch gedeutet werden – was im Alltag recht häufig vorkommt.

Zunächst ist festzuhalten: Die Erwartung ist die Mutter des Gedankens. Kleine Hinweisreize in dem, was andere tun oder sagen, veranlassen uns, permanent Erwartungen darüber aufzubauen, was als nächstes geschehen könnte. Das gilt selbstverständlich auch für den Fall, dass jemand einen guten Ratschlag gibt. Wann folgt man einem Rat und wann nicht? Um das zu klären, verlassen wir für einen Augenblick den Alltag und begeben uns in eine Spielsituation.

Wir haben am Ende des vorigen Abschnitts über ein Spiel gesprochen, in dem man Gewinne erzielen kann, wenn man die Rückmeldungen beachtet, die man während des Spielens bekommt. Vielleicht würden sich Personen besser an Gewinn versprechende Regeln halten, wenn man ihnen vorher sagt, wie man sich am besten verhalten sollte.

Im sogenannten Iowa-Glücksspiel hat man vier Kartenstapel vor sich liegen. Die Karten liegen verdeckt. Wenn man eine der vier oben liegenden Karten aufdeckt, so kann man je nach Kartenaufdruck Gewinnpunkte erhalten oder auch bereits erhaltene Punkte wieder verlieren. Die Höhe der Gewinne und Verluste wechselt stark. Dennoch sind die Karten von zwei Stapeln in Summe vorteilhafter als die Karten der anderen beiden Stapel.

In der Berliner Max-Planck-Arbeitsgruppe um Hauke Heekeren[165] machte man Personen mit dem Iowa-Glücksspiel vertraut. Zusätzlich gab man ihnen Gelegenheit, Empfehlungen von anderen zu hören, die bereits gespielt hatten. Meistens waren die Empfehlungen gut, aber es gab auch Fälle, in denen schlechte Ratschläge erteilt wurden. In der Regel wurden die Ratschläge ziemlich genau befolgt, unabhängig davon, ob sie letztlich nützlich waren oder nicht. Die empfohlenen Kartenstapel wurden etwa doppelt so häufig bedient wie die nicht empfohlenen. Das änderte sich auch dann nicht wesentlich, wenn ein Spieler zwischendurch deutliche Misserfolge einstecken musste.

Man folgt einem Ratschlag, wenn man glaubt, dass der angekündigte Erfolg eher eintritt als ein befürchteter Misserfolg. Der so erwartete Erfolg bestimmt das Handeln. Es gibt Lernprozesse, bei denen man mühsam über Versuch und Irrtum lernen muss, welche Verhaltensweise Erfolg bringt. Eine Instruktion, die verstanden wird, verkürzt den Lernprozess oft erheblich. Denn die Erfolgserlebnisse haben sich beim Verstehen gewissermaßen „virtuell" bereits eingestellt und erzeugen die erwähnte Erfolgserwartung.

Allerdings gibt es später wirklichen Erfolg und eben auch Misserfolg. Diese realen Erfahrungen bewirken, vielleicht im Verbund mit Neugierde, dass man nicht immer den anfänglichen Empfehlungen Folge leistet.

Was geht im Gehirn einer Person vor, wenn sie gegen eine Empfehlung handelt? Hat sie ein schlechtes Gewissen? Nicht unbedingt. Es hängt davon ab, ob die Person mit ihrem Tun Erfolg oder Misserfolg hatte.

Wir wollen hier nur den Fall besprechen, in dem eine Person im oben beschriebenen Experiment vom „schlechten“ Kartenstapel gezogen hat und dennoch einen Gewinn erhielt. Unter diesen Bedingungen konnten die Wissenschaftler beim Iowa-Glücksspiel eine starke Aktivierung im basalen Teil der zur Mitte hin gelegenen Stirnhirnteile feststellen. Wir haben dieses Hirnteil bereits im Zusammenhang mit der Frage „Was will denn der von mir?“ kennengelernt. Der überraschende Fall, dass man entgegen den Empfehlungen handelte und dennoch Gewinn machte, besitzt offenbar gewisse Ähnlichkeiten mit dem Fall, wo der Gesichtsausdruck nicht zu dem passt, was gesagt wird. In beiden Fällen ist das gleiche Hirnteil aktiv. Die Frage, die sich der Spieler stellt, bezieht sich nicht auf eine Bewertung des Ergebnisses oder der Handlung. Dafür wären tiefer liegende Stirnhirnteile zuständig. Hier handelt es sich vielmehr um eine Frage, die das soziale Lernen betrifft: *Was hat denn der nun wirklich gemeint?*

Damit haben wir den kritischen Punkt beschrieben, der dazu führen kann, dass eine Empfehlung oder Instruktion an Bedeutung verliert.

Immer wieder stellen sich Schüler derartige Fragen und sie stellen sie immer aufs Neue, soweit didaktische Prozesse stattfinden. Ein Schüler meint, alles richtig gemacht zu haben, doch es klappt nicht. Hat er den Lehrer falsch verstanden oder hat der Lehrer etwas Falsches gesagt?

Merkwürdiger Weise gibt es auch Fälle, in denen bestimmten Personen auch dann vertraut wird, wenn ihre Empfehlung zu einem erheblichen Misserfolg führt. Auch beim Iowa-Glücksspiel ist es ja so, dass man stets ein gewisses Maß an Verlusten in Kauf nehmen muss, um am Ende einen Gewinn erlangen zu können. Training ist hart, aber kann zum Sieg führen. Eine Operation kann eine sehr bittere Erfahrung mit sich bringen. Dennoch nimmt man eine derartige Behandlung auf sich, um gesund zu werden.

Pädagogen haben die Aufgabe dabei zu helfen, dass vorübergehende Schwierigkeiten überwunden werden, damit übergeordnete Ziele in Reichweite kommen. Lernexperimente zeigen, dass die Überwindung von insbesondere schweren Hindernissen die Zuversicht in die eigenen Fähigkeiten erhöht und die Erfolgserwartung steigert. Wir sollten also auf die erstaunlichen Folgen zu sprechen kommen, die es hat, wenn man einem Menschen Mut zuspricht oder ihn auf andere Weise zuversichtlich macht.

Wenn Lehrer Schüler loben, wirkt das höchst motivierend. Wenn Lehrer oder Eltern von einem Kind nur geringe Leistungen erwarten, wird es geringe Leistungen erbringen. Wenn auf einem zugefrorenen See zehn Leute spazieren gehen, wird es dem elften leicht fallen, ebenfalls aufs Eis zu gehen.

Kennen Sie die Geschichte von dem Hemdknopf, den jemand aus Versehen geschluckt hat? Ich weiß nicht, ob sich eine Begebenheit dieser Art tatsächlich so zugetragen hat. Die betreffende Person soll jedenfalls nach dem Verschlucken des Knopfs gleich eingeschlafen sein. Sie hätte gedacht, eben eine Schlaftablette eingenommen zu haben[166].

Die sogenannte Placebowirkung, also die Wirksamkeit eines Scheinmedikaments, ist allgemein bekannt. Weniger bekannt ist, dass allein schon die Gegenwart, die Zuwendung und der gute Ratschlag eines Arztes oder einer Vertrauensperson heilende Wirkung besitzt[167]. So manche Mutter kennt diese Wirkung auf ihre Kinder und kann zu Recht stolz darauf sein.

Auch jetzt wieder wollen wir das Hirnteil benennen, das beim Verstehen einer persönlich bedeutungsvollen Instruktion aktiv ist. Die entsprechende Region[168] liegt im Mittelteil des Stirnhirns unmittelbar hinter jener Stelle, die wir oben im Zusammenhang mit der Kontrolle unerwarteter Effekte erwähnt haben. *Was geschieht jetzt mit mir?*

Die erstaunlichste Eigenschaft des Placeboeffekts ist, dass die Wirkung recht genau der Erwartung entspricht, die der Patient hat[169]. Wenn die Wirkung eines Medikaments bekannt ist, dann wird diese Wirkung auch unter Scheinbedingungen eintreten, jedenfalls bis zu einem gewissen Grad. Es ist bekannt, dass in Kriegszeiten aus Mangel an Medikamenten mitunter nur Salzlösungen als Medizin zur Verfügung standen. Wenn eine solche Lösung bei Schmerzen injiziert wurde, konnten dadurch Schmerzen gelindert werden, obwohl eine Salzlösung physiologisch nicht gegen Schmerzen hilft.

Das alles beruht auf einschlägigen Lernerfahrungen. Überraschenderweise funktioniert der Placeboeffekt auch, wenn man nicht daran glaubt. Wenn man die entsprechenden Lernerfahrungen einmal gemacht hat, spielt die augenblickliche Bewertung des Verfahrens – entgegen einer landläufigen Meinung – keine Rolle. Studenten, die an einem Placebo-Experiment teilgenommen haben, verspüren die vermeintliche Wirkung eines Scheinmedikaments auch dann, wenn sie zuvor über die faktische Wirkungslosigkeit aufgeklärt wurden. Hat eine Creme bereits Schmerzen deutlich gelindert, so tut sie das in der Mehrzahl der Fälle auch dann, wenn man begriffen hat, dass es nur eine Feuchtigkeitscreme ist.

Einmal erlernte Bewertungen beeinflussen uns unglaublich hartnäckig.

Unwillkürlich denkt man an Suchtgefahren, etwa bei einer Spielsucht. Selbsternannte Gurus oder Sektenführer erniedrigen mitunter Menschen oder bringen unter Umständen jemanden in Schwierigkeiten. Wenn dann gelegentlich kleine, reale Erfolgserlebnisse inszeniert werden, motiviert das die Klienten in hohem Maße und sie geraten in Abhängigkeit von ihrem Guru oder von ihrer Sekte. Viele Abhängige und leider auch viele Personen, die sich in Therapie-ähnlichen Abhängigkeitsverhältnissen befinden, haben in ihrer Rolle ein „gutes Gefühl".

## Soziale Signale und Moral

Wenn es um Bewertungen geht, müssen wir uns auch mit Gefühlen beschäftigen. Tatsächlich befinden wir uns ja bei der Besprechung der menschlichen Sozialfunktionen mit der Verortung der zugrunde liegenden Funktionen bereits im unteren Teil des Stirnhirns. Hier existieren zahlreiche Faserverbindungen mit den Mandelkernen.

Eine wichtige Funktion der Mandelkerne ist, dass sie uns helfen, gefährlichen Situationen aus dem Weg zu gehen. Sie unterstützen Vermeidungsreaktionen bei Abscheu, Panik oder Angst. Wenn es bei einer Wanderung durch den Wald hinter uns raschelt, spannen wir unwillkürlich die Muskeln an. Da kann es schon vorkommen, dass Menschen, deren Mandelkerne ihre Funktion eingebüßt haben, eine stark befahrene Autobahn überqueren, obwohl die Gefahr gesehen wird. Die Mechanismen intakter Mandelkerne sind sehr wirksam und haben darüber hinaus die Eigenschaft, lernfähig zu sein. Das bedeutet, dass sie sich rasch und oft unbemerkt auf momentane Lebensumstände einstellen können. Der Rat „Folge im Zweifel deinem Gefühl!“ ist gar nicht so falsch, weil das Gefühl neben den elementaren biologischen Bedürfnissen vor allem Vorsicht und Zurückhaltung signalisiert. In unserer Gesellschaft gilt das Gefühl vielfach als „Ultima Ratio“, wenn rationale Abwägungen nicht mehr ausreichen. Allerdings darf man nicht vergessen, dass es auch Menschen mit geringen Vermeidungstendenzen gibt. Wir werden besprechen, wie wertvoll in genau solchen Fällen alternative Entscheidungsstrategien sind, die auf Grund früher erworbenen Wissens und Erfahrung zustande kommen.

Doch bekanntlich kann ein Gefühl auch trügerisch sein. Das hängt damit zusammen, dass die Mandelkerne in außergewöhnlichen Situationen sehr leicht lernen können, das heißt, rasch konditionierbar sind. Daher entstehen Ängste sehr leicht in Situationen, in denen man einen Misserfolg überhaupt nicht erwartet hatte. Außerdem erhalten die Mandelkerne bereits Zuflüsse aus Gedächtnisteilen, in denen – mangels fortgeschrittener Verarbeitung – noch unvollständige Informationen vorliegen. So reagieren die Mandelkerne bereits auf sehr oberflächliche Merkmale, wie beispielsweise eine kalte, schuppige oder borstige Haut von Tieren. Auch reagieren die Mandelkerne rasch auf den Anblick von offenen Wunden oder auf bestimmte Gerüche. Das alles mag biologisch sinnvoll sein. Es ist beruhigend zu wissen, dass „Alarmmeldungen“ aus den Mandelkernen an Bedeutung verlieren, wenn man sich auf ein anderes Ziel konzentriert. Das ist wichtig, wenn man zum Beispiel verletzten Menschen helfen will. So wird man durch die oft schrecklichen Umstände nicht abgelenkt und kann sich auf die Hilfestellung konzentrieren.

Wenn man über die reagible Art der Mandelkerne Bescheid weiß, möchte man manchmal über eigene Gedanken und Gefühle den Kopf schütteln. Wie das folgende Beispiel zeigt, gibt es viele banale Phänomene des Alltags, die deutlich machen: Erst einmal nachdenken, dann seinen Gefühlen trauen.

Bereits an früherer Stelle[170] hatte ich über ein Erlebnis berichtet, das ich kaum für denkbar hielte, wenn ich es nicht selbst erlebt hätte. Es geht um das merkwürdige Eigenleben der Mandelkerne und es geht darum, dass Filmbilder unter Umständen einen stechenden Geruch verbreiten können. Damals hielt ich mich in einem Medienlabor auf, um einen Videofilm professionell zu überspielen und zu schneiden. Plötzlich hatte ich den Eindruck, dass es in dem Raum stark nach Formalin roch. Formalin ist eine wässrige Lösung von Formaldehyd, die bei der Herstellung von anatomischen Präparaten verwendet wird. Ich versuchte herauszufinden, aus welcher Ecke des Medienraums der Geruch kam. Er war für mich nicht spürbar, wenn ich den Blick gerade auf den Bildschirm richtete, auf dem mein Videofilm zu sehen war. Und er verschwand auch, wenn ich dem Bildschirm den Rücken drehte. Am intensivsten war die Geruchswahrnehmung, wenn ich den Bildschirm mit den Videobildern seitlich in der Peripherie meines Gesichtsfeldes erkennen konnte. Dieses Erlebnis war für einen Augenblick ziemlich gespenstisch.

Der Film enthielt Bilder von Gehirnpräparaten, die ich in Räumen mit starkem Formalin-Geruch aufgenommen hatte. Offenbar hatte sich dieser Geruch bei mir assoziativ mit den visuellen Wahrnehmungen der gefilmten Objekte verknüpft. Diese „unlogischen" Assoziationen konnten sich nicht auswirken, wenn ich meine Aufmerksamkeit direkt auf den Film richtete. Blickte ich hingegen unkonzentriert auf den Bildschirm, wurden die bei der Aufnahme gelernten Assoziationen erlebnisdominant und der Formalingeruch wurde präsent.

Gefühle können also gelernt werden und oft genug kann man sie wider besseres Wissen nicht kontrollieren. Vor allem, wenn sie immer wieder verstärkt werden, können zum Beispiel Gefühle der Ablehnung übermächtig werden. *Ich will und kann das alles nicht mehr aushalten!*

Bedauerlicherweise kommt es immer wieder vor, dass ein neugeborenes Kind tot oder halbtot in einer Mülltonne gefunden wird. Solche Vorkommnisse berühren uns. Man ist entsetzt. In den entsprechenden Zeitungsberichten wird den Müttern, die in diesen Fällen oft sehr jung sind, ein Mangel an jeglichem Mitgefühl vorgeworfen.

Tatsächlich rufen Babys bei den meisten Menschen starke Gefühle hervor. Außerdem riechen saubere Babys gut. Wenn ein Baby stark vernachlässigt aussieht, ist die Empörung groß. Das ist zwar eine verständliche Reaktion. Aber wenn in diesem Zusammenhang von Mitgefühl mit einem Baby gesprochen wird, stellt sich schon die Frage, woher wir meinen, die Fähigkeit zu besitzen, die Gefühle eines Babys zu verstehen. Nehmen wir an, ein Baby schreit. Woher wissen wir, warum es schreit?

Die Antwort ist nicht ganz einfach, da es hierfür mehrere Gründe geben kann. Außerdem gibt es Babys, die zu schwach sind, um deutliche Unlustäußerungen von sich zu geben, aber dennoch Unterstützung brauchen.

Stellen wir uns nun eine Frau vor, die durch ein Baby völlig überfordert ist und mit ihrem Partner oder mit eigenen Problemen nicht zurechtkommt. Hat diese Frau ein mangelndes Mitgefühl, wenn sie auf die Signale ihres Babys anders reagiert, als es eine entspannte und erfahrene Frau tun würde? Wenn eine Mutter in ihrer eigenen Kindheit vernachlässigt wurde, kann es tatsächlich dazu kommen, dass ihr Interesse am eigenen Kind gering ausgeprägt ist. Aber es ist ja nicht zwangsläufig so, dass in Problemfällen die Mutter nicht weiß, wie man mit Kindern umgeht. Nein, hier kommt offenbar eine weitere Komponente der Beurteilung sozialer Signale dazu, die wir am besten als Wertzuschreibung bezeichnen wollen. Es kann ja auch das dritte Kind sein, das der Mutter auf die Nerven fällt. Und obwohl eines zum andern kommt, ist es mitunter letztlich das Verhalten des Kindes, das stört. So gibt es im Leben jeder Mutter Momente, in denen sie wünscht, ihr Kind solle sich doch ganz anders verhalten.

## Ich glaube zu wissen, was du denken solltest

Imitation oder wenigstes Simulation mag eine große Hilfe beim Aufbau einer Theorie über die Gedanken anderer sein. Allerdings kennen wir alle das Phänomen, dass man zwar meint, vorhersehen zu können, was jemand anderer tun wird. Selbst würde man es jedoch anders machen.

Mehr noch: Menschen schreiben anderen Menschen Eigenschaften zu, etwa unehrlich zu sein. Spätestens an dieser Stelle müssen wir erwähnen, dass Psychologen immer wieder folgende merkwürdige Beobachtung machen: Das Verhalten anderer wird meist auf dessen Charakter, das eigene Verhalten eher auf momentane Umstände zurückgeführt. Das hängt damit zusammen, dass über eigenes Verhalten mehr Informationen vorliegen. Die Zuschreibung von Eigenschaften beansprucht das Gedächtnis vergleichsweise wenig.

Dennoch ist die Überbewertung von Eigenschaften bei anderen ein fundamentaler Fehler, den man tunlichst vermeiden sollte[171].

Jemandem Unehrlichkeit zuzuschreiben, ist in der Regel mit einem moralischen Urteil verbunden. Unehrlichen Menschen begegnet man mit Misstrauen, vor allem wenn diese über einen Sachverhalt sprechen, der nicht unmittelbar nachprüfbar ist. Während man nachzuvollziehen versucht, wie ein solcher Mensch denkt, stellt sich gleichzeitig der Gedanke ein, man selbst würde in der gleichen Situation möglicherweise anders denken. Prozesse dieser Art dürften eine wichtige Voraussetzung für die moralische Beurteilung anderer Menschen sein.

Die Fähigkeit zu lügen setzt voraus, zwei mögliche Szenarien gleichzeitig im Kopf bereitzuhalten: den wahren Verlauf und den vorgetäuschten. Auch die Fähigkeit zur Billigung oder Missbilligung braucht zwei Szenarien: das erwartete und das erwünschte Verhalten. Ein Kind quengelt und die Mutter wünscht sich, es würde schlafen. Das eine wird mit dem anderen verglichen und es erfolgt eine Wertung.

Es ist eine Aufgabe des Stirnhirns, Sachverhalts-Repräsentationen aktiv zu halten. Dadurch können gemeinsame Eigenschaften von verschiedenen Sachverhalten entdeckt werden. Wenn die Funktion des Stirnhirns, aus welchen Gründen auch immer, nur unzureichend zur Verfügung steht, werden Sachverhalte meist rasch als unterschiedlich klassifiziert. Insofern ist es leichter, Kritik zu üben oder Nein zu sagen, als Verständnis aufzubringen. Verständnis hieße in diesem Fall, passende Eigenschaften zu suchen. Eltern von Pubertierenden kennen das nur zu gut.

Falls es nicht schon an früherer Stelle deutlich geworden ist: Eine zu starke Beanspruchung des Arbeitsspeichers –

beispielsweise durch allerlei Unbewältigtes wie Stress, Verletzungen, Ärger oder Zeitdruck – kann tatsächlich dazu führen, dass nicht mehr genügend Kapazität für weitere Aufgaben vorhanden ist. Die Arbeitsfähigkeit ist dann generell eingeschränkt. Aus dieser Sicht macht die Empfehlung Sinn, bei Konflikten mit anderen möglichst noch vor Ende jeden Tages Frieden zu stiften. Moralisches Handeln ist also oft mit einer Regel verbunden, wie man sich verhalten sollte.

Kommen wir aber zum moralischen Urteilen zurück.

Wir haben bereits darüber gesprochen, dass moralisches Urteilen an Hand von moralischen Dilemmata untersucht wurde. Personen, die sich zum Beispiel mit dem „Dilemma des schreienden Kindes" beschäftigen, erleben einen Konflikt einfach deshalb, weil es mehrere Lösungsstrategien gibt. In der Schule oder bei moralischen Vorhalten wird meistens der „Verstand" angesprochen. Doch lassen sich moralische Fragen durch vernünftiges Nachdenken beantworten? Genau das versuchen viele Menschen zu tun und kommen zu Strategien, wie man eigentlich denken sollte.

In früheren Kapiteln haben wir erwähnt, dass jeder Mensch in seinen Erwartungen durch zufällige Erfahrungen und mehrfache Versuche geprägt ist. Daraus entsteht eine verinnerlichte Norm und auf dieser Basis werden später Urteile gefällt. Jetzt interessieren wir uns für den Vorgang des Abwägens: Was geschieht, wenn man auf Grund einer Anforderung eine rationale Abwägung vornimmt, also beginnt, gewissermaßen ein Urteil mit sich selbst auszuhandeln?

Eine Vielzahl von Untersuchungen hat sich damit beschäftigt, wie Personen versuchen, beispielweise mit dem sogenannten „Brückendilemma“ zurecht zu kommen. Dieses Dilemma[172] lässt sich durch die folgende Geschichte illustrieren.

Zwei Männer stehen auf einer Brücke, die über eine Gleisanlage führt. Sie beobachten von oben wie drei Kinder, völlig in ein Spiel versunken, mitten auf einem Gleis spielen. Plötzlich sehen sie, dass sich ausgerechnet auf dem kritischen Gleis ein Zug nähert. Auf Zurufe reagieren die Kinder nicht. Allerdings befindet sich genau unter der Brücke eine Handweiche. Diese Weiche ließe sich betätigen, wenn man etwas Schweres hinunter werfen könnte. Da packt der eine Mann den anderen und kippt ihn über das Brückengeländer, sodass der hinunter auf die Weiche fällt. Der Mann, der hinunter fällt, bricht sich das Genick. Aber sein Tod rettet das Leben von drei Kindern. Würden Sie das auch tun?

Die zentrale Frage ist: Welche Bedingungen rechtfertigen die Tötung eines Menschen*? Und wie viel wiegt das Leben eines Erwachsenen gegenüber dem Leben mehrerer Kinder?

Tatsächlich gibt es viele Menschen, die sich auf eine solche Rechnung einlassen. Personen, die beim „Brückendilemma“ Menschleben gegeneinander aufrechnen, beanspruchen ihren Arbeitsspeicher. Untersuchungen im Hirnscanner zeigen eine deutliche Aktivität in der Tiefe der mittleren Stirnhirnwindung[173], genau dort, wo man die entsprechenden Arbeitsspeicherfunktionen lokalisiert[174]. Wir haben diesen Ort im Abschnitt über Metaphern im Zusammenhang mit Analogieverständnis erwähnt. Ähn-

* Beim „Dilemma des schreienden Kindes“ wird hingegen eher ein grundsätzliches Urteil verlangt, ob man in der geschilderten Situation überhaupt ein Kind opfern sollte.

lich wie bei Analogieschlüssen vergleicht man im Kopf die Situationen. In der eben beschriebenen Untersuchung befand sich der beobachtete Aktivierungsherd sogar ganz in der Nähe der Sprachareale. Möglicherweise ist hier sogar eine sprachnahe, also explizite und verantwortbare Schlussfolgerung gezogen worden.

Die meisten Menschen lassen sich jedoch nicht darauf ein, Menschenleben gegeneinander aufzurechnen. Sie folgen dem Grundsatz, dass es absolut nicht gerechtfertigt ist, auch nur ein Menschenleben zu opfern, weil sie auch selbst nicht wollten, von jemand anderem geopfert zu werden. Mehr noch: Der Zweck heiligt nicht die Mittel.

Der Einsatz eines Lebens ist ein hoher Preis, den man nicht bezahlen möchte, wenn es sich um das eigene Leben handelt. Letztlich sind es also biologische Mechanismen, die in Bereichen, wo man es gar nicht vermutet hätte, zum Tragen kommen. Die Folgerungen, die sich daraus ergeben, werden zwar immer wieder anders formuliert, der für das menschliche Miteinander hilfreiche Sinn bleibt jedoch der gleiche: *Wenn du nicht willst, dass man es dir tut, dann füge es auch keinem anderen zu.* Oder: *Liebe Deinen Nächsten wie dich selbst!*

Diese sogenannte Goldene Regel ist in der Menschheitsgeschichte schon sehr früh nachweisbar. Insbesondere gilt die Goldene Regel als das zentrale Postulat des Christentums. Sind moralische Postulate bloß Erfindungen der Kultur? Sind sie Ergebnisse von tradierten, rationalen Kalkulationen? Oder werden hier nicht doch eher die biologischen Wurzeln offenbar, die unsere Vernunft veranlassen, an Moral zu glauben? Unter den letztgenannten Bedingungen könnte zusätzliches Wissen über die neuropsychologischen Grundlagen dabei helfen, die biologisch verankerten

Mechanismen menschlichen Zusammenlebens zu unterstützen und zu perfektionieren. Kultur braucht mit der Natur nicht zu konkurrieren oder ihr sogar in die Quere kommen.

Christliche Theologen haben spätestens seit Beginn der Neuzeit nützliche Erkenntnisse auf eben diese Weise gekennzeichnet: *Gratia perficit naturam, non tollit.* Eine hilfreiche Offenbarung vollendet die Natur und schiebt sie nicht beiseite. Im Gegensatz dazu könnten doch so manche Kulturentwicklungen oder pseudo-wissenschaftliche Erkenntnisse die Menschenrechte oder generell die Stillung elementarer biologischer Bedürfnisse einschränken.

Ein Beispiel für eine Verschränkung von biologischen Grundlagen und ethischem Handeln ist die Ächtung von Rassismus. Aus biologischer Sicht ist die Menge an genetischem Material, das Lebewesen in sich tragen, und alle Varianten ein schützenswerter Vorrat.

Es ist nicht bedeutsam, ob man Menschengruppen, ähnlich wie es bei Haustieren üblich ist, als „Rassen" unterscheidet oder nicht. Im Zuge des globalen Austauschs, wo es kaum mehr isolierte Menschengruppen gibt, dürfte diese Bezeichnung, unabhängig vom Risiko zu diskriminieren, auch als Beschreibungsmerkmal kaum mehr tauglich sein. Sinnvoll ist dagegen, jede genetische Variante grundsätzlich als wertvoll anzusehen. Allein die Tatsache, dass eine genetische Variante bisher von der Evolution bewahrt wurde, weist auf einen vielleicht noch unbekannten Wert hin. Darüber hinaus wissen wir, dass sich genetische Varianten unter außergewöhnlichen Lebensbedingungen bewähren können, an die heute niemand denkt. Immerhin war die Menschheit in der Vergangenheit bereits mehrmals vom Aussterben bedroht. Schon vor etwa 1 Million Jahren gab es aus unbekannten Gründen weltweit nur mehr die bedenklich geringe Zahl von etwa 18.500 fortpflanzungsfähigen Vormenschen und vor etwa 70.000 Jahren wurden die damals lebenden Menschen durch einen Vulkanausbruch beinahe ausgerottet[175].

## Neuropsychologie des moralischen Verhaltens

Es gab bei vielen Psychologen einen ziemlichen Wirbel, als 2005 ein Artikel von Jorge Moll und seinen Mitarbeitern erschien. Er trug den Titel[176]: „Die neurale Basis des menschlichen moralischen Denkens".

Wie konnte man nur ein Konzept wie Moral, das in so hohem Maße auf sozialen Vereinbarungen beruht, im Gehirn verorten! Bis heute ist deshalb die Frage aktuell geblieben: Wo im Gehirn steckt die Moral? Überall und vielleicht sogar nirgends![177] Es gibt ja Begriffe, die ohne Kultur oder gesellschaftlichen Diskurs nicht denkbar sind, wie Moral, Ästhetik oder Liebe.

Die Liebe, ach.

Du sagst: „Die Liebe, ach". *Und ich glaube zu wissen, was du denkst.* In dem „Ach" schwingt doch ein Seufzer mit. Es kann der Seufzer einer Sehnsucht sein, der sich vielleicht unwillkürlich herausdrängt, weil eine Erwartung noch unerfüllt ist. Oder vielleicht entsteht dieser Seufzer einfach auch aus einer schönen Erinnerung. Nun ja, ein Seufzer. Das bedeutet ein tiefes Ausatmen des vorgestellten oder erinnerten Glücks. Ein Ausatmen, das die Tiefe des Gefühls und des Engagements anzeigt.

Ausatmen signalisiert jedoch vor allem die Stärke der körperlichen Beteiligung bei einer Emotion.

Begriffe wie Liebe, Ästhetik oder Moral sind oft mehrdeutige Beschreibungen für soziale Phänomene. Sie setzen eine Gemeinschaft von Menschen voraus. Sie sind aber auch Begriffe für hochkomplexe Äußerungen der Funktionen unserer Gehirnmechanismen.

Bereits im Jahre 1908 wurde eine Stiftung mit folgendem Ziel gegründet: Es sollte durch „... vergleichend-anatomische und physiologische Forschungen auf dem Gebiete des Nervensystems, durch Arbeiten auf dem Gebiet der experimentellen Psychologie unter Einschluss von pathologisch-anatomischen und psychischen Untersuchungen ...“[178] zur Erforschung der Moral des Menschen und zum Aufbau einer besseren Morallehre beigetragen werden. Mit Geldern dieser Stiftung wurden unter anderem die spannenden Experimente an Schimpansen auf der Insel Teneriffa durchgeführt, von denen am Anfang dieses Buches die Rede war.

Uns interessiert an dieser Stelle die Moral, genauer gesagt: das moralische Urteilen. Was sind die zentralen neuropsychologischen Mechanismen für das so komplexe Geschehen beim moralischen Urteilen? Man kann nämlich diese Mechanismen im Gehirn tatsächlich verorten. Wenn wir die Rolle naturgegebener Funktionen als Grundlage sozialer Prozesse verstehen wollen, ist es hilfreich, erst einmal die oben erwähnte Arbeit von Jorge Moll zur Moral näher zu besprechen. Wir werden dabei zwar nicht auf „die Moral“, wohl aber auf eine bedeutsame Komponente des moralischen Verhaltens treffen.

Eigentlich verwendeten Jorge Moll und seine Mitarbeiter in der eingangs erwähnten Untersuchung eine ganz einfache Messanordnung. Sie zeigten Versuchspersonen Bilder von sozial bedeutsamen, unangenehmen Bildern. Da waren Straßenkinder zu sehen oder Szenen von sich prügelnden

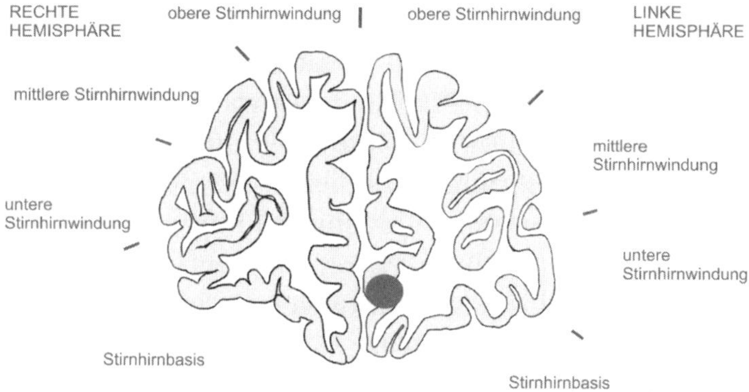


Abb. 26. Aktivität beim Betrachten von unangenehmen Bildern, auf denen sozial bedeutsame Szenen gezeigt werden. Im Gegensatz zum Betrachten anderer unangenehmer Bilder, wird eine Stirnhirnregion in der Tiefe der Stirnhirnbasis aktiv.

Personen. Im Kernspintomographen wurde beobachtet, ob es eine oder mehrere Hirnregionen gab, die vorrangig bei Betrachtung dieser Bilder reagierten. Um die Ergebnisse zu kontrollieren, zeigten die Autoren auch andere unangenehme Bilder, also etwa solche, die Verletzungen oder Kot zeigten. Ausschließlich bei den sozialrelevanten, unangenehmen Bildern war eine Region des Gehirns unterhalb der unteren Stirnhirnwindung an der Stirnhirnbasis aktiv[179] (siehe Abbildung 26). Mittlerweile gibt es bereits andere Untersuchungen, die zeigen, dass diese Region sensitiv auf soziale Verhaltensweisen reagiert.

Die Stirnhirnbasis ist eng mit den Mandelkernen verbunden, die vor allem Reaktionen im Zusammenhang mit aktiver Vermeidung und Furcht unterstützen. In einem viel beachteten Buch[180] hat der amerikanische Neurowissenschaftler António Damásio die Meinung vertreten, dass körperliche Prozesse an bestimmten Stellen des Gehirns in die höhere Informationsverarbeitung eingreifen. Das kann durch die Körperwahrnehmung direkt erfolgen oder es kann mit Hilfe der Mandelkerne auf einschlägige Erfahrungen zurückgegriffen werden. Die entsprechenden Stellen wären gewissermaßen Orte der somatischen Markierung der ansonsten „kalten" Informationsverarbeitung, sogenannte „somatische Marker".

Die Stirnhirnbasis veranlasst aber keineswegs auf Grund von „somatischen Markern" reflexartig phobische Fluchtreaktionen. Phobiker reagieren vielmehr schon auf die bloße Wahrnehmung von manchen bedrohlichen Hinweisreizen sehr rasch und heftig. Die entsprechenden Reaktionen werden nämlich in diesem Fall bereits von verschiedenen Seh-Arealen im Gehirn veranlasst. Bei nichtphobischen Personen trifft das nur für unmittelbar biologisch aversive Reize wie Blut oder Schmutz zu.

Unabhängig von Einflüssen aus den Mandelkernen hat das Stirnhirn die Aufgabe, die Motorik zu überwachen. Dazu erhält es vor allem Impulse aus den Basalkernen, die aktives Verhalten fördern. Die besondere Aufgabe der Stirnhirnbasis scheint zu sein, die Tendenzen der Annäherung und der Vermeidung auf Grund aktueller Bewertungen in eine Balance zu bringen. Ein Beispiel: Ein Wanderer entdeckt am Wegesrand eine Schlange. Einerseits ist er neugierig, andererseits verspürt er Furcht. Die Bewertung der Stirnhirnbasis sorgt dafür, dass beide Bedürfnisse in eine „vernünftige" Balance gebracht werden.

Dieselbe Funktion übt die Stirnhirnbasis auch bei der Analyse von sozialen Gegebenheiten aus und nimmt gewissermaßen eine Bewertung vor. Sie kontrolliert das Verhalten, indem sie sich sowohl an den augenblicklichen Umständen orientiert, als auch daran, ob es beispielsweise bereits negative Erfahrungen gegeben hat. Dadurch kann es, wie zum Beispiel beim Betrachten der Prügelszenen, zur Vermeidung kommen, oder es kann sein, etwa bei verwahrlosten Kindern mit treuherzigem Blick, dass eine Annäherung erfolgt.

Olga Klimecki vom neurowissenschaftlichen Max-Planck-Institut in Leipzig hat für mehrere Frauen folgendes Trainingsprogramm durchgeführt: Die Probanden sollten sich Gesichter von geliebten Menschen vorstellen und sich anschließend entspannen[181]. Wir haben erwähnt, dass es im vorderen Stirnhirn ein Areal gibt, das Informationen bewertet, die von Gesichtsausdrücken stammen. Die Probanden sahen anschließend Videofilme über Menschen in Not. Erstaunlicherweise reagierten sie dabei nicht nur abwehrend oder mit Bedauern. Vielmehr entwickelten sie auch positive Gefühle des Helfenwollens. Dabei war ein Netzwerk innen in der Stirnhirnbasis aktiv. Das Gehirn führte also einen ähnlichen „vernünftigen" Balance-Akt durch, wie oben das Gehirn des Wanderers, der die Schlange betrachtete.

Bleiben wir einen Moment noch bei den Funktionen des von Jorge Moll untersuchten Hirnareals. Es liegt in der Stirnhirnbasis ziemlich weit vorne und reagiert, wie erwähnt, auf Situationen, in denen man sich hilflos fühlt oder eine Kooperation nicht möglich ist. Es gibt nun eine in der Psychologie häufig untersuchte Spielsituation, in der Kooperativität und prosoziales Verhalten untersucht wird. Es handelt sich um das sogenannte *Gefangenendilemma*. Die Rahmengeschichte ist folgende:

Zwei Personen sind unter dem Verdacht einer Straftat festgenommen und angeklagt worden. Solange beide leugnen, kann nur eine geringe Gefängnisstrafe verhängt werden. Wenn einer gesteht, kommt er mit einer Bewährungsstrafe davon. Wenn beide gestehen, erhalten sie das volle Strafmaß. Da sich die beiden Gefangenen miteinander nicht verständigen können, sind sie auf Mutmaßungen angewiesen, wie sich wohl der jeweils andere verhalten wird. Wie soll sich der Einzelne nun verhalten, um am günstigsten davonzukommen?

Ursprünglich nutzte man das Spiel als Gedankenexperiment, um zu berechnen, welche Reaktion je nach Strafmaß vernünftig wäre. Doch wie denken Menschen wirklich, wenn sie sich selbst in einer solchen Situation befinden? Was, wenn sie sich zwar nicht miteinander sprechen, aber wenigstens einander sehen können?

In einer Untersuchung[182] sollten Gesichtsausdrücke eines virtuellen Mitgefangenen beurteilt werden: Wird er sich kooperativ oder unkooperativ verhalten? Es zeigte sich, dass bei der Entscheidung die Stirnhirnbasis stark beteiligt war. Wenn eine Kooperation als unwahrscheinlich eingeschätzt wurde, befand das aktive Areal sich weit vorne in der Stirnhirnbasis[183]. Und zwar ganz in der Nähe der Stelle, die auch in der Untersuchung von Jorge Moll bei den sozial unangenehmen Situationen aktiv war.

Wenn hingegen die mit dem Gefangenendilemma untersuchten Personen den Eindruck hatten, sie könnten die Intention des anderen verstehen oder gutheißen, war die Stirnhirnbasis an einer Stelle aktiv, die deutlich weiter hinten lag[184] (siehe Abbildung 27).

Diese letztgenannte Funktion der weiter hinten liegenden Stirnhirnbasis findet man auch in anderen Studien bestätigt, in denen direkt geprüft wird, ob die Aktionen einer beobachteten Person gebilligt oder missbilligt werden.

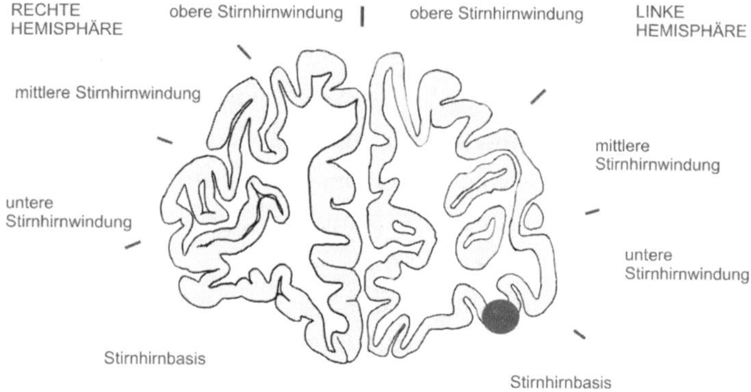


Abb. 27. Billigung und Missbilligung sind Urteile, an deren Vorbereitung die Hirnbasis mit sehr unterschiedlichen Netzwerken beteiligt ist. Im Bild ist eine bei Billigung meist aktive Region markiert, die etwa 26 mm hinter dem vorderen Stirnpol liegt. Die bei Missbilligung beteiligte Hirnregion liegt weiter unten und etwas weiter vorne.

An dieser Stelle müssen wir einen sehr bedeutenden Befund erwähnen, der bereits an vielen Schulen in den Unterricht Eingang gefunden hat. Stanley Milgram hat 1961 das folgende Experiment durchgeführt[185]. Er bat Personen, als eine Art „Lehrer" tätig zu werden, der einen „Schüler" beim Lernen von Wortpaaren kontrollieren und ihm Feedback geben sollte. Die Besonderheit bestand darin, dass der Lehrer den Schüler mit Stromstößen zu bestrafen hatte. Im Originalexperiment konnten dazu Spannungen zwischen 75 und 330 Volt verwendet werden. Der Schüler war in Wahrheit ein Schauspieler, der selbstverständlich keinen Stromstoß zu spüren bekam. Dennoch reagierte er entsprechend der Spannungsstärke mit ärgerlichem Grunzen, mit Protest, mit heftigem Schreien und schließlich gar nicht mehr. Die Frage war, unter welchen Bedingungen die Lehrer schwere Strafreize überhaupt oder häufig verwenden würden.

Die wichtigste Bedingung, die in zahlreichen Folgeexperimenten geprüft wurde, war die räumliche und personelle Distanz zwischen Lehrer und Schüler. Im Originalexperiment konnten Lehrer und Schüler über eine Wechselsprechanlage miteinander sprechen. 26 von insgesamt 40 getesteten Personen verabreichten als Lehrer im Verlauf des Experiments die höchstmögliche Spannung von 450 Volt – das waren 65 Prozent der über eine Zeitungsanzeige angeworbenen Versuchspersonen. Befand sich der Schüler jedoch im selben Raum, waren es nur noch 40 Prozent der Lehrer, die bis zur Maximalstrafe gingen. Man kann davon ausgehen, dass die personelle Distanz einen erheblichen Einfluss darauf nimmt, ob Menschen für die möglichen Empfindungen und auch Äußerungen anderer Menschen empfänglich sind. Für einen Soldaten im Krieg ist es vermutlich leichter, eine ferngesteuerte Rakete zu zünden, als einen einzelnen Menschen, der direkt vor ihm steht, zu erschießen.

Dass überhaupt Strafen in einem solchen Ausmaß verhängt wurden, wurde im Milgram-Experiment der Autorität des Versuchsleiters zugeschrieben, der den Lehrern die entsprechenden Instruktionen gab. In mehreren Folgeexperimenten wurde dieser Einfluss in verschiedenen Varianten überprüft. Im Originalexperiment wurden Lehrer, die zögerten, mit zunehmender Dringlichkeit aufgefordert, endlich den Stromstoß zu versetzen. weiterzumachen. Die Bereitschaft zu gehorchen unterschied sich, je nachdem, ob sich der Versuchsleiter beispielsweise als Yale-Professor oder als Wissenschaftler einer Privatinstitution ausgab.

Übergeordnete Ziele haben einen Einfluss darauf, ob Aufforderungen beachtet werden. Im Milgram-Experiment verhinderte beispielsweise der Hinweis „Das Experiment erfordert es!", dass die Lehrer die Schreie der vermeintlichen Schüler weiter beachteten.

## Mind over machine?

Der amerikanische Philosoph Hubert Dreyfus hat in seinem Buch mit dem Titel „Mind over machine" über die begrenzte Intelligenz von Computern nachgedacht[186]. Wir sollten an dieser Stelle festhalten, dass auch der Geist über den Köper dominieren kann. Eine Instruktion – auch eine Selbstinstruktion – kann das Verhalten stärker beeinflussen als körperliche Bedürfnisse. Tatsächlich kann die Kraft des Wortes das Blut in Wallung versetzen oder biologische Bedürfnisse zurückdrängen.

Das Lesen eines Buches besteht nicht immer nur im bloßen Verstehen des Textes. Manchmal kann es einen gruseln oder zu Tränen rühren. Unter welchen Voraussetzungen ist das möglich? Sicherlich hängt es von der Intensität der Vorstellungsbilder ab, ob Gefühle beim Lesen entstehen. Doch unter welchen Bedingungen entwickeln sich intensive Vorstellungsbilder?

Schon vor mehr als 30 Jahren hat der Emotionspsychologe Peter J. Lang, damals noch in Wisconsin tätig, zu dieser Frage ein bemerkenswertes Experiment durchgeführt[187]. Er warb Versuchspersonen an und trainierte einige davon, beim Lesen von Texten besonders auf das Aussehen der darin vorkommenden Gegenstände, Tiere und Menschen zu achten. Das sollte helfen, ein anschauliches Bild der geschilderten Situationen zu entwickeln. Andere Personen bat er jedoch, ihr Augenmerk darauf zu richten, was sie selbst in der berichteten Situation tun würden oder wie sie selbst die erzählten Handlungen ausführen würden.

Solange die Geschichten keinen besonders gefühlsbetonten Inhalt hatten, wirkten sich die Instruktionen nicht erkennbar aus. Wenn es aber abenteuerlich oder bedrohlich wurde, reagierten manche Leser mit der Beschleunigung des Herzschlags. Es handelte sich ausschließlich um die Leser, die sich selbst als Akteure in die gelesene Geschichte hineindachten. Menschen sind also tatsächlich leicht durch Instruktionen manipulierbar.

Letztlich beurteilt man Menschen nach ihren Handlungen, nicht so sehr nach ihren Gedanken. Es ist nicht strafbar, sich einen Banküberfall vorzustellen; einen auszuführen, hingegen schon. Tatsächlich erfolgen komplizierte Handlungen auf Grund von Übung, nicht auf Grund von Einstellung oder unmittelbar vorher auftretenden Gedanken. Manche Eltern begegnen unangepassten Einstellungen ihrer Kinder („den bringe ich um") gelegentlich mit Misstrauen. Sie lehnen eine Einstellung nicht deshalb ab, weil sie glauben, dass ihre Kinder sofort entsprechend handeln würden. Sie befürchten nur – übrigens zu Recht –, dass sich ohne weitere Vorbehalte viel später daraus entsprechende Handlungen ergeben könnten. Tatsächlich sind Gedanken ein Übungsfeld für Handlungen.

Damit stellt sich erneut die Frage: Ob nicht die Kultur schon längst die biologischen Gesetze ausgehebelt hat? Wir können das Problem auch anders formulieren: Die im Gehirn noch immer vorhandene Verbindung zwischen Urteil und Gefühl könnte nur ein Überbleibsel aus der Evolution sein, das es gilt zu überwinden. Vielleicht ist die Goldene Regel nur eine moralische Keule, mit der sich weniger Intelligente oder Schwache gegen die Macht des Verstandes zu wehren versuchen?

Möglicherweise gibt der Vergleich zwischen dem rationalen Verstand und dem Computer auf diese Frage eine Antwort. Wir haben eingangs Hubert Dreyfus erwähnt. Er weist darauf hin, dass die Grenzen der formalen Informationsverarbeitung von Computern im Wesentlichen darin begründet liegen, dass diese nicht leben. Sie sorgen sich nicht um ihre Existenz, sie essen und trinken nicht, sie haben keine Kinder. Wenn sie derartige biologische Eigenschaften hätten, könnte ihre Informationsverarbeitung noch nützlicher sein.

Ähnliches dürfte für die ethischen Grundsätze gelten. Zwar ist der Verstand ein kostbares Werkzeug. Mit Wissen können wir uns in der Welt besser orientieren als ohne. Da unser Verstand jedoch ein biologisches Produkt ist und biologische Funktionen berücksichtigen muss, sind ethische Maßstäbe nicht beliebig verhandelbar. Ein leichtfertiger Umgang mit schweren Waffen gilt wohl überall als moralisch verwerflich. Für den fahrlässigen Umgang mit herabwürdigenden Worten gilt Ähnliches, denn sie schädigen ebenfalls. Umgekehrt achten wir Menschen, die anderen helfen, und wir bewundern solche, die es schaffen, andere durch Wertschätzung in vorteilhaftem Licht erscheinen zu lassen.

Zumindest, wenn mehrere Wege denkbar sind oder wenn der Verstand nicht ausreicht, ist die Kopplung des Verstandes an den Körper unabdingbar. Wir werden nicht ohne Goldene Regel auskommen können. *Wenn du nicht willst, dass man es dir tut, dann füge es auch keinem anderen zu.*

# VII. Es ist nicht leicht, ein gutes Vorbild zu sein

## Warum manche Menschen ihre Feinde lieben …

Das Postulat, Unrecht nicht mit anderem Unrecht zu beantworten, findet man in vielen und auch sehr alten Traditionen. Die Idee der Nächstenliebe, die deutlich darüber hinausgeht, ist ebenfalls schon um die Zeitenwende zum Beispiel von Rabbi Hillel so formuliert worden, wie man es heute noch kennt: „Was du nicht willst, das man dir tut, das füge auch keinem anderen zu“[188]. Die Aufforderung, sogar zu Feinden nach Möglichkeit ein freundschaftliches, mit Aufmerksamkeit und seelischer Fürsorge verbundenes Verhältnis aufzubauen, ist vor allem durch das Christentum verbreitet worden.

Moralische Postulate dieser Art wurden später, zum Beispiel im viktorianischen Zeitalter des ausgehenden 19. Jahrhunderts, recht kontrovers diskutiert. Damals war das gesellschaftliche Leben häufig durch eine Doppelmoral geprägt: Es gab kollektive Moralregeln, die zu akzeptieren waren, zum Beispiel in der Nachfolge von Knigges Umgangsbuch „Über den Umgang mit Menschen“[189]. Andererseits wurden Moralverletzungen, wie etwa das Aufsuchen von Prostituierten, unter der Voraussetzung akzeptiert, dass man sich hierbei höchst individuell, das heißt privat, betätigte. In einer Reaktion darauf hat man den Sinn von Moralvorstellungen generell angezweifelt.

Vielfach wurde jede auf Nächstenliebe oder gar auf Feindesliebe beruhende Morallehre kritisiert. Es gab sogar die Ansicht, derartige Moralvorstellungen wären unnatürlich, nicht zuletzt propagiert durch den philosophierenden Schriftsteller Nietzsche[190].

Sigmund Freud vertrat in seiner Schrift über „Das Unbehagen in der Kultur“[191] die Meinung, dass bereits das Gebot der Nächstenliebe der ursprünglichen menschlichen Natur zuwiderläuft und daher Unbehagen erzeugt. Spiegelungsmechanismen und Imitationslernen waren damals ja noch unbekannt. Besonders heftig sträubte sich Freud jedoch gegen die Feindesliebe. In seiner Argumentation erscheint diese nicht bloß als widernatürlich, sondern auch als kulturfeindlich, weil sie „eine noch stärkere Zumutung ist“ als die Nächstenliebe (so im Teil V seiner Schrift).

Andere Denker wiederum warnen bis heute gelegentlich davor, menschenunwürdiges Verhalten verstehen zu wollen. Durch Verstehen könne solches Verhalten verharmlost werden, auch wenn es nicht gebilligt wird. Richtig ist, dass das *Böse* bei näherer Betrachtung doch immer sehr menschliche Züge annimmt. Die folgende Episode kann das illustrieren.

Einer der großen Lernpsychologen war Albert Bandura. Sein wegweisendes Experiment war, wie Kinder Gewalt von Erwachsenen durch Nachahmung lernen.

Noch während Bandura seine Vermutungen zum Nachahmungslernen experimentell überprüfte, erhielt die Weltöffentlichkeit ein dramatisches Beispiel von der Wirksamkeit der von ihm vermuteten Faktoren. 1973 wurde in Stockholm eine Bank überfallen und die Bankräuber flüchteten mit vier Geiseln. Mehrere Tage berichteten die

Medien über die Verfolgung der Täter, die Situation der Geiseln, die anschließende Geiselbefreiung und über das spätere Verhalten der Geiseln[192].

Der Handlungsspielraum der betroffenen Personen war durch die Geiselnahme sehr klein geworden und beschränkte sich im Wesentlichen auf die Befriedigung der elementarsten biologischen Bedürfnisse und auf den Kontakt mit den Geiselnehmern. Von diesen erhielten die Geiseln regelmäßig Aufmerksamkeit. Ihre dringendsten Bedürfnisse wurden erfüllt, stets jedoch in Abhängigkeit davon, ob sie sich kooperativ verhalten hatten. Entsprechend identifizierten sich die Geiseln zunehmend mit den Zielen ihrer Autoritäten.

Schließlich hatten die Gefangenen mehr Angst vor der Polizei als vor den Gewalttätern. Sie entwickelten sogar Sympathie für die Täter. Derartige Verhaltensweisen bezeichnet man seither als „Stockholm-Syndrom". Später besuchten einige der ehemaligen Geiseln ihre mittlerweile inhaftierten Peiniger aus Anhänglichkeit im Gefängnis.

Was zeigt diese Episode? Zunächst wird plausibel, dass Personen, die sich für andere interessieren und vor allem mit den anderen in Kontakt kommen möchten, diesen auch ein gewisses Wohlwollen entgegenbringen. Das funktioniert selbst dann, wenn die anderen einem feindlich gegenüberstehen. Enge soziale Interaktion baut Brücken.

Die eben beschriebene Tatsache lässt sich noch um eine weitere Beobachtung ergänzen, die man zu einer anderen Facette der geschilderten Episode machen kann. Es ist nämlich offenbar gar nicht so furchtbar schwer, mit Menschen in sozialen Kontakt zu kommen, wenn man auf elementare Bedürfnisse der anderen Rücksicht nimmt.

## ... und warum manche ihre Lieben anfeinden

Was treibt Geiselnehmer um, dass sie zufällig beteiligten Erwachsenen oder auch Kindern zwar mit einer gewissen Menschlichkeit begegnen, sie aber dennoch quälen und unter Umständen sogar töten? Es gibt Menschen, die geradezu fanatisch mit unausgegorenen oder abenteuerlichen Ideen andere Menschen in Gefahr bringen, im Extremfall ein Flugzeug mit Urlaubsreisenden entführen oder sogar einen Selbstmordanschlag begehen.

Die Gedankenwelt von Fanatikern ist, zumal wenn es sich im Grunde um intelligente Personen handelt, schwer nachvollziehbar. Wahrscheinlich gibt es dabei viele Möglichkeiten, wie sich Fanatismus entwickeln kann. Vielfach wird jedoch angenommen, dass rationales Denken, zwanghaftes Verhalten und Missachtung fremder und auch eigener Bedürfnisse verschiedene Facetten der gleichen Denkhaltung sind. Wir haben uns bereits mit Grenzgängern und mit Denkstrategien von Genies beschäftigt. Intellektuelle Leistungsfähigkeit und Grenzgängertum schließen einander keineswegs aus. Doch fragt man sich: Wie kommt es bei klugen Leuten gelegentlich zu einem fanatischen Eifer? Um uns diesem Phänomen zu nähern, können wir auf Beispiele aus der Literatur zurückgreifen.

Vielleicht kennen Sie das folgende Scherzgedicht. Es existiert in mehreren Varianten und fängt etwa so an:

„Dunkel war's, der Mond schien helle,
Schnee lag auf der grünen Flur,
als ein Wagen blitzesschnelle
langsam um die Ecke fuhr."

Diese Dichtung dürfte einen alten Ursprung haben, wurde jedoch vor allem an der Wende vom 19. zum 20. Jahrhundert plötzlich an vielen Orten Mitteleuropas recht populär. Es kennzeichnet in prägnanter Weise, dass durch das gleichzeitige Auftreten gegensätzlicher Formulierungen[193] eine neue, mehrdeutige Qualität entsteht.

Zu dieser Zeit wurde übrigens auch eine fantastische Kinderbuchgeschichte von Lewis Carroll[194], einem Nonsens-Literaten, unter dem Titel „Alice im Wunderland" zum ersten Mal verfilmt. Sie handelt vom Traum eines Mädchens, in dem nichts wirklich einen Sinn ergibt, wohl aber alles vorstellbar ist. Drei Jahre vor diesem Film war Freuds Traumdeutung erschienen.

Um 1900 waren viele Großstädte durch eine multikulturelle Gesellschaft gekennzeichnet. Es war eine Gesellschaft, die durch große soziale Unterschiede und unterschiedliche Bildungshintergründe, durch ein Bevölkerungsgemisch, durch weite Reisen und Reiseberichte, sowie durch Übersetzungen fremder Literatur geprägt war. Jedenfalls begannen verschiedene Denkhaltungen und Lebensentwürfe miteinander zu konkurrieren. Das zitierte Gedicht passte dazu. Das Aufeinandertreffen von Gegensätzen bringt für die kulturelle Entwicklung spannende und befruchtende Momente, birgt jedoch auch Gefahren. Einerseits kann durch Gegensätze die Phantasie angeregt werden, andererseits bilden Gegensätze den Nährboden für ideologische Auseinandersetzungen.

Damals, um 1900, beschrieb der österreichische Schriftsteller Robert Musil[195] unter dem Titel „Die Verwirrungen des Zöglings Törleß" Begebenheiten in einem Internat. Die fiktive Figur Törleß fühlt sich durch unterschiedliche Sichtweisen, mit denen er konfrontiert wird, veranlasst, den Dingen auf den Grund zu gehen. Schließlich folgt Törleß nur mehr seiner eigenen Sichtweise, die er als rational ansieht. Er entwickelt während seiner Pubertät zwanghafte, egozentrische und teilweise sadistische Züge. Den Ursprung zwanghaften Denkens beschreibt Musil zum Beispiel in der folgenden Episode. Es handelt sich um die Konfrontation mit einer Grenzüberschreitung im mathematischen Denken. Diese ist aus der Sicht von Törleß unzulässig.

Während des Mathematikunterrichts war Törleß plötzlich ein Einfall gekommen … Gleich nach Beendigung der Stunde setzte er sich zu Beinberg als dem einzigen, mit dem er über etwas derartiges sprechen konnte.

„Du, hast du das vorhin ganz verstanden?"

„Was?"

„Die Geschichte mit den imginären Zahlen?"

„Ja. Das ist doch gar nicht so schwer. Man muss nur festhalten, dass die Quadratwurzel aus negativ Eins die Rechnungseinheit ist."

„Das ist es aber gerade. Die gibt es doch gar nicht. Jede Zahl, ob sie nun positiv oder negativ, gibt zum Quadrat erhoben etwas Positives. Es kann daher gar keine wirkliche Zahl geben, welche die Quadratwurzel von etwas Negativem wäre."

„… Es ist so, wie wenn man sagen würde: Hier saß sonst immer jemand, stellen wir ihm also auch heute einen Stuhl hin. Und selbst, wenn er inzwischen gestorben wäre, so tun wir doch, als ob er käme."

„Wie kann man aber, wenn man bestimmt, ganz bestimmt, ganz mathematisch bestimmt weiß, dass es unmöglich ist?"

„So tut man eben trotzdem, als ob dem nicht so wäre. Es wird wohl irgendeinen Erfolg haben."

„In einer solchen Rechnung sind am Anfang ganz solide Zahlen, die Meter oder Gewichte oder irgendetwas anderes Greifbares darstellen können… Am Ende der Rechnung stehen ebensowelche. Aber diese beiden hängen miteinander durch etwas zusammen, das es gar nicht gibt. Ist es nicht wie eine Brücke, von der nur Anfangs- und Endpfeiler vorhanden sind und die man dennoch überschreitet, als ob sie ganz dastünde? Für mich hat so eine Rechnung etwas Schwindeliges …"

Es gibt in der Mathematik viele Beispiele, wo bei einer Missachtung von hergebrachten Regeln neue mathematische Systeme entstehen oder innerhalb der Mathematik ein plausibel erscheinender Modellwechsel möglich wird. Der Grenzübergang von einer „unendlichen Annäherung" zum Erreichen eines neuen Punktes ist ein solches Beispiel. Andererseits verlieren mathematische Modelle schnell an Vorhersagekraft, wenn Regeln oder Randbedingungen missachtet werden.

Törleß wird immer wieder von der Frage umgetrieben, ob es bei einer Grenzüberschreitung um eine Erweiterung der bisherigen Sichtweise oder um eine Verletzung nützlicher Regeln geht.

Viele Eltern stehen vor einer ähnlichen Problematik, wenn ihre Kinder ein unangemessen erscheinendes Verhalten zeigen. Sollen sie großzügig oder beharrend reagieren? Im Grunde kann weder ein toleranter noch ein strenger Erziehungsstil richtig sein. Die Frage, wie Kinder am besten unterstützt werden, muss stets neu gestellt werden.

Die zitierte Dichtung beschreibt jedenfalls eine zwanghafte Denkhaltung, die bei intelligenten Personen nicht selten in ähnlicher Form auftritt. Einer der bekanntesten Mathematiker mit ausgeprägt zwanghaften Zügen war das Wiener Mathematik-Genie Kurt Gödel[196], ein Grenzgänger, geboren genau in dem Jahr, in dem Musil den zitierten Roman veröffentlichte. Gödel sah sich veranlasst, stets aufs Neue theoretische Systeme zu entwerfen, um Widersprüche zu erklären, die er in den bestehenden Systemen vorfand. Dabei entdeckte er fundamentale mathematische Prinzipien. Allerdings war er bei der Erledigung von Alltagsdingen vielfach unsicher. Auf die Bedürfnisse seines Körpers achtete er kaum. Manchmal schwieg er beharrlich, zog sich zurück und aß wenig. Den Menschen seiner Umgebung begegnete Gödel oft misstrauisch und abweisend. Er wurde zum Prototyp eines „Genies am Rande des Wahnsinns".

Fanatiker mögen es nicht, sich rechtfertigen zu müssen. Man würde ja oft nicht verstanden oder sogar missverstanden. Lieber diskutiere man mit Ähnlichdenkenden. Viele Denker, Theologen oder Künstler sind mitunter auf diese Weise zwanghaft „Getriebene", gelegentlich auch mit starken sexuellen Bedürfnissen. Letzteres traf zum Beispiel auf Gödels Freunde Albert Einstein und John von Neumann zu. Gödel selbst blieb seiner Frau treu, wohl wissend, dass er im täglichen Leben auf sie angewiesen war.

All das sind Beispiele und Beschreibungen, ohne dass für solche Verhaltensweisen bisher überprüfbare Erklärungsmodelle vorliegen. Zwangsverhalten scheint jedoch in einer noch wenig untersuchten Weise mit den Funktionen einer ganz bestimmten Region in der Stirnhirnbasis zusammenzuhängen. Es handelt sich um eine große, gerade nach vorne gerichtete Windung im hinteren Teil der Stirnhirnbasis, dicht am Hemisphärenspalt gelegen. Sie befindet sich also etwa über der Nasenhöhle und wird auch als „gerade Windung“[197] bezeichnet. Die große, gerade Stirnhirnwindung ist die unterste und letzte Region, die wir auf unserer Reise durch das Stirnhirn besprechen wollen. Dabei werden verschiedene Spielarten der Funktionen der Stirnhirnbasis erkennbar werden. Obwohl sich die Rindenschicht hier über mehrere Quadratzentimeter ausdehnt, ist sie erst unzureichend untersucht. Die Knochen an der Stirnhirnbasis sind nämlich sehr unregelmäßig gestaltet. Elektromagnetische Felder werden dadurch verzerrt und eine Untersuchung der Stirnhirnbasis mit biomedizinischen Techniken ist daher nicht einfach. Insofern sind die Funktionszuschreibungen in diesem und den folgenden Abschnitten nicht so präzise zu verorten als dies bei weiter oben gelegenen Arealen der Fall war.

Mit Hilfe der geraden Windung dürfte es möglich sein, dass bei entsprechender Beachtung sehr verschiedenartige Informationen aus der Umgebung berücksichtigt werden, bevor eine Verhaltensweise in Gang gesetzt wird[198]. Für diese Form von „offener“ Aufmerksamkeit wird manchmal auch die Bezeichnung „Achtsamkeit“ verwendet. Konzentriert man sich hingegen in hohem Maße auf nur einen bestimmten Sachverhalt oder eine Detailhandlung, wird diese wichtige Funktion unterdrückt und viele Umgebungsreize werden ausgeblendet.

Von manchen Zwangspatienten ist bekannt, dass sie mitunter kompliziert konstruierte Sachverhalte als Begründung für ihr zwanghaftes Verhalten heranziehen. Ein Zwangspatient, der neurologisch untersucht wurde, war der reizbare 56-jährige Elektriker J. S. Dieser hatte eine Verletzung in der großen, geraden Windung an der Stirnhirnbasis erlitten. In der behandelnden Klinik schlug er immer wieder grundlos nach dem Pflegepersonal[199]. Einmal drehte er eine Rollstuhlpatientin für längere Zeit im Kreis, ohne auf deren Schreien zu achten. Für die Unangemessenheit seines Tuns zeigte er keine Einsicht und wälzte die Schuld auf andere ab. Es ist erstaunlich, dass sich solche Menschen selbst oft als in hohem Maße moralisch Handelnde sehen. Manchmal gehen Personen mit zwanghaften Zügen sogar mit ihrem eigenen Körper wie mit einer Sache um. Es kann vorkommen, dass sie achtlos mit ihren Fingern spielen, sich Gefahren aussetzen oder sich sogar absichtlich Verletzungen zufügen.

## Der Vorarbeiter

Moralische Postulate verlangen meistens, auf andere Rücksicht zu nehmen. Das setzt voraus, dass überhaupt eine Interaktion möglich und sinnvoll ist, also andere Menschen hinreichend beachtet werden. Die Frage, unter welchen Umständen eine beobachtete Situation in diesem Sinne relevant ist und persönliches Engagement nach sich ziehen wird, ist fundamental wichtig.

Wenn eigenes Handeln vorbereitet und kontrolliert wird und dies unter Berücksichtigung von Informationen aus der Umgebung geschieht, so ist, wie erwähnt, die große, gerade Windung dafür die entscheidende Schaltstelle. Dies gilt insbesondere auch für Handeln, das auf andere Personen gerichtet ist. Insofern wird die gerade Windung in der Neuropsychologie immer wieder mit der Vorbereitung und Anpassung von sozialen Verhaltensweisen in Verbindung gebracht. In diesen Zusammenhang gehört auch die

Leidensgeschichte eines der berühmtesten Patienten der Neuropsychologie.

In der Mitte des 19. Jahrhunderts war der 25-jährige Phineas Gage bei einer Eisenbahngesellschaft angestellt, die damals in Neuengland im Nordosten der USA eine Bahnstrecke baute. Gage galt als gewissenhaft und war bei seinen Kameraden beliebt. Daher vertraute man ihm eine verantwortungsvolle Tätigkeit an. Er wurde als Vorarbeiter bei Sprengarbeiten eingesetzt. Bei einer der Sprengungen geschah ein Unglück. Es war am 13. September 1848 gegen 16.30 Uhr, als eine drei Zentimeter dicke Eisenstange durch die Luft flog und den Kopf von Gage durchbohrte. Sie drang von unten an der linken Gesichtsseite unter dem Wangenknochen in den Schädel ein, beschädigte das linke Auge, verletzte die linke Stirnhirnbasis höchst wahrscheinlich an der großen, geraden Windung, schob sich in den Hemisphärenspalt und kam oberhalb der Stirn etwa in der Mitte des Kopfes wieder heraus[200] (siehe Abbildung 28).

Wunderbarerweise überlebte Gage diese Verletzung und der behandelnde Landarzt Dr. John Harlow führte über die Genesung seines Patienten ein Tagebuch. Sieben Monate nach dem Unfall vermerkte der Arzt, dass Gages Charakter deutlich verändert war. Er beschrieb Gage als respektlos, streitsüchtig, launisch und unstet. Eine der wichtigsten Ursachen für die Veränderung von Gages Persönlichkeit war vermutlich die Verletzung der großen, geraden Windung, die Handlungen vorbereitet, die auf andere Personen gerichtet sind und auf Besonderheiten der Situation Rücksicht nimmt.

Heute würde man in einem solchen Fall vielleicht von einer *dissozialen Persönlichkeitsstörung* sprechen. Wir haben im Kapitel über Perspektivenübernahme bereits

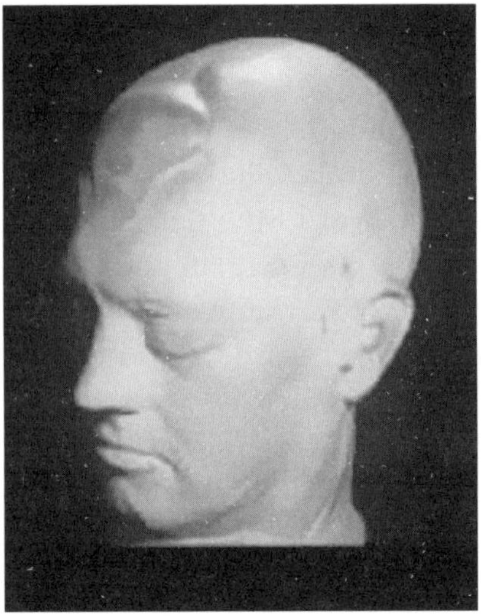

Abb. 28. Die Verletzungen des Eisenbahnarbeiters Phineas Gage (1823–1860) regten den Landarzt John Martyn Harlow dazu an, zum ersten Mal eine Persönlichkeitsveränderung infolge einer akuten Kopfverletzung zu dokumentieren. Die Verletzungsspuren kann man unter dem linken Auge und oberhalb der Stirn erkennen[201].

reaktiv-impulsive Formen von Aggressivität erwähnt. Gage scheint jedoch nach seiner Verletzung, soweit das aus den Berichten zu entnehmen ist, eher unberechenbar geworden zu sein.

Dass die Schuld für das eigene, unangepasste Verhalten mitunter auf andere abgewälzt wird, ist eine Folge des vorliegenden Kontrollmangels. Es wurde ja schon mehrfach erwähnt, dass bei Kontrollmängeln eigentlich erforderliche Informationen nicht zur Verfügung stehen. Stattdessen werden offenbar die nächstbesten Assoziationen zur Deutung herangezogen.

Man könnte den Eindruck haben, dass es dissoziale Personen gibt, die überhaupt gar nicht merken, dass sie es mit anderen Menschen zu tun haben. Oft verhalten sie sich anderen Menschen gegenüber so, als ob diese Gegenstände wären, mit denen man unachtsam umgehen kann. Das kann auch gegenüber dem eigenen Körper so sein.

Erinnern wir uns in diesem Zusammenhang doch noch einmal an die Untersuchung mit dem Avatar, der auf einem Bildschirm erscheint und plötzlich sein Gesicht zum Betrachter wendet. Tatsächlich gibt es dann eine Hirnaktivität auch vorne in der Stirnhirnbasis in der großen, geraden Windung. Offenbar wird hier registriert, dass die Bewegung interaktiv und damit von sozialer Bedeutung sein könnte. Fatal, wenn die Verbindungsbahnen dorthin nur unzureichend reagieren.

Wir interessieren uns also jetzt für Situationen, in denen man den Eindruck hat, eine Person würde sich „gehen lassen", statt sich völlig sozial anzupassen. Übrigens kann solches Verhalten unter Umständen auch als Ausdruck von Ideenreichtum und Unternehmungslust interpretiert werden.

## Du bist schuld und ich mache es richtig!

Kennen Sie auch jemanden, der alles besser weiß, im Grunde ein Egoist ist und unter Umständen selbst verantwortungslos handelt? Wenn derartige Eigenschaften pathologische Ausmaße annehmen, könnte man eine solche Person als Psychopathen bezeichnen[202]. Psychologen haben sich viel mit den genannten Symptomen beschäftigt, zumal sie ja nicht nur bei Gewalttätern auftreten. Impulsiv zu sein, heißt nämlich in erster Linie aktiv und entschlossen zu handeln. Das ist ein begrüßenswerter Charakterzug. Doch wir müssen an dieser Stelle mehr auf die eingangs erwähnten Eigenschaften eingehen, die mitunter die Schattenseite der Unternehmungslust darstellen. Im Extremfall scheinen impulsive Menschen durch Flausen umgetrieben zu werden, die ihnen nicht aus dem Kopf gehen, oder sie neigen zu Eskapaden, über die andere den Kopf schütteln.

In abgeschwächter Form kennen wir die geschilderten Eigenschaften des Egoismus, des Besserwissens und der Rücksichtslosigkeit bei vielen Menschen. Nicht zuletzt werden sie gelegentlich Personen in Führungspositionen zugeschrieben. So mancher „Führer" war und ist für seine Wutausbrüche bekannt. Das Handeln von Personen, die gelegentlich Ärger zeigen, oder von solchen mit einer starken Durchsetzungskraft muss allerdings nicht gleich verantwortungslos gegenüber Nahestehenden sein. Es kann sich durchaus auch nachteilig auswirken, wenn sich zum Beispiel ein Chef häufiger unfair verhält oder wenn seine Entscheidungen Geschäftspartner verprellen.

In der Regel führt man die genannten Formen „egoistischen" Verhaltens darauf zurück, dass Gefühlsregungen anderer Personen während der eigenen Aktivität nicht beachtet werden. Wenn dabei eine Ärgerreaktion oder gar Gewalt auftritt, so würde man diese als *proaktiv* bezeichnen. Sie ist deutlich erkennbar, scheint aber oft grundlos zu sein.

Sicherlich waren Sie selbst schon ärgerlich und haben sich dabei zurückgehalten. Der Ärger hat die Eigenschaft, dann oft noch eine Weile weiter zu „nagen". Vielleicht haben Sie jedoch Ihrem Ärger einmal sogar in einer recht extremen Form Ausdruck verliehen. Haben Sie sich dann wieder beruhigt? Weil Sie Dampf abgelassen haben?

Vielleicht werden Sie jetzt denken, dass Sie keineswegs ein cholerisches Temperament besitzen, nur weil sie schon einmal ärgerlich waren. Tatsächlich sollte die Bezeichnung „Choleriker" gar nicht mehr verwendet werden. Sofern eine Verhaltensweise ohnehin nur gelegentlich auftritt, wird man nicht gleich eine Charaktereigenschaft konstruieren wollen. Außerdem unterscheiden wir ja zwischen proaktiven und reaktiven Formen bei Ärger-gesteuerten oder aggressiven Verhaltensweisen.

Ähnlich wie bei den reaktiven Formen von Ärger oder Gewalt wurde auch bei der eben geschilderten, proaktiven Form überlegt, ob sie zu einem gewissen Erfolgserlebnis führen kann und auf diese Weise immer wieder durch Lernen verstärkt wird. Das könnte tatsächlich der Fall sein. Jede Ärgerreaktion führt nämlich früher oder später zu einer Beruhigung. Diese würde nicht so leicht eintreten, wenn man den Ärger „herunterschlucken", also nicht zeigen würde. Damit hat die Ärgerreaktion den fatalen Effekt, dass sie sich gewissermaßen selbst belohnt[203].

Wenn das Stirnhirn seine Kontrollfunktionen nicht ausreichend ausführt, kommt es im Erleben zu einer Verzerrung der Wirklichkeit. An die Stelle zuverlässiger Informationen treten zufällige Assoziationen. Bedeutsame Assoziationen im Zusammenhang mit Ärger sind solche, die das eigene, ärgerliche Verhalten erklären könnten. Für eine solche Erklärung müssen eben oft Verhaltensweisen oder Eigenschaften anderer Personen herhalten. Da reicht oft schon ein unbedachtes Wort oder eine ungeschickte Bewegung aus, dass ein Mitmensch als „Sündenbock" herhalten muss.

Eine Kontrolle des Ärgers könnte am besten geschehen, wenn man sich mit den Motiven des vermeintlich Ärger erzeugenden Gegenübers auseinandersetzt und diese aus dessen Perspektive betrachtet. Genau das aber scheint das eigentliche Problem des Verärgerten zu sein: Er oder sie kann die Motive und Gedanken des Gegenübers nicht gut beurteilen. Was denken Leute in Situationen, in denen sie sich ärgern? *Ich kann wirklich nicht verstehen, warum er so etwas Dummes und Gemeines macht!*

Wenn nun jemand als „Sündenbock" ausgemacht worden ist, bleibt diesem nichts anderes übrig, als sich zurückzuhalten und zu warten, bis der Ärger verraucht ist. Eine proaktive Person wird sich nicht so schnell von ihren Plänen abhalten lassen. Weder wirken ernsthafte Vorhaltungen, beispielsweise einem Kollegen gegenüber, noch gutes Zureden etwa im Ehealltag. Das kann manchmal zu einer festgefahrenen Situation führen. Wir sprechen hier von alltäglichen Problemen, die im Umgang mit vielleicht sehr sympathischen, häufig auch sehr engagierten Menschen auftreten können. Selbstverständlich lassen sich solche Situationen im Alltag auch irgendwie lösen. Wir werden im nächsten Abschnitt darauf zurück kommen.

Es ist für jeden von uns wichtig, dass wir den Fehlern basaler Kontrollfunktionen, dem Ärger und dem zwanghaften Eifer, entgegen wirken. An dieser Stelle sei schon erwähnt, dass der römische Historiker Tacitus sich verpflichtet gefühlt hat, sich einer Diskussion „sine ira et studio" zu stellen, also ohne Ärgerlichkeit oder Eifer. Diese Maxime bestimmt bis heute den Stil von wissenschaftlichen Diskursen. Wissenschaftlichkeit ist also ohne Zweifel ein wichtiger, zivilisierender Faktor.

Schwere und andauernde Formen von proaktiv-impulsivem Verhalten werden zu den Persönlichkeitsstörungen gerechnet, die allerdings eher selten auftreten.

Es gibt noch andere Störungen der Persönlichkeit, auf die wir an dieser Stelle nicht eingehen. Fast immer gehen jedoch bizarre Verhaltensweisen mit Gedanken einher, die eben diese erklären sollen.

Viele Forscher gehen heute davon aus, dass das Verhalten von Personen, die häufig proaktive, durch Ärger gesteuerte Gewalt zeigen, mit einer Minderfunktion der vorderen

Stirnhirnbasis zusammenhängt[204]. Wir haben bereits die Vermutung geäußert, dass von dort aus die Neugierde für die Motive und Gedanken des Gegenübers unterstützt wird. Angetrieben wird eine solche Neugierde nicht zuletzt durch eine Art persönlicher Unsicherheit. Wie bereits erwähnt, ist die Stirnhirnbasis eng mit den Mandelkernen verbunden, die Vermeidungstendenzen unterstützen. Es kommt bei Heranwachsenden gar nicht selten vor, dass sie soziale Prozesse mit großer Zurückhaltung beobachten. Es entstehen Unsicherheiten, weil Planungsfehler zu Misserfolgen geführt haben oder weil noch wenig Erfahrung und Geschick im Umgang mit Rückmeldungen existiert. Und diese Unsicherheiten kompensieren Personen mit hohem Tätigkeitsdrang oft mit ungerichteter Aktivität.

Angenommen, jemand schätzt auf Grund schlechter Erfahrungen oder eigener Misserfolge andere Mitmenschen leicht als bedrohlich ein. Oder eine Person verfügt in einem Bereich über wenig strategische Kenntnisse. Gleichzeitig hat diese Person einen starken Antrieb, selbst etwas zu tun. Kein Wunder, dass dabei manchmal eine explosive Mischung entsteht.

Bleibt die Frage, warum die Kontrollfunktionen der Stirnhirnbasis überhaupt gelegentlich versagen und warum vor allem kein Verständnis für die Motive und Gedanken des Gegenübers vorhanden ist. Auch dazu gibt es zahlreiche Untersuchungen, die uns zu einem überaus spannenden Teil der Neurochemie führen.

Unternehmungslust und Aktivitätsdrang sind eng mit den Funktionen bestimmter Substanzen im Gehirn verbunden, Dopamin und Noradrenalin. Diese Botenstoffe dienen wie zahlreiche andere der Erregungsübertragung zwischen

Nervenzellen. Der Stoffwechsel dieser Substanzen wird unter anderem durch das Enzym COMT[205] unterstützt, dessen Verfügbarkeit genetisch bedingt ist.

Somit wird deutlich, dass die Funktionen der Stirnhirnbasis nicht nur durch individuelle Erfahrungen, durch Umgebungsreize und durch Aufmerksamkeitsprozesse beeinflusst werden. Sie werden auch durch genetische Faktoren bestimmt. Mit diesen Faktoren werden wir uns jetzt kurz beschäftigen, weil sie einmal mehr ein bemerkenswertes Beispiel dafür liefern, wie eng die verschiedenen Ebenen der Hirnfunktionen miteinander verwoben sind: die Neurochemie, die Zellbiologie, die Arbeit von Nervennetzwerken, das Zusammenspiel der einzelnen Hirnteile, die Lerngeschichte und das gezeigte Verhalten.

Der genetische Code[206], der für die Herstellung des COMT-Enzyms verantwortlich ist, ist genau analysiert worden. Man weiß insbesondere, dass es zwei Varianten des Gens gibt. Die eine Variante wird als Met-Variante, die andere als Val-Variante bezeichnet.

Für unsere Betrachtung können wir auf weitere neurochemische Details verzichten. Uns interessieren in erster Linie die Auswirkungen auf das Verhalten. Die Met-Variante sorgt zum Beispiel dafür, dass die aktivitätsfördernde Überträgersubstanz Dopamin gut verfügbar ist. Bei der Val-Variante steht weniger Dopamin zur Verfügung. Das führt dazu, dass Nervenverbindungen, die einen Aktivitätsdrang unterstützen, weniger aktiv sind.

Bedeutsam ist allerdings, dass die Eigenschaften von Enzymen stets von zwei Genen, genauer: einem Gen-Paar, bestimmt werden. Für das COMT-Enzym besteht das entsprechende Gen-Paar aus einer der folgenden Kombinationsmöglichkeiten: Met-Met, Met-Val, Val-Met oder

Val-Val. Jede Kombination ist gleichwahrscheinlich und tritt also in der Bevölkerung mit einer Häufigkeit von je 25 Prozent auf.

Jede vierte Person besitzt die Met-Met-Kombination im COMT-Gen. Mehrere Untersuchungen weisen diese Personen als eher impulsiv aus. Allein an der genannten Häufigkeit kann man ermessen, dass eine solche biochemische Ausstattung wegen ihrer aktivitätsfördernden Eigenschaften im Laufe der Evolution nicht unvorteilhaft gewesen sein muss. In einer Untersuchung an psychiatrischen Patienten mit manisch-depressiver Psychose wurden bei Met-Met-Personen vermehrt aggressive Tendenzen gefunden[207].

Die Met-Met-Kombination ist ebenso häufig wie die Val-Val-Kombination. Personen mit einer Val-Val-Kombination im COMT-Gen werden in jüngsten Untersuchungen als eher emotional ausgeglichen beschrieben[208].

Val-Val-Personen können ihre Aufmerksamkeit flexibel orientieren und beharren nicht so lange auf einem Punkt. Dieser Befund ist nicht unwichtig, weil er erklärt, warum bei diesen Personen die Gefahr geringer ist, dass Ärger länger vorhält. Außerdem fügt er sich gut zu der schon länger bekannten Tatsache, dass es bei Verletzungen im basalen Stirnhirn zu einer fatalen Aufmerksamkeitsfixierung und zu Zwangsstörungen kommen kann.

Abschließend sei eine, allerdings noch nicht hinreichend bestätigte Untersuchung mit einem außerordentlich bemerkenswerten Befund erwähnt. Am Bonner Institut für Differentielle und Biologische Psychologie wurde vor einiger Zeit ein einfaches Experiment durchgeführt[209]. Bei den Versuchspersonen war zuvor die COMT-Genetik geprüft worden. Sie erhielten abschließend eine Aufwandsentschädigung. Bevor die Personen wieder entlassen wurden, bat man sie, einen Teil der Aufwandsentschädigung für einen guten Zweck zu spenden.

Personen mit der Val-Val-Variante spendeten doppelt so viel wie Personen mit der Met-Met-Variante des COMT-Gens.

Wie wir uns anderen Menschen gegenüber benehmen, hängt also durchaus von der Genetik ab. Man darf aber nicht vergessen, dass es im Verhalten mindestens ebenso wichtig ist, was wir von Vorbildern lernen.

## Wie werde ich ein gutes Vorbild?

„Mir stieg der Geruch von Kaffee, Kakao und frischen Toasts in die Nase. Dann frühstückten wir gemeinsam. Da saßen sie nun: meine Tante, mein Onkel, dann ich, mein Vater und meine Mutter. Jeder erzählte irgendeine Geschichte, die er mal erlebt hatte. Und jeder dachte wohl, dass ihm die andern zuhören und verstehen, was gerade erzählt wird. Ich glaube aber nicht, dass sich die Leute wirklich zuhörten. Jeder hat wohl nur so vor sich hingesprochen und sein Frühstück gegessen." So berichtete es ein Zwölfjähriger in einem Aufsatz über eine Begebenheit während seiner vergangenen Ferien.

Wer weiß, vielleicht hat es sich wirklich so zugetragen, wie es in diesem Aufsatz berichtet wurde: Keiner hat beim Frühstück den Erzählungen der anderen eine besondere Aufmerksamkeit geschenkt. Vielleicht war es dem Jungen aber auch nur nicht gelungen, selbst am Gespräch aktiv teilzunehmen, weil im Grunde er derjenige war, der dem Gesprächsfaden noch nicht richtig folgen konnte. Immerhin ist es für einen Zwölfjährigen nicht immer einfach, den

Zustand und die Gedanken von Erwachsenen zu erraten.

Die Fähigkeit, den Zustand und die Gedanken anderer Personen zu entschlüsseln, ist jedoch die Grundlage menschlichen Sozialverhaltens. Wir haben deutlich gemacht, dass es zahlreiche Kontrollfunktionen des Stirnhirns gibt, die uns befähigen, bis zu einem gewissen Grad wirklich zu erkennen, was andere Menschen denken. Störungen von Kontrollfunktionen führen dagegen zu Einbußen im Sozialverhalten.

Jeder Mangel kann anscheinend durch benachbarte Funktionen weitgehend kompensiert werden, weil jede der geschilderten Funktionen für sich genommen bereits erstaunliche soziale Fähigkeiten ermöglicht. Sollte eine Funktion plötzlich ausfallen, beispielsweise durch eine Verletzung, dürfte entsprechend einer alten neuropsychologischen Regel gelten: Kompensieren ist einfacher als neu lernen. Ist die rechte Hand verletzt, so ist es besser, sich erst einmal mit Links zu behelfen als so lange zu warten, bis die verletzte Hand geheilt ist. Doch wie verhält es sich, wenn Kontrollfunktionen des Stirnhirns fehlen oder versagen? Kann sich unter solchen Umständen überhaupt ein Bedürfnis entwickeln, dass man sich bemüht, andere zu verstehen oder zu helfen, wenn andere Menschen Unterstützung brauchen?

Die Antwort ist: Ja, denn wir Menschen haben reichhaltige Möglichkeiten, miteinander auszukommen. Ein Motor dafür ist das Lernen am Modell. Außerdem wurde die beim Menschen deutlich ausgeprägte pädagogische Fähigkeit erwähnt, die soziales Lernen erleichtert. Damit war gemeint, dass bestimmte Menschen anderen gegenüber als Modellperson auftreten und etwas vormachen mit dem Ziel, dass es nachgemacht wird. Dabei geht es selbstverständlich nicht nur ums praktische Vormachen, sondern auch um Instruktionen, denen Folge geleistet werden sollte. Und es geht nicht nur ums Nachmachen, sondern auch darum, dass Lob und Erfolgserwartung vom Lernenden verinnerlicht werden. Wir wissen, dass sich dazu einzelne Kontrollfunktionen entwickeln können. Wir haben gesehen, dass letztlich Mitgefühl viel vermag, dass aber verinnerlichte Werte fast noch bedeutsamer sind. Um Werte anzunehmen, braucht man in der Regel ein Vorbild, am besten eines mit pädagogischem Geschick.

Kommen wir also abschließend vom Verstehen zum Verständlichmachen und Verstandenwerden. Das betrifft die Frage, wie man ein gutes Vorbild wird.

Als Vorbild muss man sicherstellen, dass der Lernende seine Aufmerksamkeit auf den Lerninhalt lenkt. Ein Chef wird seine Mitarbeiter am besten motivieren, wenn er mit ihnen seine Ziele bespricht. Ein Lehrer muss ein Gespür dafür bekommen, ob der Lernende das Richtige gedacht, die Instruktion also überhaupt verstanden hat.

Viele Formen des effizienten Lernens erfordern jedoch eine Anleitung, vor allem, wenn es um Ziele geht, die erst längerfristig zu erreichen sind. Das verlangt vom Lernenden eine gewisse Form von Anstrengung, damit die Ziele und die Methoden der Zielerreichung verstanden und verinnerlicht werden.

Wenn man nicht nur verstehen will, sondern auch selbst verständlich sein will, muss man seine Argumente in sehr klarer und einfacher Form vorbringen. Es ist bereits deutlich geworden, dass Personen, deren Stirnhirn geschädigt ist oder deren Arbeitsspeicher Einschränkungen besitzt, Schwierigkeiten haben, komplizierte Sätze und nicht ausgesprochene Schlussfolgerungen zu verstehen oder zu ergänzen. Das gilt auch für kleine Kinder.

Im Alltag verhält man sich unbewusst in entsprechender Weise. Betrachten wir hierzu ein einfaches Beispiel. Eine Mutter will ein trauriges, ängstliches oder verärgertes Kind trösten. Wie macht sie das am besten? In der Regel wird eine Mutter in einer solchen Situation die Emotion des Kindes zum Teil widerspiegeln: *ja, das ist traurig; ja, das ist unheimlich; ja, das ist ärgerlich.* Sie zeigt damit an, dass sie das Ziel der emotionalen Reaktion ihres Kindes versteht. Sie schwächt nun die Reaktion nicht unbedingt ab. Beruhigung hilft ja erfahrungsgemäß oft nicht. Wenn die Mutter geschickt ist, zeigt sie vielmehr andere, bessere Ziele, die es zu erreichen lohnt. Das kann Zuwendung sein: *Trotz allem haben wir uns lieb.* Das kann Humor sein: *Trotz allem sind wir gut drauf.* Das kann aber auch ein interessanteres Ziel sein, das von der konkreten Situation ablenkt: *Schau mal, was es dort gibt!* Es gibt stets Wichtigeres zu erreichen.

Ähnliche Wege könnten zum Beispiel auch bei gewalttätigen Jugendlichen gangbar sein. Gewalt dient ja oft leider als Mittel, um eine Meinung durchzusetzen, oder an Dinge zu kommen, die man besitzen möchte. Doch auch für Heranwachsende, die sich als Schläger hochgekämpft haben, gibt es Ziele, die ihnen noch erstrebenswerter erscheinen als das, was sie bisher erreicht haben: nicht bloß Macht oder Geld, sondern zum Beispiel mehr Anerkennung und Einfluss. Es kann sich dabei auch um Anerkennung bei begehrten Vertreterinnen des anderen Geschlechts oder um noch mehr Souveränität den eigenen Leuten gegenüber handeln. Allerdings muss man die Chance gehabt haben, zu erleben, dass ein augenblicklicher Nachteil längerfristig zum Erfolg beiträgt. Wie überraschend ist es doch, plötzlich zu begreifen, dass sich die alte Weisheit bewährt: *Der Klügere gibt nach.*

Ob es sich nun um einen Chef und seine Mitarbeiter handelt oder um die Mutter mit ihrem Kind: Es ist sinnvoll, dass kompetente Menschen manchmal Führungsverhalten zeigen. Und unter welchen Umständen kann Führung akzeptiert werden? Es ist die alte pädagogische Frage, die sich auch im Verhältnis von Lehrer und Schüler stellt. Die Antwort lautet stets: Die Befolgung der Instruktion muss für den Lernenden einen Erfolg versprechen. Wenn das der Fall ist, kann sogar Anstrengung letztlich durchaus Spaß machen. Haben Sie sich schon einmal etwas ziemlich Kompliziertes erklären lassen müssen, zum Beispiel bei der Bedienung Ihres Handys oder Ihres Computers? Oder haben Sie etwas durch langwieriges Probieren endlich selbst herausgefunden? Wie auch immer, das Aha-Erlebnis hinterher hat die Mühen des Ausprobierens sicherlich aufgewogen.

Schließlich muss die gesamte Lehrsituation so gestaltet sein, dass sie dem empathischen Empfinden genügt. Das bedeutet aber nichts anderes, als dass hierbei grundsätzlich auch der Lehrende gerne mit dem Lernenden tauschen würde und in der vorliegenden Lernsituation selbst Schüler sein wollte, der hohen Lerngewinn erhofft. Dieses Postulat stellt gewissermaßen eine psychologische begründete Variante von Kants kategorischem Imperativ[210] dar. Es verlangt vom Lehrenden, sich in die Situation des Lernenden hineinzudenken.

Wie bei allen „höheren" Fähigkeiten des Menschen greift die Informationsverarbeitung des Gehirns auch bei der Führungskompetenz auf stammesgeschichtlich alte Ressourcen zurück. Im hinteren Teil der Großhirnrinde gibt es zum Beispiel einen Bezirk, der unterschiedliche Aktivitäten aufweist: je nachdem, ob eine Person einer anderen nachfolgt und diese beobachtet oder ob eine Person einer anderen vorangeht, um die sie sich kümmert[211]. Noch kennen wir nicht das Stirnhirnareal, das die dabei erforderlichen Handlungen überwacht, und wissen nicht, welche Eigenschaften diese Kontrollfunktion im Einzelnen besitzt.

Die Bedeutung von Funktionen, die kontrollieren, wohin jemand vorangeht oder ob jemand nachfolgt, liegt auf der Hand. In beiden Fällen muss die Aufmerksamkeit auf die jeweils andere Person gerichtet sein. Das kann bereits zur Nachahmung anregen: Der Führende merkt, dass man auf ihn achtet. Der Nachfolgende merkt, dass er beachtet wird. Unter Umständen dankt die beachtete Person die Beachtung, die ihr zuteil wird, ihrerseits durch Aufmerksamkeit. Gelegentlich hört man die Empfehlung, dass Menschen erst lernen sollten, nachzufolgen, bevor man sie führen lässt. Eines der Ziele einer solchen pädagogischen Strategie könnte darin liegen, die Lernenden daran zu gewöhnen, ihre Aufmerksamkeit auf die Absichten und Ziele anderer zu richten. Ähnliches wird in gewissem Umfang gelernt, wenn die Fähigkeit zur Auseinandersetzung und zum Diskurs geübt wird.

Wenn der Vorangehende Wert darauf legt, dass ihm nachgefolgt wird, muss er im Zweifel den anderen dort abholen, wo dieser sich momentan befindet. Gerade bei unternehmungslustigen Kindern und Jugendlichen oder bei impulsiven Erwachsenen ist dieser Punkt offenbar entscheidend. Wenn ein Standpunkt erst einmal akzeptiert worden ist, so verhindert das Enttäuschung und Ärger und unterstützt dabei, einen Tatendrang in die passende Richtung zu lenken. Das Grundmuster der Pädagogik kann also nicht die Instruktion sein, sondern die Hilfe, Probleme zu lösen. Hilfe wird vielfach als tätige Hilfe verstanden, also anderen zu etwas zu geben, was sie nicht haben, oder anderen die Arbeit zu erleichtern. Hier ist mit Hilfe gemeint: beim Denken zu helfen.

Man kann aber nur dann beim Denken helfen, wenn man einigermaßen sicher sein kann, zu wissen, was der andere denkt. Gut, dass uns die Natur dafür geradezu verschwenderisch ausgestattet hat.

# Index

**H**



**I**



**K**

## L



## M



## N



## O

## P



## R



## S

**T**



**U**



**V**



**W**

# Endnoten

1 Daniel Tammet (* 1979), britischer Gedächtnis- und Rechenkünstler. Die wörtlichen Zitate in diesem Absatz stammen aus einem Interview von Peter Babutzky, erschienen im Magazin „Das Interview" (FHW Wien).

2 Übrigens hat Bertalanffy auch bereits Modellrechnungen dazu angestellt, dass die Evolution mit Hilfe von zwei Geschlechtern am effizientesten ist. Vgl. auch Barton NH, Briggs DEG, Eisen JA, Goldstein DB, Patel NH (2007) Evolution. Cold Spring Harbor: Laboratory Press.

3 Darwin CR (1872) The expression of the emotions in man and animals. London: John Murray.

4 Plutchik R (1984) Emotions: A general psychoevolutionary theory. In Scherer KR, Ekman P (Eds.) Approaches to emotion, pp. 197–219. Hildsale, NJ:Erlbaum.

5 Davidson R J (2003) Affective neuroscience and psychophysiology: Toward a synthesis. Psychophysiology 40, 655–665.

6 Bösel R (2000) Neuropsychologische Grundlagen der Emotion. In Otto JH, Euler HA, H. Mandl H (Hrsg.) Emotionspsychologie, S. 491–497. Weinheim: Psychologie Verlags Union.

7 Brennan A, Ayers S, Ahmed H, Marshall-Lucete S (2007) A critical review of the couvade syndrome: The

pregnant male. Journal of Reproductive and Infant Psychology 25, 173–189.
8 Ekman P, Friesen W (1978) Facial Action Coding System. A Technique for the Measurement of Facial Movement. Palo Alto: Consulting Psychologists Press.
9 Jack RE, Garrod OGB, Yu H, Caldara R, Schyns PG (2012) Facial expressions of emotion are not culturally universal. Proceedings of the National Academy of Science of the U.S.A. Online April 16, 2012.
10 Kussin S, Bösel R (1988) Inhaltsstoffe des Achselschweißes bei emotions- und kognitionsbezogenem Coping. 36. Kongress der Deutschen Gesellschaft für Psychologie.
11 Huxley J (1966) A Discussion of Ritualisation of Behavior in Animals and Man. Philosophical Transactions of the Royal Society London 251, 247–256.
12 Hamilton WD (1964) The genetical evolution of social behavior. Journal of Theoretical Biology 7, 1–52.
13 Homer, Ilias 1, 597–599
14 Eibl-Eibesfeldt I (1972) Grundriß der vergleichenden Verhaltensforschung. München: Piper, 3. Auflage, S. 169.
15 Man kann anmerken, dass Personen, die aus ethischen Gründen kein Fleisch essen wollen, auf Fische, Krustentiere oder Pflanzen ausweichen. Fastenregeln erlauben mitunter den Verzehr von Eiern. Embryonen oder sogar Neugeborene gelten manchen Personen wegen ihrer geringen sozialen Einbindung vielfach als noch nicht vollwertige Menschen.
16 Schweitzer A. (2006) Ehrfurcht vor den Tieren. München: Beck, Bd. 1714 (2. Auflage)
Schweitzer A. (2009) Ehrfurcht vor dem Leben. München: Beck, Bd. 255 (9. Auflage)

17 Vergleiche dazu auch: Bernhardt BC, Singer T (2012). The Neural Basis of Empathy. Annual Review of Neuroscience, 35.

18 Riedl R (1982) Evolution und Erkenntnis. München: Piper.

19 Es handelte sich um sogenannte Ereigniskorrelierte Potentiale, die man mit Hilfe der Elektroenzephalographie auch außen am Kopf nach dem Auftauchen eines bedeutsamen Reizes ableiten kann. In diesen Potentialen findet man einen starken Positivausschlag gerade dann, wenn der bedeutsame Reiz in einer Serie weniger bedeutsamer Reize auftritt.

20 An dieser Stelle sollen vor allem die zahlreichen Arbeiten von Jean Decety in Chicago, Tanja Singer in Leipzig oder Uta Frith in London hervorgehoben werden.

21 Braitenberg V (1973) On the Texture of Brains. NewYork: Springer, S.1.

22 Penfield W, Rasmussen T (1950) The Cerebral Cortex of Man. A Clinical Study of Localization of Function. New York: Macmillan.

23 Wilder Graves Penfield (1891–1976)

24 Aus: Bösel R (2006) Das Gehirn. Stuttgart: Kohlhammer.

25 Prinz, W. (1991). Über Wahrnehmung und Bewegung. Zeitschrift für Psychologie, 11, 93–104.
Müsseler, J., & Prinz, W. (1996). Action planning during the presentation of stimulus sequences: Effects of compatible and incompatible stimuli. Psychological Research, 59, 48–63.

26 Brodmann K (1912) Neue Ergebnisse über die vergleichende histologische Localisation der Großhirnrinde mit besonderer Berücksichtigung des Stirnhirns. Anatomischer Anzeiger Supplement 41, 157–216.

27 Blinkov SM, Glezer II (1968) The Human Brain in Figures and Tables. A Quantitative Handbook. New York: Plenum Press.
28 Gemeint sind hier die Areale 8 bis 10 sowie 44 bis 46.
29 Völlm BA, Taylor ANW, Richardson P, Corcoran R, Stirling J, McKie S, Deakin JFW, Elliott R (2006) Neuronal correlates of theory of mind and empathy: a functional magnetic resonance imaging study in a nonverbal task. NeuroImage 29, 90–98.
30 Areal BA 8
31 Grenze zwischen den Arealen BA 8 und 9 an der Kante zum Hemisphärenspalt
32 Hynes CA, Baird AA, Grafton ST (2006) Differential role of the orbital frontal lobe in emotionale versus cognitive perspective-taking. Neuropsychologia 44, 374–383
33 Areal BA 10
34 Takahashi H, Yahata N, Koeda M, Matsuda T, Asai K, Okubo Y (2004) Brain activation associated with evaluative process of guilt and embarrassment: an fMRI study. NeuroImage 23, 967–974.
35 Marcus Tullius Cicero (106–43 v. Chr.), De finibus 5, 24.
36 Aus Bösel R (2001) Denken. Göttingen: Hogrefe, S. 418. Zeichnungsvorlage nach einer Idee von Bernd Pohlenz 1996.
37 Walter H. Adenzato M, Ciamidaro A, Enrici I, Pia L, Bara BG (2004) Understanding intentions in social interaction: the role of the anterior paracingulate cortex. Journal of Cognitive Neuroscience 16, 1854–1863.
38 Areal BA 9
39 Aus Bösel R (2001) Denken. Göttingen: Hogrefe, S. 155.

40 Mitchell JP, Macarae CN, Banaji MR (2005) Forming impressions of people versus inanimate objects: Social-cognitive processing in the medial prefrontal cortex. NeuroImage 26, 251–257.

41 Berthoz S, Grèzes J, Armony JL, Passingham RE, Dolan RJ (2006) Affective responses to one's own moral violations. NeuroImage 31, 945–950.

42 Unveröffentlichte Diplomarbeit von Milena Reisen (2005) EEG-Alpha während der Attribution mentaler Zustände anderer Personen in Theory-of-Mind-Aufgaben. Freie Universität Berlin, Fachbereich Erziehungswissenschaft und Psychologie.

43 Temple Grandin (*1947), amerikanische Tierwissenschaftlerin

44 Aus einem Interview von Michaela Haas, veröffentlicht im SZ-Magazin, Heft 41/2010

45 Nach dem österreichischen Kinderarzt Hans Asperger (1906–1980)

46 Dziobek I, Fleck S, Kalbe E, Rogers K, Hassenstab J, Brand M, Kessler J, Woike J, Wolf OT, Convit A (2006) Introducing MASC: A Movie for the Assessment of Social Cognition. Journal of Autism and Developmental Disorders 36, 623–636.

47 Kutas M, Hillyard SA (1980) Reading senseless sentences: Brain potentials reflect semantic incongruity. Science 207, 203–205.

48 Garrod SC, Sanford AJ (1990), Referential processes in reading: focusing on roles and individuals. In: Balota DA, Flores D'Arcais GB, Rayner K (Eds) Comprehension Processes in Reading, Lawrence Erlbaum, Hillsdale, NJ.

49 Dieses Beispiel ist übernommen aus: Bösel R (2001) Denken. Göttingen: Hogrefe. Das Original stammt

von: Bronwell HH, Michel D, Powelson JA, Gardner H (1983) Surprise but not coherence: Sensitivity to verbal humor in right hemisphere patients. Brain and Language 18, 20–27.

50 Brownell H, Michel D, Powelson J, Gardner H (1983) Surprise but not coherence. Sensitivity to verbal humor in right hemisphere patients. Brain and Language 16, 20–27.

51 Ambrose JA (1963) The age of onset of ambivalence in early infancy: indications from the study of laughing. Journal of Child Psychology and Psychiatry 4, 167–181.

52 In Anlehnung an: Metcalfe J (1986) Feeling of knowing in memory and problem solving. Journal of Experimental Psychology: Learning, Memory, and Cognition 12, 288–284.

53 Eibl-Eibesfeldt I (1972) Grundriß der vergleichenden Verhaltensforschung. München: Piper, S. 169f.

54 Grèzes J, Frith C, Passingham RE (2004) Brain mechanisms for inferring deceit in the actions of others. The Journal of Neuroscience 24, 5500–5505. Greene JD, Nystrom LE, Engell AD, Darley JM, Cohen JD (2004) The neural bases of cognitive conflict and control in moral judgment. Neuron 44, 389–400.

55 Die dargestellten Daten stammen aus: Grèzes J, Frith C, Passingham RE (2004) Brain mechanisms for inferring deceit in the actions of others. The Journal of Neuroscience 24, 5500–5505. Greene JD, Nystrom LE, Engel AD, Darley JM, Cohen JD (2004) The neural bases of cognitive conflict and control in moral judgment. Neuron 44, 389–400.

56 MacDonald AW, Cohen JD, Stenger VA, Carter CS (2000) Dissociating the role of the dorsolateral pre-

frontal und anterior cingulate cortex in cognitive control. Science 288, 1835–1838.
57 Singer T, Seymour B, O'Doherty J, Kaube H, Dolan RJ, Frith CD (2004) Empathy for pain involves the affective but not sensory components of pain. Science 303, 1157–1162.
58 Soon CS, Brass M, Heinze H-J, Haynes J-D (2008) Unconscious determinants of free decisions in the human brain. Nature Neuroscience Advanced Online Publication, 13 April 2008
59 Goodall J (1993) Wilde Schimpansen. Reinbek: Rowohlt, S. 123.
60 Aus: Marston WM (1938) The Lie Detector Test. NewYork: Smith.
61 Steller M, Köhnken G (1989) Criteria-based statement analysis. In Raskin DC (Ed) Psychological methods for investigation and evidence, pp. 217–245. New York: Springer.
62 Cosmides L (1989) The logic of social exchange: Has natural selection shaped humans reason? Cognition 31, 187–276.
63 Vgl. die evolutionspsychologische Argumentation in: Ulich D, Bösel R (2005) Einführung in die Psychologie. Stuttgart: Kohlhammer, S. 242.
64 Sophokles (496–406), König Ödipus
65 Wir meinen hier alle Arten von indirekten, rhetorischen Verwendungen, die im übertragenen Sinn verstanden werden, wie zum Beispiel auch Metonyme, also stellvertretende Bezeichnungen, Allegorien, also Stilfiguren oder Parabeln, also lehrhafte Geschichten.
66 Vgl. z.B. Klix F (1971) Information und Verhalten. Bern: Huber.

67 Aus Bösel R (2000) Denken. Göttingen: Hogrefe, S. 422.

68 Al-Biruni (973–1048), aus der Geodäsie, zitiert nach Al-Biruni (1991) In den Gärten der Wissenschaft. Leipzig: Reclam.

69 Raven JC (1956) Standard progressive matrices. London: Watt.

70 Aus Bösel R (2001) Denken. Göttingen: Hogrefe, S. 321. Die zweite Lösungsalternative entspricht den Vorgaben.

71 Vgl. Sternberg RJ (1977) Intelligence, information processing, and analogical reasoning. Hillsdale, NJ: Erlbaum.

72 Prabhakaran V, Smith JA, Desmond JE, Glover GH, Gabrieli JD (1997) Neural substrates of fluid reasoning: an fMRI study of neocortical activation during performance of the Raven's Progressive Matrices Test. Cognitive Psychology 33, 43–63.
Geake JG, Hansen PC (2010) Functional neural correlates of fluid and crystallized analogizing.NeuroImage 49, 3489–3497

73 Area BA 46

74 Freud S (1964ff) Gesammelte Werke Band XVII, S. 103. Frankfurt: Fischer. In der dritten Vorlesung „Über Psychoanalyse" (Leipzig: Deuticke 1912, S. 31) schreibt Freud: „Dies Material an Einfällen … stellt für den Psychoanalytiker gleichsam das Erz dar, dem er mit Hilfe von einfachen Deutungskünsten seinen Gehalt an wertvollem Material entzieht."

75 Vgl. das „Taubenschussproblem" in Carnap R, Stegmüller W (1958) Induktive Logik und Wahrscheinlichkeit. Wien: Springer.

76 Wenn für diese Regel zwei Alternativen offen bleiben, so liegt das informationstheoretische Maximum stets näher bei dem Randwert, der das erwünschte oder in erster Näherung erwartete Ergebnis repräsentiert.

77 Der Anteil einer von zwei Komponenten am Gesamtinformationsgehalt ist $p.\log_2(1/p)$, wenn p die Häufigkeit einer Komponente ist. Für diesen Ausdruck ist der Maximalwert zu berechnen. Das Ergebnis für p ist $1/e = 0{,}367879 \ldots$

78 Leonhard Euler (1707–1783)

79 Sanfey AG, Rilling JK, Aronson JA, Nystrom LE, Cohen JD (2003) The neural basis of economic decision-making in the ultimatum game. Science 300, 1755–1758.

80 Brassen S, Gamer M, Peters J, Gluth S, Büchel C (2012) Don't look back in anger! Responsiveness to missed chances in successful and nonsuccessful aging. Science, online publication, April 19, 2012.

81 Grzimek B (1976) Grzimeks Tierleben, Band Säugetiere 3. München: Deutscher Taschenbuchverlag, S. 498.

82 David N, Berwenick BH, Cohen MX, Newen A, Lux, S, Fink GR, Shah NJ, Vogeley K (2006) Neural representations of Self versus Other: visual-spatial perspective taking and agency in a virtual ball-tossing game. Journal of Cognitive Neuroscience 18, 898–910.

83 Übergangsgebiet der Areale BA 10 und 32

84 Allman LS, Hakeem A, Erwin JM, Nimchinsky E, Hof P (2001) The anterior cingulate cortex: the evolution of an interface between cognition and emotion. Annuals of the NewYork Academy of Science 935, 107–117.

85 Wicker B, Keysers C, Plailly J, Royet J-P, Gallese V, Rizolatti G (2003) Both of us disgusted in my insula:

the common neural basis of seeing and feeling disgust. Neuron 40, 655–664.
86 Fletcher PC, Happe F, Frith U, Baker SC, Dolan RJ, Frackowiak RS, Frith CD (1995) Other minds in the brain: a functional imaging study of „theory of mind“ in story comprehension. Cognition 57, 109–128.
87 Carruther P (2000) Phenomenal Consciousness. Oxford: University Press.
88 Möller D, Bösel R (2005) EEG-Untersuchung zur mentalen Simulation von selbstdurchgeführten und fremddurchgeführten Handlungen. Jahrbuch der Berliner Wissenschaftlichen Gesellschaft, Berliner Wissenschaftsverlag S. 189–196.
89 Libet B (1985) Unconscious cerebral initiative and the role of conscious will in voluntary action. The Behavioral and Brain Sciences 8, 529–566.
90 Feger H, Graumann C F (1983) Beobachtung und Beschreibung von Erleben und Verhalten. In: Feger H, Bredenkamp J(Hrsg.) Datenerhebung. Enzyklopädie der Psychologie, Forschungsmethoden, Bd. B/I/2, S. 76–134. Göttingen: Hogrefe.
91 Dieser hypothetische Fallbericht setzt einige Charakteristika realer Fälle zusammen. Publizierte Fallberichte stammen unter anderem von Peter Brugger vom Neuroscience Center an der ETH Zürich.
92 Carter RM, Bowling DL, Reeck C, Huettel SA (2012) A distinct role of the temporo-parietal junction in predicting socially guided decisions. Science 337, 109–111.
93 Wimmer H, Perner J (1983) Beliefs about beliefs: Representation and constraining function of wrong beliefs in young children’s understanding of deception. Cognition 13, 103–128.

94 Perner J, Leekam S (2008) The curious incident of the photo that was accused of being false: issues of domain specificity in development, autism, and brain imaging. Quarterly Journal of Experimental Psychology 61, 76–89.
95 King-Casas B, Tomlin D, Anen C, Camerer CF, Quartz SR, Montague PR (2005) Getting to know you: reputation and trust in a two-person economic exchange. Science 308, 78–83.
96 Johnson D, Fowler J (2011) The evolution of overconfidence. Nature 477, 317–320.
97 Krafft-Ebing Rv (1891) Psychopathia sexualis. Stuttgart: Enke, 6. Auflage. Zitat von S. 104.
98 Wir folgen hier der Darstellung von Beate Lakotta in der Zeitschrift „Der Spiegel" vom 13.02.2012, S. 57–60.
99 Tomasello M, Carpenter M, Call J, Behne T, Moll H (2005) Understanding and sharing intentions: The origins of cultural cognition. Behavioral and Brain Sciences 28,675–691.
100 Bandura A (1976) Lernen am Modell. Stuttgart: Klett.
101 Philipps DP (1983) The impact of mass media violence om U.S. homicides. American Sociological Review 48, 560–568.
102 Thomas MH (1982) Physiological arousal, exposure to a relatively lengthy aggressive film, and aggressive behavior. Journal of Research in Personality 16, 72–81.
103 Wolfgang Köhlers Filmaufnahmen der „Intelligenzprüfungen an Menschenaffen" (1914–1917), herausgegeben von Hermann Kalkofen, Institut für den Wissenschaftlichen Film in Göttingen, 1975
104 William Benjamin Carpenter (1813–1885)

105 Köhler W (1917) Intelligenzprüfungen an Anthropoiden I. Berlin: Verlag der Königlichen Akademie der Wissenschaften, S. 132.

106 Bösel R (2005) Aufmerksamkeitslenkung als pädagogische Strategie. In Graf B, Müller AB (Hrsg) Sichtweisen, S. 91–108. Wiesbaden: Verlag für Sozialwissenschaften.

107 Man spricht von einer AIDA-Strategie, wenn Attention, Interest, Desire und Action anderer Personen gelenkt werden sollen.

108 Eibl-Eibesfeldt I (1972) Grundriss der vergleichenden Verhaltensforschung. München: Piper, 3. Auflage.

109 Schuhwerbung 2006 des Naturschuhladens FRAUENSCHUH, Berlin.

110 Hugo Karl Liepmann (1863–1925)

111 Dieses Gebiet trägt bei Makaken die Bezeichnung Fc5.

112 Rizzolatti G, Fogassi L, Gallese V (2002). Motor and cognitive functions of the ventral premotor cortex. Current Opinion in Neurobiology 12, 149–154. Eine weiterführende Darstellung in: Rizzolatti G, Sinigaglia C (2008) Empathie und Spiegelneurone: Die biologische Basis des Mitgefühls. Frankfurt a.M.: Suhrkamp.

113 Areal BA 44

114 Mukamel R, Ekstrom AD, Kaplan J, Iacoboni M, Fried I (2010) Single-Neuron Responses in Humans during Execution and Observation of Actions. Current Biology 20, 750–756.

115 Im EDICI-Projekt haben sich zum Beispiel Arbeitsgruppen aus Wien (Ludwig Huber), London (Cecilia Heyes), Leipzig (Marcel Brass) und Budapest (Gyorgy Gergely) zusammen geschlossen.

116 Tsoory-Shamay, G., S., Ahron-Peretz, A., Perry, D. (2009). Two systems for empathy. A double dissociation between emotional and cognitive empathy in inferior frontal gyrus versus ventromedial prefrontal lesions. Brain 132, 617–627.

117 Im Englischen unterscheidet man zwischen den rein gedanklichen „feelings“ und den bereits körperlich erlebten „emotions“.

118 Im Englischen unterscheidet man die verschiedenen Formen von Mitgefühl zum Beispiel mit den Bezeichnungen „fellow feeling“ und „compassion“.

119 aus dem EDICI-Projekt, siehe Fußnote im vorigen Abschnitt

120 Gemälde von Jacopo Bassano (1517–1592), The National Gallery, London.

121 Feshbach S (1970) Aggression. In Mussen PH (Ed.) Carmichael's manual of child psychology, Vol. 2, 159–259. New York: Wiley.

122 http://de.wikipedia.org/wiki/Hooligan

123 auf dem Chromosom 11

124 Larsson M, Pedersen NL, Stattin H (2007) Associations between iris characteristics and personality in adulthood. Biological Psychology 75,165–175.

125 Hajdari E, Kasper S, Winkler D (2009) Wie aggressives Verhalten gesteuert wird. CliniCum neuropsy 02, www.clinicum.at

126 Halperin JM, Schulz KP, McKay KE (2003) Familial correlates of central serotonergic function in children with disruptive behavior disorders. Psychiatry Research 119, 205 -216.

127 Caspi A, McClay J, Moffit TE (2002) Role of Genotype in the Cycle of Violence in Maltreated Children. Science 297, 851–852.

128 Canli T, Lesch K-P (2007) Long story short: the serotonin transporter in emotion regulation and social cognition. Nature Neuroscience 10, 1103–1109.
129 Waltershausen WSv (1856) Gauss zum Gedächntis. Leipzig: Hirzel, S. 12.
130 Carl Friedrich Gauß (1777–1855)
131 Pesenti M, Zago L, Crivello F, Mellet E, Samson D, Duroux B, Seron X, Mazoyer B, Tzourio-Mazoyer N (2001) Mental calculation in a prodigy is sustained by right prefrontal and medial temporal areas. Nature Neuroscience 4, 103–107.
132 Alexander Lurija (1902–1971).Veröffentlichung über den Patienten S.: Luria AR (1968) The Mind of a Mnemonist. New York: Penguin.
133 Areale BA 44 und 45
134 Aus Bösel R (2000) Denken. Göttingen: Hogrefe, S. 426.
135 http://www.heise.de/tp/artikel/15/15701/1.html
136 Rawlinson G (1976) The Significance of Letter Position in Word Recognition. Nottingham University: PhD Thesis. Summary: http://www.mrc-cbu.cam.ac.uk/people/matt.davis/Cmabrigde/rawlinson.html
137 Aus Bösel R (2001) Denken. Göttingen: Hogrefe, S. 245.
138 In der Regel unter 500 Hz.
139 Soskin WF, Kauffman PE (1961) Judgement of emotion in word-free voice samples. Journal of Communication 11, 73–80.
140 Watzlawick P, Beavin JH, Jackson DD (1969) Menschliche Kommunikation – Formen Störungen Paradoxien. Bern: Verlag Hans Huber.
141 Matthäus 26,40–41
142 www.online-translator.com

143 Debus S, Posner R (2007) Atmosphären im Alltag. Über ihre Erzeugung und Wirkung. Bonn: Psychiatrie-Verlag.
144 Bösel R (1977) Der Einfluß von Informationsqualitäten in einer Aufgabenstellung auf die Problemlösegüte. Psychologie in Erziehung und Unterricht 24, 144–153.
145 René Descartes (1596–1650) verteidigt jedoch die Brauchbarkeit dieses abstrakten Konzepts im „Discours de la méthode" von 1637.
146 Schilbach L, Wohlschlaeger AM, Kraemer NC, Newen A, Shah NJ, Fink GR, Vogeley K (2006) Being with virtual others: Neural correlates of social interaction. Neuropsychologia 44, 718–730.
147 Areal BA 10
148 Decety J, Chaminade T (2003) When the self represents the other: A new cognitive neuroscience view on psychological identification. Consciousness and Cognition 12, 577–596.
149 Kippenhan JS, Olsen RK, Mervis CB, Morris CA, Kohn P, Meyer-Lindenberg A, Berman KF (2005) Genetic contributions to human gyrification: sulcal morphometry in Williams syndrome. The Journal of Neuroscience 25, 7840–7846.
150 Kim H, Somerville LH, Johnstone T, Alexander AL, Wahlen PJ (2003) Inverse amygdala and medial prefrontal cortex response to surprise faces. NeuroReport 14, 2317–2322.
151 Muzaffer Şerif Başoğlu (1906–1988); Sherif M (1936) The Psychology of Social Norms. Oxford: Harper.
152 Zajonc RB (1968) Attidudinal effects of mere exposure. Journal of Personality and Social Psychology Monograph Supplements 9, 1–27.

153 Bertold Brecht versuchte regelmäßig die Aufmerksamkeit des Publikums auf bestimmte Themen zu lenken. Diesen Effekt erzielte er im epischen Theater oft durch Verfremdung (V-Effekt) von vorhersehbaren Handlungsfolgen.
154 Gustav Theodor Fechner (1801–1887)
155 Fechner GT (1876) Vorschule der Ästhetik. Leipzig, S. 16 f.
156 Güth W, Tiez R (1990) Ultimatum Bargaining Behavior. Journal of Economic Psychology 11, 417–449.
157 Bösel R (2003) Ästhetisches Empfinden: neuropsychologische Zugänge. In Küpper J, Menke C (Hrsg) Dimensionen ästhetischer Erfahrung, S. 264–283. Frankfurt am Main: Suhrkamp.
158 Brugger P (1997) Variables that influence the generation of random sequences: An update. Perceptual and Motor Skills 84, 627–661.
159 Andere Bezeichnungen sind apallisches Syndrom oder vegetativer Zustand.
160 Owen A, Coleman M (2007) Functional Imagery and the Vegetative State. Advances in Clinical Neuroscience & Rehabilitation 7, 35–36.
161 Brosnan SF, de Waal FBM (2003) Monkeys reject unequal pay. Nature 425, 297–299.
162 Selbstverständlich sind Schüler auch bei einem akzeptierten Lehrer in der Regel ruhiger als bei einem, dessen Unterricht sie nicht so gut folgen. In unserem Beispiel geht es um den oft fehlenden Lerntransfer von disziplinarischen Maßnahmen.
163 Bechara A, Damasio H, Damasio AR (2000) Emotion, decision making, and the orbitofrontal cortex. Cerebral Cortex 10, 295–307.

164 Witt LS, Tamm S, Bösel RM (2007) Feedback processing in male adolescents during performing the Iowa Gambling Task: An ERP study. Dortmund: Tagung Psychologie und Gehirn.
165 Biele G, Rieskamp J, Krugel LK, Heekeren HR (2011) The neural basis of following advice. PLoSBiology 9, e1001089
166 Nach Rosemarie Stein: Unglaublich wirksam. Der Tagesspiegel vom 07.03.2012.
167 Finnis DG, Kaptchuk TJ, Miller F, Benedetti F (2010) Biological, clinical, and ehtical advances of placebo effects. The Lancet 375, 686–695.
168 Areale BA 24 und 25
169 Meissner K, Kohls N, Colloca L (2011) Placebo effects in medicine: mechanisms and clinical implications. Philosophical Transactions of the Royal Society B 366.
170 Bösel RM (2001) Denken. Göttingen: Hogrefe, S. 185.
171 Ross L (1977) The intuitive psychologist and his shortcomings: Distortions in the attribution process. In Berkowitz L (Ed.) Advances in experimental social psychology, Vol. 10. New York: Academic Press.
172 Originalversion: Foot M (1967) The Problem of Abortion. Klassische Variante: Thomson JJ (1985) Killing, letting die, and the trolley problem. The Monist 59, 204–217 bzw. Yale Law Journal 94, 1395–1415.
173 Areal BA 46
174 Greene JD, Nystrom LE, Engell AD, Darley JM, Cohen JD (2004) The neural bases of cognitive conflict and control in moral judgment. Neuron 44, 389–400.
175 Huff CD, Xing J, Rogers AR, Witherspoon D, Jorde LB (2010) Mobile elements reveal small population size in the ancient ancestors of Homo sapiens. Procee-

dings of the National Academy of Science USA 107, 2147–2152.
176 Moll J, Zahn R, Oliveira-Souza Rd, Krueger F, Grafman J (2005) The neural basis of human moral cognition. Nature Reviews Neuroscience 6, 799–809.
177 Young L, Dungan J (2012) Where in the brain is morality? Everywhere and maybe Nowhere. Social Neuroscience 7, 1–10.
178 Auszug aus der Satzung der Stiftung des Bankiers Albert Samson in Berlin 1908.
179 Areal BA 11
180 Damásio A (1994) Descartes' Irrtum – Fühlen, Denken und das menschliche Gehirn. München: List.
181 Klimecki DM, Leiberg S, Lamm C, Singer T (2012) Functional neural plasticity and associated changes in positive affect after compassion training [Metta-Meditation]. Cerebral Cortex, published online, Juni 1, 2012,
182 Singer T, Kiebel SJ, Winston JS, Dolan RJ, Frith CD (2004) Brain responses to the acquired moral status of faces. Neuron 41, 653–662.
183 Areal BA 11
184 Areal BA 12
185 Milgram S (1963) Behavioral Study of Obedience. Journal of Abnormal and Social Psychology 67, 371–378.
186 Dreyfus HL, Dreyfus SE (1986) Mind over machine. New York: Free Press.
187 Lang PJ (1979) A bioinformational theory of emotional imagery. Psychophysiology 16, 495–512.
188 Babylonischer Talmud, Schabbat 31a, 12–15.
189 Knigge A.v. (1788) Über den Umgang mit Menschen. Hannover.

190 Friedrich Nietzsche (1844–1900)
191 Freud S (1930) Das Unbehagen in der Kultur. Wien: Internationaler Psychoanalytischer Verlag.
192 Köthke R (1999) Das Stockholm-Syndrom. Praxis der Rechtspsychologie 9, 78–85.
193 Eine solche rhetorische Figur, wie etwa auch die „Hassliebe", nennt man Oxymoron.
194 Der britische Schriftsteller Lewis Carroll (1865–1939) verfasste um 1865 das Kinderbuch „Alice's Adventures in Wonderland".
195 Robert Musil (1880–1942). Musil R (1906) Die Verwirrungen des Zöglings Törleß. Wien: Wiener Verlag.
196 Kurt Gödel (1906–1978)
197 Gyrus rectus
198 Passingham RE (1995) The frontal lobes and voluntary action. Oxford: UniversityPress.
199 Blair RJR, Ciplolotti L (2000) Impaired social response reversal. A case of „acquired sociopathy". Brain 123, 1122–1141.
200 Damasio H, Grabowski TJ, Frank R, Galaburda AM, Damasio AR (1994) The return of Phineas Gage: clues about the brain from the skull of a famous patient. Science 264, 1102–1105.
201 Bildquelle: www.deakin.edu.au/hbs/gagepage
202 Hare RD (1991) The Hare Psychopathy Checklist – Revised. Toronto, Ontario: Multi-Health Systems.
203 Feshbach S (1970) Aggression. In Mussen PH (Ed.) Carmichael's manual of child psychology, Vol. 2, 159–259. New York: Wiley.
204 Blair RJR (2003) Neurobiological basis of psychopathy. The British Journal of Psychiatry 182, 5–7.
205 Catechol-O-Methyltransferase

206 Auf dem Chromosom 22
207 Mühlbacher M (2009) Molekularbiologische Aspekte von Aggression und Impulsivität. Wien: Tagung der Österreichischen Gesellschaft für Neuropsychopharmakologie und Biologische Psychiatrie.
208 Mier D, Kirch P, Meyer-Lindenberg A (2010) Der Val-158Met Polymorphismus des COMT-Gens: Ich bin zwar nicht so gut im n-back, dafür aber emotional ausgeglichen. Greifswald: Tagung Psychologie und Gehirn.
209 Reuter M, Frenzel C, Walter NT, Markett S, Montag C (2011) Investigating the genetic basis of altruism: the role of the COMT Val 158Met polymorphism. Social, Cognitive & Affective Neuroscience, Advanced Access 10.1093/scan/nsq083
210 Immanuel Kant (1724–1804): „Handle so, dass die Maxime deines Willens jederzeit zugleich als Princip einer allgemeinen Gesetzgebung gelten könne." Kritik der reinen praktischen Vernunft, § 7, 1788.
211 Chaminade T, Decety J (2002) Leader or follower? Involvement of the inferior parietal lobule in agency. NeuroReport 13, 1975–1978.

Manfred Spitzer/Norbert Herschkowitz
**Wie Kinder denken lernen**
4 CDs mit Begleitheft, ca. 300 min.
€ 29,90
ISBN 978-3-902533-264

## MANFRED SPITZER NORBERT HERSCHKOWITZ

Wie entwickelt sich ein Kind in den ersten zwölf Lebensjahren? Wie lernt ein Kleinkind die Muttersprache, und was spielt sich dabei im Gehirn ab? Worin unterscheidet sich ein 10-Jähriger geistig von einem 6-Jährigen? Die beiden Psychiater Manfred Spitzer und Norbert Herschkowitz behandeln in diesen vier leicht verständlichen Hörbüchern auch zahlreiche praktische Fragen: Wie können Eltern ihr Kind fördern? Was hat ein Kind vom Kindergarten? Wie lernt es am besten in der Schule?

GALILA SACHBÜCHER

Helmut Kratochvil
**Im Prinzip Jäger und Sammler**
**Warum wir mit der Zivilisation nicht fertig werden**
224 Seiten, gebunden
€ 21,90
ISBN: 978-3-902533-3-64

## WARUM WIR MIT DER ZIVILISATION NICHT FERTIG WERDEN

Wir Menschen sind unserer Veranlagung nach Jäger und Sammler. Wie zu Urzeiten kämpfen wir gegen die wilde, unberechenbare Natur, gegen Säbelzahntiger und Mammut. Doch unsere Umwelt besteht heute aus Beton, Asphalt, Glas, aus iPhone, Google und Facebook. Veränderungen passieren in so atemberaubender Geschwindigkeit, dass unsere genetische Anpassung nicht mithalten kann. Wir betrachten die Probleme der Zukunft – wie Überbevölkerung, Ressourcenverschwendung und Umweltverschmutzung – mit einem kognitiven Apparat der Vergangenheit. Der Autor – Biologe und Techniker in einer Person – macht in diesem Buch deutlich, dass wir unsere steinzeitlichen Denkmuster schnell hinter uns lassen müssen, um den komplexen, unsere Existenz gefährdenden Herausforderungen dieser Welt begegnen zu können.

**Helmut Kratochvil, Univ.-Prof.,** geboren 1943 in Baden bei Wien, Elektrotechniker, Studium der Zoologie und Botanik. Beschäftigt sich seit über drei Jahrzehnten mit Fragen der Evolution und Bioakustik. Er ist Autor mehrerer Bücher.

Peter F. Weber
**Der domestizierte Affe**
**Die Evolution des menschlichen Geistes**
233 Seiten in Hardcover
€ 23,90
ISBN: 978-3-902533-319

# DIE EVOLUTION DES MENSCHLICHEN GEISTES

Wie kam der Mensch zu seinem großen Gehirn? Wann entstanden Bewusstsein, Sprache und Moral? Fragen, denen der Autor bei seinen jahrelangen Recherchen zur Evolution des menschlichen Geistes, auf abenteuerlichen Reisen nach Afrika und bei Besuchen in den Labors europäischer Hirnforscher nachgegangen ist.

Ein brillant verfasstes, großartig recherchiertes, erzählendes Sachbuch, das uns vor allem eines vor Augen hält: Der Mensch ist nichts anderes als ein domestizierter Affe, aber sein Geist ist das noch junge Produkt seiner kulturellen Evolution.

**Peter F. Weber**
hat Humanbiologie, Kommunikationswissenschaften und Psychologie studiert. Er arbeitet als Wissenschaftsautor und Verleger, war Mitglied anthropologischer Expeditionen und beschäftigt sich seit vielen Jahren mit Hirnforschung.